智元微库
OPEN MIND

成 长 也 是 一 种 美 好

自组织团队
持续创造力

把握企业发展新质生产力的引擎

SUSTAINED CREATIVITY IN SELF-ORGANIZING TEAMS

曹洲涛　王　甜　宋一晓

著

人民邮电出版社

北京

图书在版编目（ＣＩＰ）数据

自组织团队持续创造力：把握企业发展新质生产力的引擎 / 曹洲涛，王甜，宋一晓著. -- 北京：人民邮电出版社，2024.6
ISBN 978-7-115-64272-1

Ⅰ. ①自… Ⅱ. ①曹… ②王… ③宋… Ⅲ. ①企业创新－研究－中国 Ⅳ. ①F279.23

中国国家版本馆CIP数据核字(2024)第081597号

◆　　　　著　　曹洲涛　王　甜　宋一晓
　　责任编辑　　张渝涓
　　责任印制　　周昇亮
◆人民邮电出版社出版发行　　　　北京市丰台区成寿寺路 11 号
　　邮编 100164　　电子邮件 315@ptpress.com.cn
　　网址 https://www.ptpress.com.cn
　　天津千鹤文化传播有限公司印刷
◆开本：720×960　1/16
　　印张：23.25　　　　　　　　　　2024 年 6 月第 1 版
　　字数：286 千字　　　　　　　　2024 年 6 月天津第 1 次印刷

定　价：129.80 元
读者服务热线：（010）67630125　印装质量热线：（010）81055316
反盗版热线：（010）81055315
广告经营许可证：京东市监广登字 20170147 号

目 录

第 1 章

企业创造力新变化

1.1 创造力引领组织的高质量发展

"真正推动一个国家经济增长的是创造力！"塞萨尔·伊达尔戈在《增长的本质：秩序的进化，从原子到经济》一书中明确提出了一个国家的富有与经济发展水平高不是一回事，推动经济发展的不是消费实力，而是人们把梦想变为现实的创造能力。对国家而言，企业作为创新的主体，其创新能力直接影响国家发展，而所有的创新活动都开始于创造（Amabile，1996），我国企业迫切需要最大化地发挥其创造潜力。

我国经济已经进入"由高速增长阶段转向高质量发展阶段"，创新引领经济发展的作用更加凸显（余传鹏等，2020）。在新的经济环境下，我国企业面临的多重挑战也使得其发挥创造潜力成为必然选择。一是国际形势发生变化。全球市场瞬息万变，竞争形势也呈现许多新的特征，全球化与反全球化交替深化。二是国内经济增速放缓。从近年来发布的宏观经济数据中可以看出，我国的国内生产总值（GDP）增速放缓，在这个大背景下，利润率持续下滑，传统企业负重而行，粗犷型增长不能支持企业的持续发展。"转型升级"成为众多企业的选择，其中技术路线的转换是关键所在，从更微观的层面来说，"转型升级"需要创造新技术，以突破困局（孔伟杰，2012）。三是我国人口结构正在发生巨大转变。我国于 2021 年 5 月 11 日公布的第七次全国人口普查结果显示，人口总数虽然还有增加，但年平均增长率仅为 0.53%。从年龄构成来看，中生代劳动力人口下降较快，15 ～ 59 岁人口的比重下降 6.79%，老龄化趋势增强，60 岁及以上人口的比重上升 5.44%。[①] 这标志着对我国经济发展做出突出贡献的人口红利因素将会逐渐减弱，这种人口结构的转变，对我国未来的经济发展模式提出了重要挑战，基于人力成本形成竞争优势的产业已逐渐失去优势。四是外部环境出现 VUCA（Volatility：易变性；Uncertainty：不确定性；Complexity：复杂性；Ambiguity：模糊性）特征。黑天鹅和灰犀牛现象频发，市场巨变时有发生，在变革转型过程中，一个核心的问题就是：如何变革才能让企业具有高度的灵活性与适应性？五是随着数字经济时代的到来，"大智移云"正在改写商业世界，即随着"大数据、智能化、移动互联网和云计算"等新兴技术的应用，企业的产品、服务、流程、销售模式都将随之改变，这让本已复杂多变的商业世界更加难以预料，倒逼传统企业不得不踏上自动化、智能化与数字化转型等创新发展道路。

面对上述这些挑战，企业为了生存与发展，需要不断寻求新的商业模式、市场策略、新的产品与服务、新的制造工艺以及新的管理实践等，创新能力已经成为决定现代组织成功与否的关键要素（Ford，1996）。所有的创新活动都始于创造性的想法（吕洁、张钢，2017）。在数字化与万物互联时代，创造力受到前所未有的重视。

---

① 央视新闻，2021-05-11。

1.2 自组织团队成为创造力的重要载体

科技和信息技术的快速发展、内外部环境的巨变，使得人们面临的压力日益增大，组织也变得更为复杂，组织内部工作的复杂性和分工协同的重要性随之显现出来。尤其是在创造力发挥方面，考虑到创造力的互动及协同属性，许多组织为了获得更多的创造性成果，开始重新检视传统的组织结构及其运作方式，并尝试探索各种新的组织结构，为创造力的发挥创造有利的组织环境。创造力研究专家凯斯·索耶在《如何成为创意组织》一书中提出，由于社会变革步伐加快，商业竞争愈发激烈，公司不得不更加依赖快速创新。在当今的创新经济中，尤其是在风险重重、形势多变、技术日新月异的情况下，工作通常需要委托给小规模的团队完成，组织未来的命运将取决于团队创造力。麦克里斯特尔等人在《赋能：打造应对不确定性的敏捷团队》一书中，分析了团队如何才能具备应对复杂世界的超级能力，例如在某军事情境中，相关负责人决定赋予训练有素的基层军队指挥官极高的自主权，并成立实时信息与操作小组，整合信息并向全体成员提供信息，以应对复杂情况。类似的方法也在企业经营中被广泛尝试。

组织创新需要有大量且频繁的知识分享、深度的信息加工以及高水平的协调合作（王唯梁、谢小云，2015）。作为一种复杂的、动态的、具有自适应性的组织系统，工作团队能够显著提高组织的灵活性、适应性和创造性，以应对快速变化的环境（Bendersky & Hays，2017）。德勤（Deloitte）在《2018年全球人力资本趋势报告》中已经关注到，随着商业环境的竞争变得更加激烈及数字技术颠覆性影响的持续，企业从层级结构到团队结构的转变正在稳步进行，企业变得更加以团队为中心、更加网络化和更加敏捷。德勤在《2019 年全球人力资本趋势报告》中也指出，使用团队架构运作的组织在组织绩效方面表现优异，而没有进行团队制转型的组织呈现落后态势。在创造性活动中，团队作为基本运作单元越来越受到企业的重视，或者说团队成为企业在进行创造性活动时依靠的主要形式（Paulus，2000；王唯梁、谢小云，2015）。在商业杂志《财富》每年评选的最适宜工作的100 家公司中，谷歌曾多次名列第一。这家公司究竟在哪些方面能吸引大量的创意精英，并获得较高的员工满意度呢？是免费的员工餐厅、休息室、洗衣房？还是很高的工资待遇？或是给员工留有自由的空间，可以尽情发挥个人能力？经研究发现，这些固然很重要，但谷歌最吸引人的魅力其实是重视团队，因为要想在日新月异的竞争中取得卓越成绩，富有多样性的集体智慧必不可少（Grzywacz，2021）。团队能够汇集不同的观点和视角，不仅具有个体无法拥有的整合能力，还具有企业所不具备的柔性（王唯梁、谢小云，2015）。不少成功的企业同谷歌一样，都将团队视为创新的主力军。马里奥·穆萨、玛德琳·波伊尔和德里克·纽贝里在《三步打造高绩效团队：沃顿商学院广受欢迎的团队管理课》一书中明确提出，未来是团队的天下。

事实上，不只实务界强调团队创新，在理论界，以团队为对象的创新考察也是一个研究热点。凯伦和沙尼（Kylén & Shani，2002）对传统组织理论进行分析，发现成熟的企业组织结构和流程可能会抑制创造力；而团队拥有发挥创造力的空间，这为团队成员的高密度互动创新提供了可能，因此团队非常适合成为开展创新活动的基本单元（Somech & Drach-Zahavy，2013；Harvey，2014；任永灿、张建卫、赵辉，2021）。与一般的群体不同，团队是为了实现共同目标而由动态互动、相互依赖的两个或两个以上成员所组成的特定集体。团队意味着人们利用异质且互补的资源，共同从事具有高度互依性任务的生产活动，团队所隐含的这种劳动分工合作性质，使其可以执行那些超越个体认知能力的复杂任务。作为人们相互合作最基本的组织形式，团队具备诸多个体所不具备的优势，如多来源、多途径和多观点等（Reinholt，Pedersen & Foss，2011；Rhee & Choi，2017）。有关团队的诸多研究也表明团队能推动完成复杂的任务，更好地促进组织的发展，创造出新的价值和新的成长动力（张景焕等，2016）。还有学者指出，团队创造力不仅需要成员在工作互动过程中激发出大量多样的思想和观点，还需要通过互动，共同理解与整合这些思想和观点，形成创造性决策方案（常涛、裴飞霞，2022）。

随着团队成为社会创新创造的主体，员工的心理和行为与工业时代相比，也发生了巨大的变化。德鲁克早在 1957 年就预见性地提出了"知识社会"这一概念，知识工作者将成为知识社会的主流，智力资本是知识社会中极其重要的资源。1993 年，他在《后资本主义社会》一书中再次重申了社会正在向知识社会转变，而知识工作者是这个社会的主导者。知识工作者在工作中进行思维性活动，他们贡献的不是体力，而是智慧，他们主要生产知识、创意和信息，他们的典型特征是有自我实现的需求和自我控制的能力。也正是基于这些特征，德鲁克提出了目标管理的思想，其主要贡献在于"用自我控制的管理方式来取代强制式的管理"。如今，德鲁克描述的知识社会已经成为现实，尤其是在数字化时代，工作本身以及工作者越来越多地体现出知识型特征，不希望被管理，更希望自主追求更有价值的事业。星巴克的创始人霍华德·舒尔茨曾说："人们不希望被管理，他们希望成为宏大事业的一部分，他们更希望成为愿景的一部分，并且希望在这个愿景中看到自己，他们希望能感受到自己被重视和欣赏。"德鲁克在《21世纪的管理挑战》一书中也提出了同样的观点："知识员工要进行自我管理，他们必须有自主性。新时代下企业员工知识水平和能力的提升，使他们希望获得更多的自主权，自我管理、自我负责，而不是像传统团队管理那样由上级给他们发布命令和任务。"

由于创新创造的需要，在当今的企业管理中，管理者不仅强调知识工作者的"自主权"，还越来越重视团队作为自主体的自我管理权，这也直接导致了当今组织环境中频繁的知识更新和组织管理的"去中心化"现象（Grant & Ashford，2008），越来越多的自组织团队实践在企业中涌现。在自组织团队中，员工能够通过自我管理、主动承担工作责任等方式来提升团队"柔性"，从而使团队具备面对复杂工作环境的适应和协调能力，因此自组织团队似乎成为团队创造力越来越重要的载体。

1.3　多层面的因素催生自组织团队的发展

自组织团队是由两个或两个以上有着共同愿景的成员组成的，团队成员之间相互合作、相互适应，且能够根据环境的变化进行自发、自主的自我调节，是具有开放性特征的团队组织（周跃进等，2010；杨佳颖，2016）。作为一种新型组织形式，自组织团队在动态变化的复杂环境中显现出巨大的优势，因而受到实践者的重视。自组织管理的理念汲取了自然界生物体发展与进化的规律。生物体的进化常呈现由简单到复杂的趋势，然而，在面临巨大变革的特殊时期，相对简单的物种更易于适应环境的巨变；相反，复杂的物种则难以适应新环境。阿米巴是最早出现的生命形式之一，历经漫长岁月的变迁，其结构与性质基本保持不变，表现出高度稳定性，而有些高级、复杂的物种却因难以适应环境变化而灭绝。组织管理与生物体的进化有相似之处，在复杂、多变的环境中，将组织变革到最简单状态，可以帮助企业降低风险，提高适应能力（王新超，2017）。目前，已有不少企业在总体思路或局部领域探讨如何运用自组织团队这种灵活的团队形式以提升企业创造力。美国的自组织团队实践开展得相对较早，1996年度美国企业团队情况调查表明，美国的大部分组织都采用团队结构，尤其是拥有高度自我管理团队的组织较多，70%以上的组织都拥有一个以上的团队，拥有自组织团队的比例在31%～41%之间（赵春明，2002）。劳勒、莫尔曼和莱德福（Lawler，Mohrman & Ledford，1995）通过调查发现，在《财富》1000强的企业中，有68%的企业使用了自我管理团队。德勤根据来自130多个国家的7000多名经理的调查数据，发现许多公司正在改变它们的组织结构，越来越依赖灵活的团队，这些团队将取代传统的层级结构。[①] 这一变化伴随着更大权力下放给员工，员工可以决定团队的组成，在不同的项目和客户之间进行选择，并自主计划和实现协同工作。此类授权团队被称为"自我指导工作组"或"自组织团队"（Matthias，2017）。与传统的层级结构相比，这些团队被认为更适合完成不断缩短生命周期的产品和项目。此外，在这类团队中，团队成员可以更好地利用分散的信息，并且更有动力对他们的工作做出承诺。在数字经济时代，组织中的成员表现出明显的高度社会化特征（李海舰、朱芳芳、李凌霄，2018）。随着企业与员工之间关系的转变，市场对小众化、定制化需求的追求不断增加，这使得自组织团队在当下变得越来越普遍，成为一种常见的组织形态和活动主体。近些年，多层面因素推动着我国企业如火如荼地开展自组织团队实践。

从环境层面看，企业赖以生存的外部环境充满了易变性、不确定性、

---

① 德勤《2016年全球人力资本趋势报告》《2017年全球人力资本趋势报告》。

复杂性和模糊性（VUCA），威胁与机遇并存，给企业的生存和发展带来了巨大冲击。正如凤凰自行车总裁王朝阳所说："从前，一年做两次选择；如今，企业天天面临生死抉择。"快速响应环境的不确定性，成了企业生存的基本能力。在这种大环境下，企业唯有不断地创新与变革，才能适应环境、获得竞争优势。

从行业层面来看，新技术和新兴行业如雨后春笋般地出现，对各个行业的格局和关键成功要素产生了巨大的影响。过去，规模经济与价值链的垂直整合是企业发展的主要战略方式，低廉的成本、独特的资源以及高效的生产效率是企业获得竞争优势的主要手段。在这种发展路径之下，行业同质化、产品生命周期缩短，也导致传统的行业关键成功要素如品牌、成本、质量等，都不太可能使企业保持持续的竞争优势。目前的行业发展已经没有相对清晰的边界，竞争不仅来自同行业或者已知的领域，还有可能更多来自不同行业的未知竞争对手，如智能手机的出现导致 MP3、收音机、录音机、纸质书、照相机、摄像机乃至各种零售店等看似无关的行业都面临着巨变。物联网、人工智能等技术的全面发展将会冲击更多的未知行业。在行业大变局中，具有自主经营权的"团队"运作模式往往在灵活性及敏锐捕捉机会上都具有明显优势，有助于提高企业的应变能力。

从企业层面看，互联网、数字技术等的发展给企业的经营和管理带来了强烈冲击。企业在以往的管理理论和经验中很难找到对应的策略，为回避风险与损失，企业只能变得更加柔性，以应对随时发生的变化。目前，在企业管理实践中，已出现多种柔性组织结构，如矩阵结构、网络结构、生态结构、团队结构、自组织结构等。其中，自组织团队是自组织与团队结构的结合体，核心是自组织管理。企业采用自组织管理已经成为一种发展趋势，这一方面顺应了时代发展要求，另一方面也能促成员工主动工作的态度与行为，实现高效率工作（王新超，2017）。例如，红领集团以自组织为核心思想，构建团队（团队没有明确的领导，团队成员共同参与研究、解决问题并提出方案），使组织简化，并成为我国服装行业的领军人物。

从员工层面看，互联网时代的工作者越来越多地表现出知识型特征。知识型员工不满足于强加的任务，他们追求自我管理、自我创新，寻求工作的内在价值和乐趣，希望能够发挥更大的主观能动性。在各种需求的共同作用下，自组织团队作为一种新型组织形式，被广泛运用于企业的创新活动中（杨佳颖，2016）。与传统组织中的员工不同，自组织团队中的员工是思考与行动结合的有机体，而不再是被动的行动者，工作对于他们是发自内心的愿望；员工不再是"雇员"，而是"合作伙伴"和"共同创造者"。这也是催生自组织团队大量出现的底层动力。

上述 4 个层面的因素成为自组织团队快速发展的重要动因，这种发展趋势及其动因还在持续演化中。自组织团队在管理实践中的呈现方式较多，为更加清楚地理解自组织团队实践，下面将介绍在实践中观察到的自组织团队现象。

1.4　实践先行的自组织团队

在管理研究中，自组织更多的是基于时代背景和组织的内外部需求而产生的实践活动，并没有形成系统的研究成果和理论（贾迎亚、胡君辰，2016）。在《三步打造高绩效团队：沃顿商学院广受欢迎的团队管理课》一书中，有关于自组织团队工作场景的精彩描绘："环顾会议桌，你发现无法确认究竟谁才是真正的团队领导人，因为就没有什么领导人。会议上只有一位协调员。他解释说：'这就是我们的团队。这是产品研究圈，还记得吗？所以，我们现在开始谈论一下自己的压力吧。我马上要去参加另一场会议，是销售圈的战术会。'"

目前在我国，自组织团队在管理实践中以阿米巴、自主经营体、敏捷团队、创新项目团队、创业团队等不同的组织形态持续涌现。

1. 自组织团队之阿米巴

阿米巴经营的来历：有一种微生物叫作黏菌，平时作为一个整体生活，但在饥饿的时候，它会拆解成一个个单细胞生物。这些单细胞生物叫阿米巴虫，它们每一个都可以独立出去觅食。一旦阿米巴虫找到了食物，它们就会修建起一条条管道，给其他伙伴输送食物。如果在好几个地方都找到了食物，那它们修建的管道就可以把各个食物点相互连通，形成一个食物运输网络。这个连通后的网络在运输食物方面的效率能和人类修建的现代交通网络相媲美。

因阿米巴虫的特性，稻盛和夫创建了一种名为"阿米巴"的经营模式，近年来备受管理学界与企业界的推崇。阿米巴是工厂、车间的最小基层组织，该经营模式源于京瓷的管理实践。京瓷创立后，公司规模急速扩大，稻盛和夫无法兼顾所有部门，于是他想到可将不断壮大的组织进行细分，让组织成为中小企业的联合体，这就是阿米巴经营的起源。阿米巴经营将组织划分为多个小集体，这些小集体通过与市场挂钩的独立核算制度运营，彼此之间也按照市场规则进行合作、协调，由此在公司内部实现全体员工参与经营，同时培养具备经营者意识的阿米巴领导者。如今，阿米巴经营作为实现全员参与经营并带来高收益的经营模式，已经被引入许多企业中。每个阿米巴都是独立的利润中心，其实质是一个自组织团队，团队自行制订计划、独立核算、培养具有管理意识的领导、持续自主成长（杨佳颖，2016）。

2. 自组织团队之自主经营体

2005 年，海尔公司开始推行"人单合一"，旨在让员工在为用户创造价值的同时实现自身价值，实现员工、用户双赢。为了实现这一目标，海尔采取了打破传统组织结构的方式，全面推行自主经营体，将原本庞大的组织结构分解成了 2000 多个自主经营体。自主经营体遵循"缴足企业利润，挣够市场费用，自负盈亏，超利分成"的机制（彭家钧，2013）。这种机制促进了高效的单体自我生成、个体自主推动和单体报酬自我优化。自主经营体实质上是一个能够自我管理的虚拟利润中心，也是海尔 SBU 模式发展和演变的成果。在自主经营体中，成员拥有充分的自主经营决策权，他们之间的互动基于市场经济规则，如买卖关系、服务关系和契约关系。目前，海尔平台已经有超过 4000 个自主经营体，其核心理念是"三自"：首先是"自创业"，创客自己主动寻求用户需求、发现市场，并创造市场；其次是"自组织"，根据要满足的用户需求组织全球资源，小微创客连接的资源是动态变化的；最后是"自驱动"，根据用户的体验和需求，不断驱动自己创造新的空间。"三自"形成了一个持续循环的体系。

海尔推行"小微"自主经营体作为自组织团队的典型表现形式。在这一模式下，海尔打破传统组织结构，鼓励自主经营体展现创新、进取和团队合作的精神。自主经营体的成功实践不仅在海尔内部取得了显著成效，还被成功应用于海尔收购的三洋电机和通用电气家电公司中。海尔的自主经营体实践不仅引发了学者们对自组织团队的组织形态和管理理念的深入研究（贾迎亚、胡君辰，2016），而且备受业界认可。2020 年 9 月 20 日，第四届人单合一模式国际论坛，由海尔集团与加里·哈默管理实验室（MLab）联合主办，以"自创生　同进化"为主题。在此论坛上，欧洲管理发展基金会作为国际管理发展学界的重要组织之一，发布了《人单合一计分卡认证体系》，这标志着"人单合一"自主经营体将在全球范围内按照一定标准和体系得到推广和应用。[1]

一些企业意识到传统的多层级组织已成为它们快速应对市场变化的障碍后，开始进行组织变革，在内部创建小微企业，搭建平台为终端客户创造价值，这种内部小微企业与海尔的自主经营体类似。

3. 自组织团队之敏捷团队

随着技术更新、用户需求的不断多样化，在企业中出现了大量专注敏捷开发的自组织团队。近年来，以自组织团队为核心的敏捷开发取得了极大的成功，在软件开发过程中，微软、谷歌等公司都对自组织团队进行了有益的尝试。作为一种能快速响应用户产品功能需求的产品开发新方法，敏捷开发逐步取代传统开发。微信的创始人张小龙就曾经使用这个方法，在初入腾讯时一战成名。他刚接手QQ邮箱时，这个产品已经濒临死亡，对任何人来说它都是一个烫手山芋，很难处理。张小龙分析了这个产品面临困境的失败原因，并迅速成立了一个敏捷小团队，快速排查几大失败原因，并迅速解决修复问题，终于让QQ邮箱触底反弹，起死回生。从此以后，他一直在管理中应用敏捷开发，快速迭代，并做出了拥有超12亿用户的微信。

敏捷开发的方法现在已经延伸到企业运作的各个领域，主要以敏捷团队或敏捷管理等方式呈现。敏捷团队通常由为数不多的几个具有不同职能的人员组成，成员在日常的工作中能够实行自我管理，在团队内部或者团队之间进行信息的沟通交流，产生思维碰撞，迸发出新思路，解决困难问题，协作复杂项目。同时，因为团队成员的学识背景、观念、经历等可能

---

[1] 《从公司元年到生态元年：海尔首创生态型企业传承新机制》，载于中国日报网。

有着很大的不同，成员之间需要一定的时间建立信任，相互支持、协作等。这套神奇的管理方式，在全球 500 强的企业和硅谷的新创公司中掀起了一场敏捷革命（杰夫·萨瑟兰，2017），阿里巴巴、腾讯、谷歌、微软等公司都在团队工作中采用敏捷管理这种方式来协作一些复杂的任务（陈强，2018），美国联邦调查局曾用它开发虚拟案件档案系统，通用电气公司利用它加速实现"数字行业公司"的转型，阿里巴巴觉察到敏捷团队的价值，构建了"大中台，小前台"的组织结构，"小前台"即一线小业务团队，通过数据运营能力、技术能力，加强对"小前台"的支持，使得小业务团队可以更加敏捷快速地适应市场的变化，并将市场变化传递给大平台，以此提高整个组织的敏捷性。

4. 自组织团队之创新项目团队

日本的商业组织有一个共识，即提高知识创造能力的关键是要搭建具备创造知识能力的团队，野中和竹内（Nonaka & Takeuchi，2019）将其称为"自组织团队"，这种团队通常由不同职能部门背景的成员组成，具有高度的自主行动能力，利用"最少重要规定"来管理团队。自组织团队提供了一个强大的工具，用来创造个人可以自主行动的环境。例如，本田公司选择销售、工程设计和开发部门的人员，共同组成新车型研发小组，这种具有跨职能多样性的项目团队经常被日本公司用于各个创新阶段。如表 1-1 所示，大多数创新项目团队由 10 ~ 30 位成员组成，他们的职业背景各不相同，如研发、规划、生产、质控、营销和客服等。在大多数公司中，这类团队平均有 4 ~ 5 位核心成员，每个人都有多种职业背景，如富士施乐公司负责开发 FX-3500 的核心成员们都至少换过 3 个职能部门。

表 1-1　创新项目团队

单位：人

公司（产品）	职业背景							
	研发	生产	营销	规划	服务	质控	其他	合计
富士施乐（FX-3500）	5	4	1	4	1	1	1	17
本田（思迪）	18	6	4	—	1	1	—	30
NEC（PC8000）	5	—	2	2	2	—	—	11
爱普生（EP101）	10	10	8	—	—	—	—	28
佳能（迷你复印机）	8	3	2	1	—	—	1	15
马自达（新 RX-7）	13	6	7	1	1	1	—	29
松下电器（自动家用面包机）	8	8	1	1	1	1	—	20

资料来源：《创造知识的企业：领先企业持续创新的动力》。

5. 自组织团队之创业团队

"不论地理区位、行业类型、创业者的性别，有一大批新创企业是由创业团队推动的。"（Kamm et al.，1990）创业团队基本都是自组织团队，原因如下所述。

一是形成的自组织。创业团队形成大多有一定的偶然性，一般有"一个人"推动或"团队"推动这两种模式。"一个人"推动模式往往是一个人先有了事业设想或创业的渴望，然后吸引、招募其他人加入，组成创业团队。"团队"推动模式是想创业的几个人把团队先成立起来，团队共同寻求事业机会，明确创业理念，组建这样的团队可能源于共同的观念、相似的经历或者友情关系（陈春花，2020）。总之，创业团队的形成通常有很强的自主性。本研究小组曾对珠三角地区多家创业团队进行调查，发现创业团队具有如下相似性：成员一般来源于兴趣志向具有一致性的朋友、家人或亲戚、关系好的同学或朋友、能给创业带来关键资源的个体、专业技能互补的个体等；绝大部分创业团队是自主自发的。

二是运作的自组织。在创业团队的初期运作中，创业者发现和捕获机会并利用自己拥有或能够利用的资源进行优化整合，由此创造出新颖的产品或服务并实现其潜在价值。创业团队的成员之所以选择创业，是因为自身有创业的热情与理想，也有对创业的信心和积极的态度，更有投身创业的行动能力，而这一切都源自他们内在的驱动力，不是外部强加或拉动的，同时创业就意味着所有运作必须由创业团队自己亲力亲为，包括决策和执行，不存在外部控制和干预的力量。另外，团队内部的分工、合作、分配也是在团队成员间自主进行的。因此，创业团队是典型的自组织团队。

6. 自组织团队之各种小团队

在互联网和高科技企业里，存在着大量自主性高的小团队。乔布斯在苹果内部构建了许多规模不大但自主性较高的团队，他在公开演讲中说："团队合作就是相信其他人能够达成目标，而无须一直盯着他们，相信他们会完成任务，这就是我们做得非常好的地方，我们善于把一样东西拆分给每个优秀的团队，所有团队都为一个产品努力，经常互相联系，最后大家合在一起做出一个完整产品，这是我们的强项。"小米采用的三级扁平化组织架构（7个核心创始人—部门领导者—员工）使得公司能够利用拥有一定权力的小团队实现整体运营。腾讯在企业内部建立了基于小团队的业务拓展模式；芬兰移动游戏巨头超级细胞公司甚至从名称上就表明该组织由一些"独立的细胞集合体"构成；谷歌更是"无中心"小团队的先行者，微软等公司也很早就对自组织团队进行了有益的尝试。

银行业也出现了"部落与小分队"形式的自组织团队。随着消费者对金融解决方案的需求不断提高，且数字化金融科技公司的威胁日益加剧，荷兰 ING 银行集团的管理团队对公司进行了激进的变革。该银行借鉴互联网公司内部的组织形式，对信息技术研发、营销、产品与服务和渠道管理等部门的结构进行了重新构建，驱动全行从传统部门制结构向"部落与小分队"形式的敏捷组织转变，将包括数据分析、产品管理、IT、营销渠道管理在内的传统职位改为 2500 个敏捷"小团队"职位，由员工来申请，最终重新组合成 13 个部落、300 多个小队，形成敏捷组织。ING 银行集团通过敏捷实践改变了组织的工作方式，敏捷转型让公司软件的发布频率得到大幅度提升，从每年几次到几周一次，同时缩短了将产品投放市场的时间，增强了员工敬业度，还提高了生产力。[①]这些以自组织团队为核心的敏捷实践均取得了极大的成功。虽然这些自组织团队形式不完全相同，内在逻辑也有差异，有些以价值链划分"自主体"单元，有些则对组织结构"分层分类"，但总体思路却有相似性，均是化小、化简、授权，以提高效率与灵活性。

世界各地的企业都在转向团队组织、分布式领导与合作，之所以有这么多的企业和领域广泛采用自组织团队形式，并以系统、空间布置等方式推动团队自组织运作，其根本原因是面对快速发展与颠覆性的变革环境，在管理上企业很难迅速找到有效的对策。自组织团队已成为企业在复杂环境下的一种选择，将组织变革为自组织团队这种简单的形式可以降低风险，并提高组织的适应能力（王新超，2017）。

大量管理理论都建立在管理实践先行的基础上，自组织团队的出现也不例外。纵观国内外现有研究，并没有系统的关于自组织团队的研究成果和理论，更多的是实践活动被大量的企业、组织以及创业者所采用（贾迎亚、胡君辰，2016）。自组织团队已成为一个在多种场景下被频繁应用、在管理实践及讨论中被频繁提及的话题。然而，不少管理者，甚至自组织团

---

① 《世界 500 强荷兰国际集团 ING 的敏捷转型，有什么值得借鉴？》，载于商业新知。

队实践者对自组织团队的本质特征仍然感到迷茫与困惑，也不知道如何更好地构建与运作自组织团队。更令人困惑的是，自组织团队作为一种新型的具有创造力的组织形式，在国内外广泛流行，但是许多具有创造力的自组织团队却只是昙花一现，而近些年企业在推行已经被证明可行的"矩阵式项目团队""多功能团队""阿米巴经营"时也有诸多惨痛教训。其中的问题出在哪里？是什么决定了自组织团队的创造力与持续创造力？实践上还在继续摸索问题的答案。

1.5　自组织团队创造力的理论洞察

在理论研究方面，面对快速变化的环境与需求，如何增强组织的创造力是学界一直需要回答的问题。面对创新过程中的不确定性，自组织团队表现出对外在变化反应灵敏的特点，因此它在创造力方面强于其他组织形式，这使得越来越多的企业选择将其用于开展创新活动（Faraj & Yan，2009；王唯梁、谢小云，2015）。出于对创新创造研究领域寻求突破口的内在需要，创新创造研究从关注个体转变为关注团队（刘小禹、刘军，2012）。有研究表明，团队创造力连接着个人创造力与组织创造力，往往会产生个体身上不会出现的创造力（余吟吟、陈英葵，2014）。尽管团队这一形式在企业的日常实践中已经普及，团队创造力却是在近些年来的研究中才受到关注的。如何激发团队的创造力，受到企业界的高度关注，与积累了大量研究数据的个体创造力研究相比，对团队创造力的探索还处在初级阶段。Web of Science^①近 20 年团队创造力相关研究的文献数量分布如图 1-1 所示，其中自组织团队相关研究的文献数量分布如图 1-2 所示。

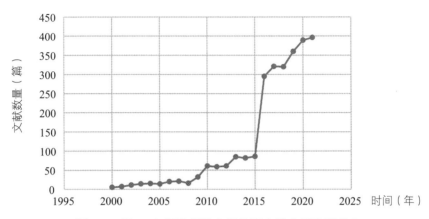

图 1-1　近 20 年团队创造力相关研究的文献数量分布

资料来源：据 Web of Science 的相关文献整理。

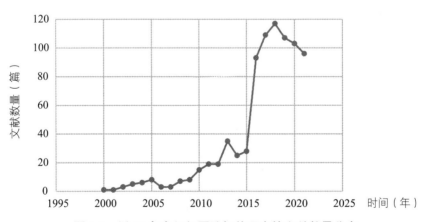

图 1-2　近 20 年自组织团队相关研究的文献数量分布

资料来源：据 Web of Science 的相关文献整理。

---

① Web of Science 是一个大型综合性、多学科、核心期刊引文索引数据库。

　　自组织团队是自组织理论和团队理论结合的产物（汪维扬，2001；姚立、刘洪，2003），极具适应性和创新性，能够帮助组织迅速适应复杂的动态环境（郝丽风、李晓庆，2012）。目前关于自组织团队研究的文献较少，对自组织团队的理论研究也尚处于启蒙阶段。国外学者首先对自组织团队进行了定义，且后续开展了诸多相关研究，但大多仍集中在自组织团队的产生与界定方面。在变化的环境下，组织面临如何提高组织竞争力这一问题，曼茨（Manz，1992）提出了自组织团队的概念。巴尔克马和莫勒曼（Balkema & Molleman，1999）分析了自组织团队建设的障碍；伊德马、迈尔科特和怀特（Iedema，Meyerkort & White，2005）研究了自组织团队的工作涌现模型和实践交流过程；佐特霍特、雅格和莫勒曼（Zoethout，Jager & Molleman，2006）研究了基于多代理的任务分配过程中的自组织过程；克劳斯顿等学者（Crowston et al.，2007）研究了软件开发团队中的自组织工作机制，并发现在软件开发团队的几种任务分配中，任务的自我指派占了多数。马赛厄斯（Matthias，2017）提出自组织团队是灵活的团队，对团队成员有更大的授权，员工可以决定团队的组成，团队可以在不同的项目和客户之间进行选择，自主规划和实现协同工作。有学者在研究芬兰老年护理项目时，探讨了自组织团队的形成与成长，研究发现想形成自组织团队，第一步是团队成员必须意识到他们表达观点真的很重要，第二步是管理者的角色要转变为教练和领导者，同时需要提出信任、专业、创新、简单和协作的原则，这对于形成自组织团队至关重要（Jantunen et al.，2020）。国内学者对自组织团队的形成也进行了丰富的探讨。姚立和刘洪（2003）认为一个团队要实现高绩效需要实现自组织管理，而自组织团队正是随着环境条件变化而自行转变运作模式以适应环境需求的复杂组织。胡尚锋（2005）系统性地论述了自组织团队的定义、特征以及管理自组织团队的原则。苏娜和陈士俊（2009）研究发现科研团队具有自组织的特性，且其成长过程也是一种自组织过程。李冲和王前（2009）提出了团队"有控自组"的概念模型，指出团队管理应该是指导或引导式的管理，不应该是强制性的刚性管理，团队在具体的目标和边界范围内按照自组织原则运作。周跃进等学者（2010）研究了自组织团队的工作过程，涉及自组织团队的形成过程、任务自适应过程、结果评价和非线性交互等内容。郝丽风、李燕和武子俊（2011）尝试从复杂系统的视角解构自组织团队的组织和创新过程，并对其创新内在机理进行了剖析。陈春美（2020）研究了幼儿教师自组织团队，定义自组织团队为一群具有共同兴趣爱好和理想追求的员工，自发结合到一起而形成的团队，团队的活动也是自发的自由组织过程。综上，可以看出自组织团队已经引起了国内外学者的关注，且现有的关于自组织团队的研究尽管为数不多却大多都与创新创造有关。

1.6　自组织团队创造力何以形成与持续

在当今日益互联和瞬息万变的环境中，问题的复杂性愈演愈烈，个体往往不具备必要的专业知识、能力或动机来单独产生创造性的解决方案。问题的复杂性要求解决方案结合拥有不同观点的人的知识、努力和能力（Brown et al.，1998）。因此，越来越多的组织开始注重通过集体努力找到产生创造性成果的方法。正因为团队能够汇集不同的观点和视角，具有个体所缺少的整合能力和企业所不具备的柔性，因此不少企业都将团队视为创新的主力军（王唯梁、谢小云，2015）。近些年来，在团队的基础上又产生了各种形态的自组织团队。自组织团队是结合了自组织理论和团队理论的新的团队形式，学者们普遍认为自组织团队与创新具有某种天然联系，会为创新的出现提供条件（汪维扬，2001；姚立、刘洪，2003；Olson & Eoyang，2001；Nonaka & Takeuchi，2019）。有学者提出，自组织团队极具适应性与创造力，组织可以通过应用自组织团队以达到迅速适应动态复杂环境的目的（郝丽凤、李晓庆，2012）。

自组织团队的相关理论研究尚处于启蒙阶段，尤其是针对近些年移动互联网情境下涌现出的自组织团队型企业或企业内部的各种自组织团队的运作与创新机理的研究十分匮乏。现有研究主要集中在自组织团队的产生与界定的分析上，有学者尝试从复杂系统的视角解构其组织和创新过程，基于自组织系统的特性对其创新内在机理进行剖析（郝丽凤、李燕、武子俊，2011）。然而，自组织团队作为一种组织形式，其在创造力上与其他组织有何区别？促进自组织团队创造力发生的关键要素是什么？应该如何设计、构建与维护运行才能促进自组织团队创造力的提升？自组织团队创造力发生的机理与路径如何？这一系列问题都尚待解答。同时，在现实中还发现有不少企业在组建自组织团队中遇到了诸多困难。因此，探究自组织团队运作的内外部影响因素，打开自组织团队创造力的黑箱，构建并指引自组织团队的发展，并在自组织团队演化的不同阶段构建良好机制，使自组织团队拥有持续创造力具有重要的实践意义。

考虑到自组织团队的相关文献较少，而团队创造力无论是理论研究还是实践探索都要相对丰富很多，因此，在界定自组织团队研究的问题上，我们一方面借鉴团队创造力的已有研究成果，另一方面也结合自组织团队自身的特点和现实中孕育和运作自组织团队的条件，明确具体的研究视角。

团队创造力的已有研究角度主要包括团队外部影响因素、团队内部构成与团队过程等。在此基础上，越来越多的学者开始从网络视角对团队创造力展开深入的思考与研究（王端旭、薛会娟、张东锋，2009；龙静，2015）。有研究表明，团队具有较高水平的社会互动性，创新想法的产生主要源于团队成员之间及成员与外部的交流，需要获取多样化的信息并创造性地整合不同的想法（Burt，2005；Fleming & Waguespack，2007；Tortoriello & Krackhardt，2010）。吉梅拉等人（Guimera et al.，2005）指出拥有创意人才的公司在创意表现上不一定能看到更多的改善，其中一个重要原因是一些团队根本无法建立互动网络来有效地进行创造性互动。没有创造性的互动网络，创意人才就不会也没有办法与同事分享他们的想法、知识和技能。尤、博兰和吕蒂宁（Yoo，Boland & Lyytinen，2006）所做的研究强调了产品开发中的创意来源于多个行动者之间的合作性网络。哈加登和贝奇基（Hargadon & Bechky，2006）的研究也表明，许多创造行为是集体过程的产品，创造性成果源自两个或更多个体之间的互动网络。可以看出，网络是员工获取信息的重要途径，对创造力具有显著的影响（王端旭、薛会娟、张东锋，2009）。同时，也有研究表明，团队与外部组织和团队成员之间的网络连带对团队产生新颖且实用的创意具有重要作用（Jia et al.，2014），王磊和付鹏翔（2018）也认为从网络视角来研究团队创造力是创造力领域研究的一个重要视角。员工在社会网络中不断地进行知识和信息的交换，这种信息交换可以使团队成员获取自己需要但又不具备的信息和知识，增强团队成员对于完成工作任务的勇气和决心，员工的工作动机得到促进。同时，员工可以及时了解团队的情况和团队其他成员的情况，促进团队成员之间感情的交流，避免一些误会和冲突，在团队合作中及时发挥彼此的长处，利于团队创造力的发展。因此，本研究在借鉴团队创造力研究成果的基础上，尝试从网络视角对自组织团队创造力进行探索研究。

团队社会网络是由团队成员之间以及团队成员与外部实体间的关系

所形成的网状结构（王端旭、薛会娟、张东锋，2009；李金蹊、彭灿，2011）。团队社会网络可细分为团队外部社会网络和团队内部社会网络（王端旭、薛会娟、张东锋，2009）。团队内外部的社会网络与团队创造力研究涌现了不少的研究成果，如王磊和付鹏翔（2018）运用元分析的方法探讨社会网络与团队创造力的关系，发现团队内部网络连带、网络异质性、外部网络连带与团队创造力呈显著正相关。但相关研究成果主要是从内部或者外部的角度来进行考察的（龙静，2015）。内部网络视角的相关研究指出，团队成员之间网络的强连带使得团队成员间的深层次合作成为可能，更多的创造性想法会在紧密的沟通和互动过程中产生（Leenders，Van Engelen & Kratzer，2003；王艳子、罗瑾琏、常涛，2014；Wu & Cormican，2016）；外部网络视角的相关研究表明，当团队成员与组织外的人交流时，各个组织的类型、文化、行业背景等存在很大差异，因此通过外部网络关系获得的知识涉及的领域范围更宽泛，知识来源更多元化，跨领域的知识异质性更大，相对更新颖（Fleming & Waguespack，2007；Perry-Smith，2006），同时通过与不同组织的人交流还可以拓宽思维（Perry-Smith，2006），有助于创造性想法的提出。此外，也有少量研究同时关注了内外部网络对于团队创造力的影响，如龙静（2015）针对高科技创业团队，应用案例研究的方法，基于创业团队对内外部网络进行整合后的视角，探讨了团队内外部网络是如何共同驱动创业团队创新绩效的。但总体而言，现有研究主要还是按多个因素分别考察其影响作用的（赵娟、张炜，2015）。

从网络视角进行的团队创造力研究除了探究团队社会网络，还主要探讨了知识网络。实际上，知识网络无论是从内涵上还是从研究方法上基本还是属于社会网络的一部分。有效的知识网络能够让员工愿意与他人袒露或共享想法、知识或信息，这将推动团队合作性想法的流动，促进团队创造力的发展。因此，知识网络也成为组织创造力的重要"情境变量"（Woodman，Sawyer & Griffin，1993；Amabile，1996；汤超颖、邹会菊，2012）。

无论是组织中的自组织团队如自主经营体、阿米巴等，还是独立的自组织团队如创业团队，自组织决定了其运作的自主性，没有来自外部的人为控制与干扰，因此其影响因素比一般团队的要少很多，团队内外部社会网络成为自组织团队主要的影响因素。因此本研究面向在创新创造方面积极进行转型探索的企业，试图帮助企业理解、组建并打造自组织团队，找到自组织团队创造力的影响因素以及形成机理，提升自组织团队的创造力。

1.7　自组织团队创造力的研究框架

本研究从网络视角来研究自组织团队创造力，主要包括以下内容：（1）厘清网络视角下自组织团队研究的理论基础；（2）认知社会系统与管理实践中的自组织团队；（3）从多层面分析企业创造力；（4）剖析团队内外部交互的各种网络；（5）内外部网络分别如何影响自组织团队的创造力，基于网络视角解释自组织团队为何能够应对高度不确定的环境，同时呈现自组织团队区别于传统团队和其他组织结构的真实价值；（6）从网络视角下解构自组织团队创造力产生的具体过程与内在机理；解构自组织团队创造力；（7）剖析自组织团队创造力产生的边界条件以及创造力形成与演化的路径；（8）研究内外部网络交互作用对自组织团队创造力的影响；（9）探究网络视角下自组织团队创造力的演化过程与机理。

本研究期望通过对以上问题的研究，揭开自组织团队成为组织创造力主体的内在缘由，同时为实践中的自组织团队创造力的持续提升提供理论指导。研究的技术路线如图 1-3 所示。

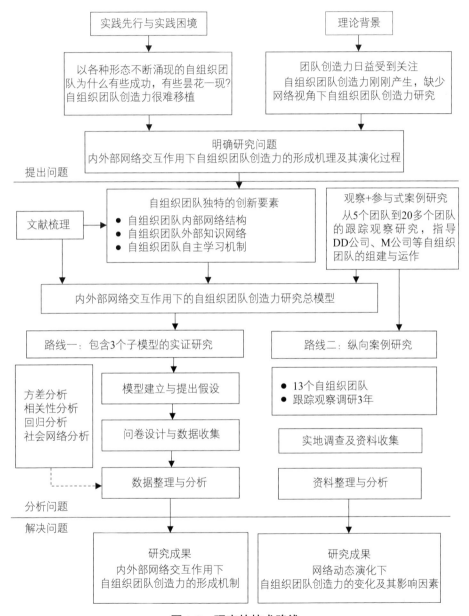

图 1-3　研究的技术路线

第 2 章

自组织与自组织团队

2.1 从自然现象到社会系统的自组织

自组织现象广泛存在于自然界和人类社会中。鸟群在飞行时形成的"人"字形编队以及市场经济中的运作机制都是自组织现象的典型例子（闫旭晖，2018）。电影中《帝企鹅日记》的帝企鹅族群也是典型的自组织，在气温 -40℃、风速超过每小时 180 千米的南极，帝企鹅会紧紧地挤在一起抵御严寒。它们并不是站着不动，而是定时进行微乎其微的运动，并不断改变群体结构，让处于边缘位置的帝企鹅，可以进入群内中心位置取暖，整体运动周而复始，相互配合抵御严寒。帝企鹅族群集体运动时并没有所谓的"领导者"，在极寒的环境里，它们作为群体进行活动，相互默契，彼此依靠。它们站在一起时，整齐划一，犹如训练有素的军队。

2.1.1 自组织的定义

那么，究竟什么叫作自组织呢？自组织是一种在自然界和人类社会中广泛存在的进化方式。人类在改造世界的实践中不断应用自组织，因此，自组织不仅是一个抽象的理论概念，还是一个具体且实用的实践概念，并随着不同领域的不同需求而不断演化和发展。哈肯于 1976 年提出了自组织的概念，该概念描述了一个系统在获得时间、空间或功能的结构的过程中没有受到外部特定干扰的情况。换言之，系统的结构和功能是自主形成的，而不是由外界强加的。这样的系统被称为自组织系统（Haken，1988）。他认为，从组织进化形式视角可以将组织分为两类：他组织和自组织。他组织是通过外部指令而形成组织结构的，而自组织则不依赖外部指令，系统内部以一种默契的方式各负其责并自动形成有序结构。

《系统科学大辞典》也对自组织进行了定义，强调了其演化过程中无须外部力量强制干预，而是通过系统内部要素的协调动作，形成有序的、活跃的结构。

保罗·西利亚斯（Cilliers，2006）认为自组织是复杂系统的一种特质，它使得系统具备自主演化和自适应的能力，从而自发地改变或发展其内部结构，以更好地适应和应对其所处的环境。

根据施魏策尔（Schweitzer，1998）的观点，自组织是指非线性动力系统中复杂有序结构的自发形成、演化与分化。这种自发的过程是在系统受到非特定能量、物质或信息输入的条件下发生的。系统通过内部要素的反馈机制，达到静态平衡的临界距离，从而促进了自组织有序结构的形成。

海利根和乔斯林（Heylighen & Joslyn，2001）引用控制论的观点对自组织进行了阐释，指出自组织是一种自然的过程，是在系统不同部分或单元的交互作用下，自发地从混乱无序的状态走向部分有序并最终构建起整体秩序的过程。

刘伟（2015）认为，作为过程的自组织，是指系统的发展过程，呈现出从无到有，从无序到有序，进而从低级到高级的特点。

虽然不同领域的学者从不同的角度对于自组织的认知在表述方式上有些差异，但基本认同自组织的实质是指在没有外部力量干预或控制下，系统通过自身内部各组成部分的相互作用而获得有序发展和演化的过程。即自组织是系统演化的重要内在特征，是系统在内外矛盾的作用下自组织、自演化、自创生、自主形成有序结构的过程。

2.1.2 自组织的演化

自组织系统和自组织过程不仅极为普遍，而且与人类社会关系极为密切。哈肯强调，"自组织过程和自发的合作秩序，可以更有效率和效益，即维持成本低，稳定时间长"。那么，是什么力量促成了自组织系统有序、稳定地演变发展？

普里戈金（Prigogine，1987）解释了自组织现象发生的必要条件：自组织现象发生在开放系统中，开放系统与环境之间存在输入输出的交换关系，这使得系统能够从外部环境获取所需的"负熵"来抵抗系统内部的熵增现象。只有克服系统内部的熵增，系统才能进入有序的非平衡状态。系统内部的非线性作用从局部影响整体，进一步促成了自组织现象的发生。自组织现象的发生与系统内部各组成元素之间自发的相互作用有关，这种相互作用呈现出从局部到全局的非线性特征。简单的规则在经过迭代之后，能够产生复杂的行为。哈肯（Haken，1988）提到了自组织中存在的协同作用，他形象地将其描述为："系统的各个部分就像由一只看不见的手在驱动排列，正是这些部分通过协同作用创造了这只看不见的手，它也被称为'序参量'。"在自组织现象发生前，系统的序参量为零，系统的各部分处于杂乱无序的状态。一旦自组织现象发生，序参量在系统内部各部分相互作用中产生，并且会支配系统内各部分产生有序的行为和结构（闫旭晖，2018）。

从上述研究中可以看出：自组织是一个开放系统有序演变的活动，在自组织过程中支配系统有序活动的是来自系统内部的非线性作用机制。

奥尔森（Olson，2006）提出了组织中秩序与混乱的边界图景（见图2-1），他分别以"确定性"和"一致性"作为横纵轴。"确定性"指的是组织成员对未来事件的认知程度，即对即将发生的事情有一定程度的预测和了解；而"一致性"则是指组织成员之间对当前正在发生的事情达成一致意见的程度，即在当前阶段对事物的看法和观点是相互一致的。这两个方面在自组织团队的发展和运作中扮演着重要角色，它们影响着团队的协作和决策过程。在低水平的"一致性"和"确定性"下运作的个人、团队和组织处于一种混乱和随机的状态中；在高水平的"一致性"和"确定性"下运作的个人、团队和组织更可能产生被控制的感觉，也更加有序；两种状态的中间区域是自组织的区域，是一个介于稳定状态与不稳定状态之间的区域，也称创造性空间。在这个创造性空间中会发生涌现现象，模式也呈现出友好的态势，这是一个形成关系、出现学习和系统适应环境的区域（Olson，2006）。

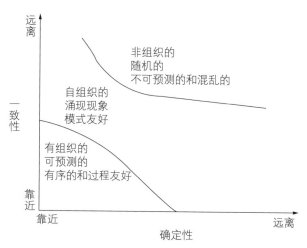

图 2-1 组织中秩序与混乱的边界图景

31

2.2 隐身在管理实践中的自组织

管理将组织看作动态、复杂的系统，强调组织的进化和应变能力，因此自组织在管理中的应用十分普遍。自组织在管理中的应用主要包括以下两个角度：一是从组织形态的角度，即作为实体系统的自组织；二是从组织运作过程的内在机制角度，即作为运作系统的自组织。

2.2.1 作为实体系统的自组织

在管理中，自组织作为一种组织形态，也得到了广泛的应用。自组织通常是企业内部的一些单元，如团队、部门、项目组，也有小型企业本身就是自组织团队，这种组织不存在外部特定干预和内部统一控制，在组织内部不确定性和非线性变量的影响下，通过与外部环境、信息与能量的调试，实现组织从无序到有序的过程，使结构和秩序高效率、充满活力，提高组织的外部适应性，实现可持续发展，表现形式有"自我管理型"的微型企业单位、项目小组、项目团队、内部创业团队、自主经营体、阿米巴等。

传统组织与自组织的区别如表 2-1 所示。与传统组织相比，自组织有如下 5 个特征。

第一，分布式控制。传统科层组织都有一个控制中心，而自组织是"去中心化"的，"去中心化"不等于没有中心，人人都可能成为中心，成为首席执行官（CEO），即由传统的一个控制中心变为多个控制中心；"分布式控制"表现为复杂、多向、立体的网络状态（贾迎亚、胡君辰，2016）。

　　第二，权力自下而上。自组织的每一个子单元，都掌握全套"组织运行规则"的权力，可自行决定对策和行动。网络中的每一个独立个体，都可能会引起整体突变，甚至演化成一个新组织（施炜，2015）。

　　第三，没有明确的角色分工。自组织中也会有分工，但员工不再基于分工体系在固定岗位上扮演固定角色，他们会自主领取任务，自动生成角色，多重角色在自组织中广泛存在。在自组织中，角色可以是多重的，每个员工都可以成为一个中心，调动各种所需资源去达成目标（贾迎亚、胡君辰，2016）。

　　第四，组织结构是网络形态的。自组织不再是传统的金字塔型的组织结构，而是基于价值的网络结构形态，自组织的演变轨迹是非线性且具有不确定性的，没有明显的因果变化（张小峰，2015）。

　　第五，自我修复和自我演化。自组织是不断与外部发生能量与信息交换的开放系统，可自我修复，不断自我进化成长。

表 2-1　传统组织与自组织的区别

	传统组织	自组织
权力与控制	清晰的命令链，从上至下的严格控制	去中心化，分权与授权是基本形式
专业化分工	严格且明确的专业分工	没有明确的角色分工，往往在自动生成的基础上形成岗位角色与专业分工，一人可同时扮演多种角色
信任	组织间有部门墙，竞争关系是常态，协作难以体现	以高度信任为基础的授权系统，组织自动吸引成员，成员主动寻求协作
稳定与变革	稳定的业务，较为完善的制度规范	在变革的过程中，不断学习，快速改变与适应环境

资料来源：本研究整理。

2.2.2 作为运作系统的自组织

作为运作系统的自组织，通常是指自组织实体的自组织运作过程，同时也包括有些组织本身不是自组织型的实体，但内部某些运作系统具有自组织的特性，其表现形式多种多样，例如现在许多企业取消各种制度（控制的重要方式），这些公司的考勤、薪酬、报销、休假、项目以及费用审批都是员工自行决定、自组织完成的，还有工作时间和工作任务上的自组织，以弹性工作时间、工作分担、永久性半日制等形式为代表。德鲁克的研究也曾特别强调真正的管理是让员工实现自我管理，他说："最好的管理就是没有管理的管理。"作为运作系统，自组织在很大程度上是指员工的自我管理与自主管理，自主实现自我完善、自我驱动与自我提升。自组织的运作主要体现在系统内部自主决策、系统单元自我约束和单元之间自我协调上。自组织的自主程度很高，外部控制较少或没有，内部自主决策，自发形成规则；自发形成正式约束与非正式约束；单元之间自发形成自我协调机制，包括关系协调机制和任务协调机制，发生冲突也自行按照内部自发形成的冲突解决机制解决冲突问题（见图 2-2）。

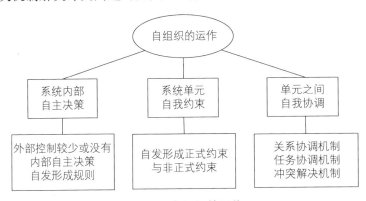

图 2-2　自组织的运作

资料来源：本研究整理。

从形成方式角度来看，自组织主要是指组织的构建与形成过程是自由组合的，比如常见的创业团队、学生的竞赛小组、企业里的双向选择团队等。另外，还有一种自由组合的团队，是自动汇聚式的，有些创业团队形成之初可能只有 1～2 个人，但很快会汇聚一群志同道合的人进来成为初创团队，更常见的是网络上自然汇聚形成的团队，比如字幕组。有一些自由组合形成的自组织，在后期按照他组织方式运作，但因为自组织形成过程中每个成员都是自主的双向选择，因此这在很大程度上会影响成员对于这个组织的认同度、忠诚度与积极性，这类自组织的凝聚力通常在早期都会很高，也有较好的创造力与团队绩效。也有一部分自发成立的自组织，不受外部力量控制，后期也会是自主发展、自行运作和自我治理。如果将组织的形成与组建看成组织运作的一部分，自发成立的自组织可以被归为过程自组织，只是这个过程可能是短暂的。在管理实践中，还有一些因为有临时的任务需要完成，成员自发地形成一个自组织，任务完成后自组织解散，这种常见的自组织往往在克难攻坚方面能发挥很好的作用，这里面体现的也是自发成立的自组织的创造力。

自组织的显著特征是变化来自组织的底层觉悟，而不是来自组织的权力中心，控制是从下至上的，一切组合，包括人与人之间的组合以及团队的建成均基于任务的需要，没有传统意义上的正式组织架构，组织的演化轨迹通常是非线性的，具有自我修复、自我演化和自我进化的属性。一般说来，作为实体系统的自组织，其运作本质也是自组织的，因而被称为"自组织型"的组织。但是在企业中，也有结构形态并不完全是自组织的，但部分系统的运作模式是自组织的，这种自组织主要是指管理上的自组织。而以自组织方式形成的组织，主要是指组织的构建与形成过程是自组织的，但无论是作为实体系统还是运作过程，都未必是自组织的。

2.3　自组织的理论基础

自组织理论目前还没有形成统一的理论，只是一个理论群，包括耗散结构理论、协同学理论、突变理论、超循环理论、混沌理论。这些理论都建立了适合自己研究自组织现象和规律的方法，不同领域的研究者对于自组织的形成理论既有差异又相互补充（见图2-3）。

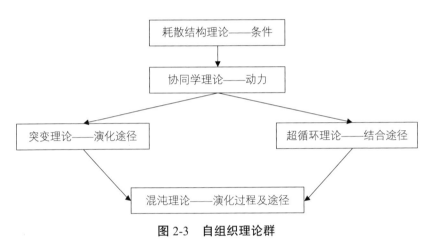

图 2-3　自组织理论群

资料来源：《自组织方法论研究》。

基于热力学与系统能量的视角，普里戈金提出了耗散结构理论，即在一个开放的环境中，在外界环境条件满足特定的临界值时，系统通过非线性的影响作用，将远离平衡状态，从原本的混乱状态变更为相对有序的状态（Prigogine，1987）。

哈肯（1988）提出了协同学理论。该理论解释了如何推动自组织从混乱无序的状态走向有序状态。在从无序到有序的过程中，会有"涨落波动"，即在实际运作过程中，系统受不同子系统或要素无规则独立运动、关联系或要素间协同作用以及内外部环境等因素的随机干扰，常常围绕平均值上下波动。

托姆（Thom，1977）提出了突变理论。该理论认为系统总是处于在一种不稳定的状态中重新构造一种新的稳定状态的过程中，受内外部非线性作用的影响，这种变化是一种充满极大不确定性的逐步进行的过程。

艾根和舒斯特（Eigen & Schuster，1971）提出了超循环理论。该理论认为在生命起源和生物进化阶段之间，存在着自组织过程，并在其中形成了统一的遗传密码的细胞结构。这种统一的遗传密码的形成，不是因为它是进化过程中唯一的选择，而是因为在这个阶段已经形成了一个超循环的组织，它有一个选择机制，一旦建立，将永远持续下去（Eigen & Schuster，2012）。

洛伦兹等科学家于 1963 年提出了混沌理论。混沌理论认为，复杂的结果也可能是由简单的原因造成的。已有的自组织理论虽然有很大的差别，但它们都有推动组织自行从无序走向有序的共同目标（Lorenz & Haman，1993）。"蝴蝶效应"就是自组织理论的典型例子。

2.4 自组织团队

2.4.1 成功团队都包含自组织的特性

团队之所以被广泛运用主要是因为其能够实现高产出，即团队的产出结果能够实现 1+1 ≫ 2 的效果，那么，这种高产出究竟是如何产生的呢？如果只是彼此单独在一起工作，不相互依赖、高度协同，并不能构成真正的团队。普里戈金（1987）的研究揭示了整体大于部分之和源于自组织协同增效机制，如图 2-4 所示。

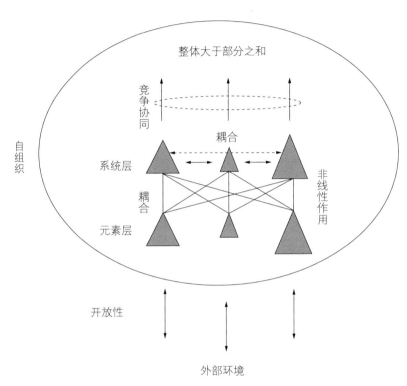

图 2-4　自组织协同增效机制

资料来源：《从混沌到有序：人与自然的新对话》。

杨家诚（2016）在《自组织管理："互联网+"时代的组织管理新模式》一书中提到真正的团队具有 4 个特点：共享的伟大使命；明确的信息流边界，并与其他组织单位、资源或决策协同一致；在边界内进行自我管理；在合理的期限内具有稳定性。姚立和刘洪（2003）认为，团队要提高绩效就需要自组织，并将自组织工作过程归纳为两个相互循环的阶段：从局部相互作用到整体涌现的过程和从整体涌现到局部相互作用的过程。杰夫·萨瑟兰（2017）在《敏捷革命》中提到，卓越团队具备了 3 种特质：（1）超越寻常。卓越团队拥有超越寻常的目标和超越寻常的动力，这改变了团队看待自己的方式，扩大了团队的能力范围。（2）自主性。卓越团队能自我组织、自我管理，获得了根据自己决定做事的授权，自主决定如何开展工作。（3）多功能。卓越团队具备完成项目的所有技能，具备这些技能的成员相互学习，相互提高。

因此，根据自组织理论分析，成功的团队都具有自组织特性，主要体现在以下几个方面。

1. 团队的开放性

成功的团队是一个开放的系统，会不断与外部环境进行物质、信息和能量的交换。当团队外部环境发生变化时，成员之间的相互作用会使团队形成适应环境的新结构和相应的演化模式，即团队的自组织工作模式（姚立、刘洪，2003）。尤阳（Eoyang，2012）指出，团队是包括信息和能量交流转换的自组织过程。

在管理实践中，大量的团队都是开放的系统。团队不断地对外开放、适应，形成柔性且独立的组织子系统。团队从外部获取人员、知识、信息以及设备等资源，又向外部输出团队成果和人才。尤其是信息和知识的交换，对自组织系统的演化是至关重要的。团队从外部输入知识或信息后，通过学习、模仿、利用、创新、积累、扩散，输出团队的新知识、新技术和新成果。

2. 团队的非平衡性

团队与外界密切联系，不是孤立且处于宏观静止状态的，系统时刻随时间变化，且团队成员的异质性与分工的显著差异，使系统内部呈现不同程度的非均匀和多样化的特点，处于远离平衡状态。团队成员在知识、经验、教育、年龄、性别、文化背景等方面必然有着显著的差异，尤阳（2012）提出自组织的条件之一是"显著差异"，团队自创建之初，由于团队成员构成的各种异质性，如知识技能异质性、认知异质性，使得它处于远离平衡状态，团队成员通常会因为异质性的存在产生相应的冲突与知识共享（曹洲涛、杨佳颖，2015）。同时，基于团队目标和成员不同优势的分工也存在显著差异，导致成员之间必须高度协同与合作，激发团队的创造力，从而使团队处于远离平衡状态并保持旺盛的生命力。优秀的团队不但能够包容差异、认同成员间的异质性，还能够基于这些差异实现整体上的协同效应，获取更大价值。

3. 团队的非线性作用

系统向有序结构演化的根本机制是系统的各要素间或子系统间的非线性相互作用。这是自组织理论的原理之一。团队发展过程中，团队内部要素在非线性相互作用下，产生团队整体性行为，这主要体现在团队内部成员之间存在频繁互动，进行知识的交流与共享，以及成员间的深度合作，同时团队内部的各组成部分和各种因素对团队的影响是存在差异与不平衡的，团队内部不同变量的相互作用，把系统推过线性失稳点，远离平衡就成为团队的演化机制，也就是团队演化是一个由旧结构到新结构的自组织演变过程，最终实现团队运作 1+1>2 的协同增益效果，这是一种典型的非线性作用机制（曾卫明，2009）。

团队自组织演化的内在动力来自其内部成员之间的相互非线性作用，以及内部与外部之间的相互非线性作用，它们共同产生整体行为，整体行为又反作用于部分，迫使部分之间产生协同作用。这一迭代过程包括相互循环的两个阶段（见图 2-5）。

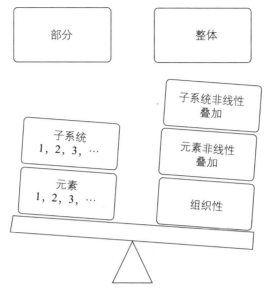

图 2-5　整体大于部分之和的核心机制

资料来源:《组织行为学》。

2.4.2　自组织团队的概念

在自组织理论与团队理论的交融下,出现了自组织团队。曼茨(1992)将自我管理团队与自我领导团队进行比较后提出了自组织团队的概念。在管理实践中,这一全新的团队形式因其独特的适应性和创新性而得到广泛应用,在实践中出现了许多成功的例子,比如自主经营体、阿米巴等。

但在理论研究方面,自组织团队的相关研究刚刚起步,关于自组织团队的概念尚未有统一结论(郝丽风、李晓庆,2012),其中较有代表性的如表 2-2 所示。

表 2-2　自组织团队的概念与内涵

研究视角	概念与内涵	研究者
自我领导	团队成员自我设定团队目标，自行决定实现目标的方法以及是否需要领导者，自组织团队是与外界进行交互的动态团队	曼茨（1992）
任务自治	自己定义生产目标与做出内部的任务分配，同时还有检查、维持、购买及雇用新成员的功能，实现了单元内任务自治	海利根和乔斯林（2001）
内生的自我组织	一个为了成功应对环境变化，自动、自发且有着共同目标和工作文化的群体，是能够以内生的过程重新自我组织的团队，是团队工作的一种高级形式	汪维扬（2001）
自发演化以适应环境	能够自发地产生新的演化模式的一种复杂适应组织，当环境的条件改变时，它能够在内部相互作用下自发产生新的演化模式，并随着环境的变化而变化，以适应环境的需求	姚立和刘洪（2003）
涌现性	一种特殊的经营管理模式，该团队以自组织方式占有和使用资源，涌现性机制是其创新的源泉	李冲和王前（2009）
社会规则	两个及以上的成员因为拥有相同的、有价值的愿景而形成的，成员在一起合作和适应，伴随相互作用能够涌现出新的社会规则，并随环境变化进行动态的、自主的自我调节的一种新型团队形式	彭壮状（2012）
共同价值愿景	拥有共同价值愿景的两个及以上成员组成，成员之间相互作用、相互合作、相互适应，能够根据环境变化进行自发、自主的自我调节，具有开放性特征的团队组织	胡尚峰（2005）周跃进，等（2010）陈辛（2011）
自组织的活动和过程	在团队的形成和发展过程中，通过团队成员彼此的相互作用和团队与外部环境复杂的相互影响，出现自组织活动或者自组织过程的团队	郝丽风和李晓庆（2012）
授权	对员工更强有力的授权，员工可以决定团队的组成，在不同的项目和客户之间进行选择，并自主规划和实现联合生产。此类授权团队被称为"自我指导工作组"或"自组织团队"	Kräkel（2017）

资料来源：本研究整理。

作为一种新型的团队组织形式，自组织团队的现有定义不尽相同，但都关注自组织团队的根本特性：自发性、创新性和环境适应性。与一般团队相比，最主要的差别还是自组织团队的自发性所带来的创新性。前述也分析了与其他类型的组织相比，成功的团队主要包含自组织的特性，其自组织程度更高一些。

关于自组织程度的变化可以借鉴哈克曼（Hackman，2006）提出的团队管理的授权矩阵来帮助理解（见图 2-6）。通过授权矩阵我们可以看到，团队的管理方式大致可以分成 4 种。

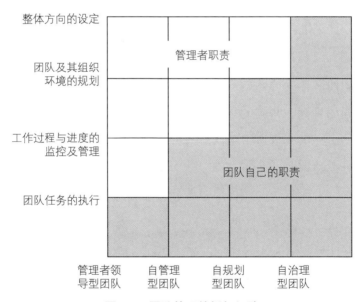

图 2-6　团队管理的授权矩阵

资料来源：《团队为何成败不一？》。

管理者领导型团队，由管理者监控和管理工作流程、规划环境和设定方向，仅授权团队成员执行任务。传统的项目管理团队和处于职能孤岛中的许多专家小组就是这一类型的实例。

自管理型团队，即团队成员不仅负责任务的执行，还要管理他们自己的流程。在组织内部独立核算的团队一般属于这一类别。

自规划型团队，即授权范围进一步扩大，团队成员除了获得执行和管理流程的权力，还被授权去规划团队和与运营相关的组织环境。大多数真正的管理团队、敏捷团队和精益团队属于这一类别。

自治理型团队，即对授权矩阵中的 4 项核心职能都具有管理权限，这一类型的团队也可以称为自我领导型团队。自治理型团队在实践上的主要呈现形式是创业团队，本研究谈到的自组织团队包括自管理型团队、自规划型团队与自治理型团队。我们也可以认为，从自管理型团队向自治理型团队的演进，是深化自组织能力的过程。

在界定自组织团队概念的内涵和外延时，学者们提炼出了其突出特征。自组织团队作为团队的一个类别，具有团队特征，即人数不多、互补技能、共同的目标、共同的方法、共同承担责任。除了具备团队特征，胡尚峰（2005）提出了自组织团队具有开放性、远离平衡性、非线性相互作用、自主性、协同性；周跃进等人（2010）详细分析了自组织团队特征，包括开放性、自主性、适应性、复杂性、非线性和动态性；郝丽风和李晓庆（2012）认为组织团队的特征包括没有中央控制、初始条件的敏感性、涌现性、开放性。海利根（Heylighen，2001）总结了自组织团队的一些特征：与绝对中心化的集权控制相反，自组织团队是无绝对中心的分散式控制；自组织团队能够不断进行自我调整、修复，以适应外部环境的变化；在自组织系统中，局部的相互作用会自发形成一定的结构；反馈，包括肯定的和否定的；弹性，即具有系统修复和调整的能力。总体来看，大多数学者主要是从自组织系统特征出发，总结出了自组织团队的开放性、非线性、远离平衡性，拥有极大的弹性和适应性等特征。杨佳颖（2016）重点强调了另外两点：一是团队自治。自组织团队是由一群人基于共同愿景自愿结合在一起形成的，其与一般团队最大的区别在于其能够自主定义团队目标，并通过集体行动来实现这些目标（周跃进等，2010；郝丽风、李晓庆，2012）。这种团队自治也表现在任务分配及执行方面，即团队在完成目标的过程中自行确定任务分配的方式，并自主进行新成员的招募等团队管理活动（Heylighen & Joslyn，2001）。二是环境适应性和创新性。自组织团队在应对外部环境的变化时，展现出卓越的环境适应性和创新性。团队内部的动力机制促使其形成适应新环境的新结构和演化模式。这种快速适应新环境、打破原有规范并形成新规则的能力，使自组织团队能够高效应对变化，并展现出色的创新能力（姚立、刘洪，2003）。

2.4.3 自组织团队的运行过程

针对自组织团队的运作过程，姚立和刘洪（2003）分析了团队自组织工作的两个阶段，即从局部相互作用到整体涌现的过程和从整体涌现到局部相互作用的过程。胡尚锋（2005）则阐述了自组织团队的结构设计、程序与机制设计等。陈辛（2011）建立了自组织团队工作过程模型（见图2-7），对自组织团队的运作机制进行了尝试性的探索。

1. 自组织团队的形成

关于自组织团队的形成，目前有一种简单的理解是：形成过程是自发与自由组合的，如创业团队、企业内部的自由组合团队等；另一种则是指组建过程不一定是自发与自由的，但在运作中逐步发展成为真正具有自组织特性的团队。黄永军和姜璐（2002）在论述自组织时将组织过程分为两个过程：一是形成或构建过程；二是发展过程或组织演化、运作过程。后

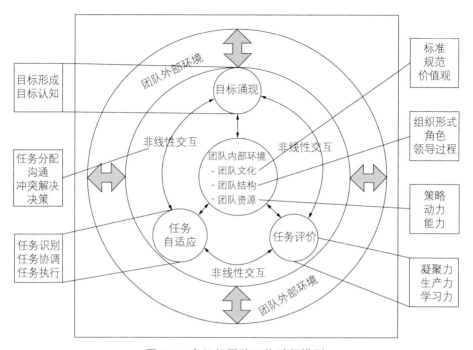

图 2-7　自组织团队工作过程模型

资料来源：《自组织团队绩效管理研究》。

一个过程是判断组织过程是否为自组织的基本原则和出发点。

　　团队成员是自组织团队取得成功的基石，他们的特质、能力以及彼此之间的互补性、融洽性和竞争性，都对自组织的过程和结果有着重要的影响。第一，团队成员加入时的自觉自愿以及对团队未来的理解和认同，有助于推动自组织过程朝着组织期望的方向发展。第二，团队成员需要拥有互补的技能，同时具备实现团队目标的动机和能力。虽然不要求每个成员都是精英，但个人特质和成员之间的关系至关重要。因此，要充分考虑成员的个人特质是否与团队的需求相匹配。同时，团队的规模也需要适度控制。人数太少会导致关系较少，难以形成有效的自组织过程；而人数太多则会形成复杂的关系网络，增加有序自组织协同的难度，并可能导致组织对团队的间接控制出现问题。因此，团队的规模既不宜过大，也不宜过小。

在团队形成初期，建立团队的共同愿景至关重要，成员需要意识到互动、分享和协作的价值。在这个过程中，活动都是成员自发参与的，信息和知识的讨论、交流也是自愿且自然的。团队成员在团队中拥有同等的参与权，地位平等，没有特殊的个人优先权，也不会存在权力至上的领导者。团队在选择领导者时，主要考虑组织和协调等职能，目标的确立可能需要一段时间或特定条件，这些特定条件包括成员间的积极参与、相互碰撞和共同找到感兴趣的方向。目标确定后，成员对其理解和达成共识也需要一定过程。在实际运作中，团队的人员构成是一个渐变的过程，团队可能会有成员加入或退出。加入并留在团队中的成员对团队的目标充分理解且认同，并愿意为之努力奋斗。这样，在确立目标和统一认知之后，自组织团队就形成了。

自组织团队并不是一个瞬间的产物，无论是由团队成员自发组织起来的，还是由他人组织而成的，都需要经历一个由无序走向有序的认知与回应的过程。这种转变不是凭借偶然事件或者局限于某个特定边界内的结果。相反，自组织团队是一个不断变化和重塑的过程，需要持续调整和适应外部环境的多变性。因此，只要组织和环境发生变化，即使没有特定的外部干预，团队的自组织过程也会自然而然地发生。

2. 自组织团队任务自适应过程

自组织团队的形成旨在达成团队的共同目标，而要达成这些目标，团队成员之间的相互协作与配合至关重要。为了达成这个目标，首先需要将该目标分解为一系列具体任务，这些任务要与成员的知识、技能、经验和个性相匹配。在一般团队中，任务通常由上级或团队领导强制性地分配给团队成员。而在自组织团队中，任务分配则更倾向于自主选择，团队成员自行选择适合自己的任务，根据意愿和技能来认领任务。如果出现任务选择冲突，自组织团队通过协调与交流，确保每项任务都由合适的人来负责，从而使得团队成员认为执行的任务适合自己且愿意承担。克劳斯顿等学者（2007）对软件开发团队中的自组织工作机制进行了研究，发现在任务分配的几种方式中，自我指派任务占据主导地位。这表明在自组织团队中，成员与任务之间的配对是自适应的，成员自主选择适合自己的任务，而团队通过动态交互与协调来解决任务分配的问题。针对这一问题，彭翠（2012）提出了自组织团队任务适应过程模型（见图 2-8），该模型包含任务识别、任务分配、任务执行 3 个子过程，其中任务识别是任务分配的前提，而任务协调则是解决任务分配冲突的关键机制。通过这样的任务适应过程，自组织团队能够更有效地完成任务并实现共同目标。

自组织团队的工作过程是一个动态循环的过程，从目标涌现到任务自适应到任务评价再到目标涌现，不断循环。在自组织团队工作过程中，在各个环节和各个主体之间，非线性交互是主要模式。自组织团队在运作过程中要不断地和外部环境进行物质能量和信息的交换沟通。这个交换沟通的过程是一个双向影响的过程。

3. 非线性交互过程

非线性交互过程贯穿整个自组织团队工作过程，非线性机制是指事物要素之间以立体网络形式相互作用的机制。这种交互过程既是非线性的，也是动态的。非线性交互主要体现在任务分配、沟通、任务反思和学习过程中。

另外，除了处于特定环境中的自组织团队需要自组织过程，团队中的每个成员也需要以自组织的思维方式去解决自己面对的问题和需要完成的

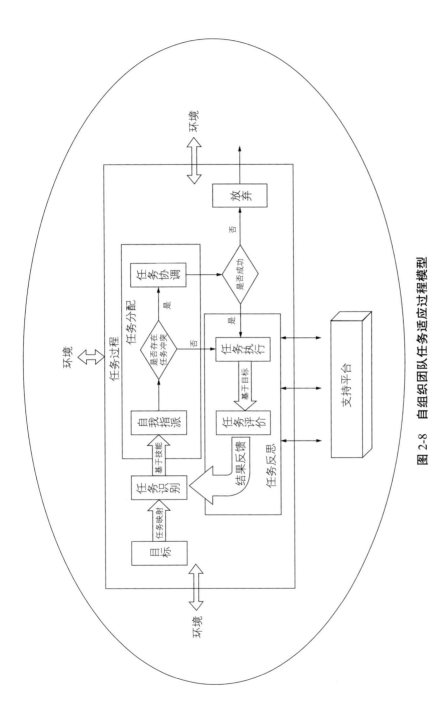

图 2-8 自组织团队任务适应过程模型

资料来源：《自组织团队绩效影响因素研究》。

团队任务。而且，每个成员的自组织过程还应该与其他成员形成一种协同效应，以更好地完成团队工作、实现团队目标。在最初阶段，团队成员必须给予彼此一定信任，如此才能实现团队成员间信息的交互分享，并适应工作流程。之后对成员和团队进行的自授权行为才能得以发生。优秀的自组织团队需要帮助每个成员通过良性交互认识到自身的优势与不足，让成员找到自己在团队中的角色功能，挖掘成员在团队中的全部可能性，并借助成员间的协同合作创造更大的价值。

但需要注意的是，自组织团队的自我管理、自我负责并不意味着团队要对每个事项做出决策；自组织过程的永续性也不意味着自组织团队没有边界。实际上，只有构建起清晰的边界、预期和责任去对自组织过程进行控制，才能真正获得最佳的自组织模式。

4. 自组织团队运行中的"自组织化"

哈肯的研究未加区分地使用"self-organization"或"self-organizing"来描述自组织过程，但"自组织"在自组织团队中有两种理解。作为名词时，它指的是通过事物自发、自主地走向组织的一种结果，即自组织团队是自组织系统的存在形式；作为动词时，它指的是事物自发、自主地走向组织的一种过程，即自组织团队具有自组织化过程。自组织化意味着团队运作过程从无序、混乱逐渐向有序演化，或从低有序程度向高有序程度演化。从自组织团队的形成到完成任务，整体演化的有序程度或结构化程度一定也是向更高有序的方向演化的。

吴彤（2001）对自组织概念进行了分类，将其包含的演化过程分为3类（见图2-9）。第一类，是从非组织演化到组织的过程，即从混乱的无序状态逐渐发展为有序状态的过程，此演化过程的研究重点在于组织起点和临界问题。第二类，是组织程度逐步升高的演化过程，表示为组织层次的跃升，这一演化过程提升了组织的有序程度，需要关注组织复杂性问题。第三类，是在相同组织层次上从简单到复杂的演化过程，指的是组织结构与功能从简单到复杂的发展，该演化过程涉及研究组织复杂性水平增长问题。这 3 类演化过程构成了自组织化的连续统一体，丰富了人们对自组织现象的理解。

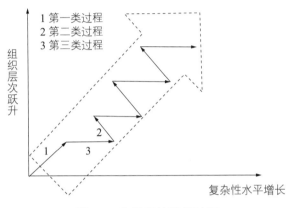

图 2-9　自组织的演化过程

资料来源:《自组织方法论论纲》。

团队自组织化涉及两个关键过程:第一个是组织层次的跃升。团队从个体聚集成群体，再进一步演变为自组织团队，这代表了不同组织层次的跃升过程;第二个是在同一组织层次上复杂性水平的增长。自组织团队从自我管理阶段逐渐发展为自我规划团队，然后再进一步发展为自我治理团队，其组织层次与复杂性水平逐渐提升。在自组织团队的运行中，这两个过程呈现出交替作用的情形。当团队完成了一个组织层次的跃升后，它会在新的组织层次上朝着更复杂的结构和功能方向演化。新的组织层次为复杂性水平的增长提供了更多可能性和机遇。因此，通过组织层次的跃升和演化，团队能够开辟出更高级、更多样化的结构和功能形式 (吴彤，2001)。

2.4.4 自组织团队现实洞察

2.4.4.1 自组织团队案例：深圳 DD 公司

深圳 DD 公司成立于 1995 年，它是一家专注于打造电子元器件供应链平台的企业，产业覆盖进出口服务、一站式供应链管理、软件开发、IT 贸易、供应链金融等领域，旗下拥有 10 余家境内和境外的分支机构，是我国供应链服务行业的开拓者之一。其核心业务主要由一站式进出口解决方案和仓储服务构成（见图 2-10），另外，它还围绕核心业务，提供离岸贸易服务和供应商库存管理解决方案等。

1. 公司面临的问题

本案例主要针对该公司核心业务部分，其他业务不在本案例研究范围内。2018 年以前，公司运作模式主要是根据业务流程，分不同的部门运作。公司在运作中，时常会出现一些问题，主要如下：因客户需求变更频繁、客户说不清楚需求、客户要求的时间太紧等导致客户满意度不高；在内部管理上，部分员工工作效率不高，人员流动导致工作接不上，出现问题时各部门相互推诿责任，客户服务品质异常时有发生等问题。面对这些问题，企业只能"见招拆招"。

需求变更频繁：走需求变更流程，统计变更数量，向客户递交变更工作量。

客户说不清楚需求：销售部门的员工写明需求让客户签字，客户不签字就不开工，签了字就不准变更了。

客户要求的时间太紧：招人加班！

员工工作效率不高：公司采用的制度主要是日常监督与考核，另外还有培训，如果员工还是不能改善工作效率就辞退该员工。

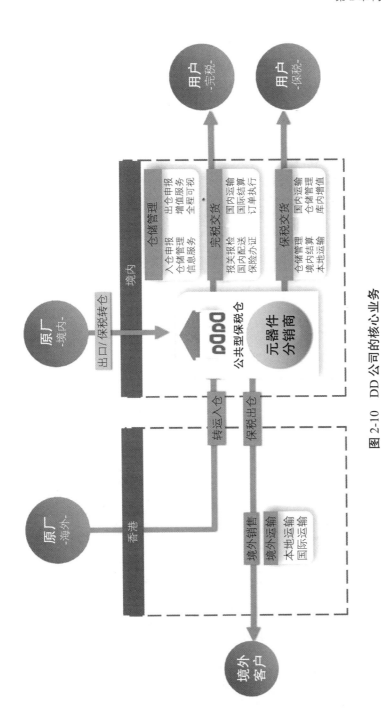

图 2-10　DD 公司的核心业务

资料来源：根据 DD 公司内部资料整理。

人员流动：要求详细记录员工工作，即使有人员流动，也可以很快接手工作，不怕流动。

出现问题时各部门相互推诿责任：重新梳理各部门的职责，定义工作标准。

客户服务品质异常时有发生：成立品控检视小组，专题分解产生异常情况的全过程，找到关键的系统错误环节和责任人，建立惩罚措施。

但几乎所有这些"新招"都会导致一堆新的问题出现。例如，统计工作量变得更大，客户满意度下降，人工成本增高，员工积极性普遍下降，只完成考核部分的工作，其他工作不做，因员工劳动强度大，导致更高的人员流动，部门之间的"墙"比之前更高更厚，不做不属于本部门的事，人人害怕犯错，员工之间的关系越来越公事公办，公司氛围也越来越压抑。因此，公司的变革势在必行。

2. 启动组织变革

于是，公司开始进行结构变革，特请本研究小组作为外部顾问团队进行全程跟踪指导，公司全员全面学习了海尔的自主经营体和稻盛和夫的阿米巴经营模式，也学习了自组织团队的相关理论，最后公司决定围绕核心业务，成立跨职能部门的"端到端"自组织团队。所谓"端到端"是指从客户接单到交付给客户完整的流程，其中包括客户需求的确认下单、货物入仓、进出货物相关的关务、仓库存储与保管、库内操作、物流与交付等，完整的业务链条由一个团队全部承担，实现独立核算与闭环管理。在团队的任务明确后，公司层面主要是界定公司与团队之间的责任和权力边界，凡是可以下放到团队的权力，都授权给了团队，公司只要求最后的结果以及明确如何在公司与团队之间进行利益分配。端到端内部的流程梳理、责任划分、规则建立、文化形成等均是每个自组织团队在运作中自发涌现出来的，从而实现团队从混乱无序向自发有序发展，如图 2-11 所示。

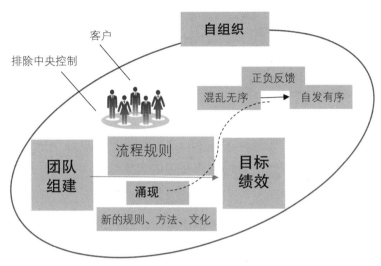

图 2-11　DD 公司自组织团队的自组织过程

资料来源：根据 DD 公司内部资料整理。

组建团队之前应明确两件事：一是选拔出来的团队负责人的定位，二是组建团队的基本原则。

3. 自组织团队负责人遴选

自组织团队的组建首先是选端到端自组织团队的负责人。在公司内部公开选聘团队负责人，基本标准如下所述。

愿景感召力：清楚了解企业的使命与战略方向，在此基础上有能力明确提出团队方向，能够预见 2 ~ 3 年后团队方向，且能清晰描绘与传达。

激发鼓舞：与团队成员沟通能激发团队成员的自豪感，在团队内部传播正能量，激励团队挑战现状，鼓励团队成员看到变革带来的机会，同时能不断提出新问题、新创意。

信任与服务：信任团队成员，在行动之前考虑其他成员的感受，思考并关注成员的个体需求，为成员排忧解难，并提供必要的支持与服务。

关怀认可：无私地关爱团队成员，赞扬高出平均水平的工作，认可工作质量的提升。

谦逊平等：为人谦逊，不以领导自居，在团队内部营造平等沟通与合作的氛围。

公司按照这个标准在内部公开选聘了 5 位负责人，紧接着让 5 位负责人自己组建端到端自组织团队。不同部门的员工自愿自由组合到不同的团队中，公司管理层将管理理念从过程式管理演变成目标式管理，给予自组织团队充分的权力和信任，允许团队犯错并进行自我修复，从而激发团队的自主性和责任感。同时，公司要求各团队围绕客户服务进行自治、自主决策、自我执行、自我控制、自我监督、责任共担、追求卓越。

4. 明确自组织团队组建的基本原则

组建自组织团队的基本原则如下所述。

原则一：团队具备完成目标所需的全部技能和能力，能利用成员在各领域的专业知识，演化、调整、协同乃至创新并完成任务。

原则二：团队愿景及目标明确，个体具备主人翁意识和承诺意识，对自己的工作感到自豪，并主动承担相应的责任，自发地为实现目标而努力。

原则三：团队有明确的边界，不轻易受外界影响，自行建立运作机制，在运作中找到规律，正向循环优化。

原则四：成员积极性高，不断学习和优化行业知识和自身技能，追求卓越。

原则五：成员关系和谐，高效沟通，彼此之间的能力和性格互为补充，相互接纳和尊重。

5. 端到端自组织团队构建步骤

构建端到端自组织团队的步骤如下所述。

第一步：团队负责人申请组建团队，并在公司内外公开招募团队成员。

第二步：明确团队目标、愿景和价值，包括对公司的价值、团队的价值与个人成长的描述。

第三步：团队首先达成共识，在客户层面，应该做 3 件事：开拓新客户、解决客户问题（提供服务并挖掘更多的服务）、提升与客户的关系。

第四步：团队与公司及其外部咨询专家一起讨论，从发现商业机会到最终获得商业利益，在这一过程应当做什么。围绕要做的事情，进行详细的动作分解，然后一步步引导团队进行分工与合作，包括相关提问，例如，各自负责完成哪个环节？需要其他团队成员提供什么样的支持？然后，让团队所有成员共同完成一个该团队的运作手册，并将这个手册分享给公司的客户，让客户也充分了解，公司将如何进行服务。团队成员有了一致性和认同性，之前分散在不同部门的工作之间的矛盾也就没有了。虽然团队内部有分工，但更重要的是打造内部的透明性。

上述构建步骤并不是完全按照顺序进行的，例如，先有目标愿景还是先有人？开始时，由团队负责人（召集人）提出初步共同构想，有成员表示愿意参与，然后大家一起继续讨论愿景和目标，以吸引该团队需要的其他成员。对于团队的目标、愿景、价值观以及运作模式等都需要团队所有成员参与讨论与决策，尤其是团队的目标和价值观，需要团队成员花费相当多的时间进行讨论，明确团队目标和价值观的意义，更重要的是这个讨论过程也是团队成员达成共识并做出承诺的过程。

自组织团队构建完成后，公司就不再管理团队内部的问题，公司只针对团队考核，不针对具体个人进行考核，怎么选择员工，如何任用，进行何种培训或淘汰员工也由团队自己说了算，经过一段时间的运作，我们发现团队会通过自组织来消除各种问题，而不是之前的"见招拆招"和"头疼医头"了。例如，懒惰会影响一个团队的业绩，但因工作全透明，每个人都很努力，这个问题能够自然而然地解决，既没有监督成本，也没有进行个人考核。再例如，个别成员的能力弱一些，团队就会在工作安排上考虑匹配的问题，有时也会主动或被动地找一个有经验的团队成员带该成员一段时间，但最关键的是团队成员会提供主动的帮助与支持，团队工作氛围会使能力相对弱的人感到压力和竞争；能力弱一些的成员会自己想办法快速成长，不需要公司安排专门的培训，而且培训往往并不能解决具体的能力提升问题。

6. 自组织团队的发展过程

该公司在自组织团队运作中，也呈现出了一些特殊现象，突出表现在以下3个方面。

第一个方面，团队去中心化日益突显。

在自组织团队中，让团队成员亲自寻找最佳的工作方式来完成工作，团队负责人不再发号施令。创立之初，团队成员还未形成共同的工作理念和文化，仍按照各自原有的习惯在工作。因此，自组织团队组建后的第一个阶段是要形成"团队"，而不只是一群人在一起各自工作。形成团队要经历几个阶段。在团队建立初期，成员干劲十足，但是一段时间过后，团队成员各不相同的性格、资历和特长就显现出来了，问题也就接踵而至——以前工作的紧密度不高，各自在自己的部门内部工作，现在他们需要在一个独立核算的小团队中紧密合作，差异就带来了冲突：有些是"远看很好，近看不过尔尔"的问题；也有些是工作联系松散，大家很好相处，一旦任务要高度协同，彼此配合上就存在认知差异进而导致冲突；同时在分工时还会出现有些事情大家都想做,有些事情又没人愿意做的情况,团队此时要自主协调好成员之间的矛盾。在经历了初期的一段磨合之后,团队成员就会对团队共同工作的理念与文化形成基本的理解和初步共识。

外部顾问团队会在自组织团队形成后进一步为团队成员提供培训,帮助团队成员理解自组织团队的运作方式。在自组织团队中,团队成员需要更高层次的指导,不需要遵从别人的详细指令,这种指导更像是一个目标牵引。团队成员不是等别人下指令来告诉他们怎么做,而是自愿分担不同的工作任务,团队成员们会主动说:"我可以来做这部分工作,我想学习新知识。"这样,因旧习惯形成的人员分工开始发生变化,成员将学会更多与自身以前擅长和专注的领域不同的知识,在自组织团队内部,没有领导会直接安排说:"你做这项工作吧。"因为总是有成员会主动说他喜欢做这项工作。

第二个方面,信任逐渐加深。

自组织团队的构建是由团队负责人在讲述了自己团队方向、愿景和规划的情况下,大家自愿参与的,因为大部分员工都是老同事,相对比较熟悉,所以自由构建的自组织团队的成员之间有着基本的信任。不过员工之间的熟悉主要基于过去彼此之间的合作,没有利益的绑定,也没有利益的冲突,通常都是在比较融洽的状态下进行的。在员工转变为利益共同体之后,彼此的协作深度与频度都增加了,员工之间的"客气"也就会妨碍团队的协作,因此需要创建新的团队信任,即在团队里不必过分小心或互相戒备,团队成员首先要相信同事的各种言行是出于好意,成员间可放心地接受彼此的赞美与批评。互相信任的关键是"透明",大家开诚布公,彼此真诚地沟通交流。

为了解决团队成员之间的信任问题,公司给予了一些提示与引导:组织团队建设活动，增加非正式沟通的机会，让成员互相分享个人的经历和背景，尤其是生命中的一些重要事件和时刻，也可以做性格测试，交流彼此的测试结果，还可以创造一些暴露自己内心与弱点的交流场景和机会。让每一个成员都意识到每个人都不完美，没有人无所不能。当每一个人都敢于将自己的弱点暴露给其他团队成员时，信任就建立或提升了。

公司也在创建团队环境方面提供了相应的支持。团队负责人带领大家逐步建立起共同的价值观和做事原则，团队逐步形成积极向上、互相帮助、互相鼓励的氛围。

第三个方面，有效争论与互动成就高效工作。

DD公司新构建的自组织团队运作几天后，各个团队就不同程度地出现了冲突。在构建团队之前，大家都客客气气的，但当团队合作中开始有了争论，甚至产生了争执与冲突时，团队的氛围一下子就发生了变化，大家都在想，这样还能做下去吗？

此时，公司及时出面给予了适当的引导，尤其是针对团队负责人做了相关的培训，让他们有意识地创建或者激发大家的讨论，例如自己抛出问题，主动邀请团队成员参与发表意见。无论什么意见，首先要鼓励成员积极参与，然后再讨论可行性。需要注意的是，要让大家聚焦讨论主题，坚持对事不对人的原则，慢慢培养出积极参与讨论的团队氛围。

2.2.4.2　自组织团队的特征

DD公司的自组织团队在实践中不断地进步完善，逐步形成自动自发、有着共同目标和工作文化的自组织团队，成员之间沟通合作顺畅、相互理解、相互信任，工作效率非常高。多个自组织团队之间有合作有竞争，这也促进了自组织团队的自我完善，并取得更好的成效。值得重点说明的是，虽然任务依旧保持原有难易程度，但是自组织团队构建后，产生了非常多的有创造性的点子、方法，这是该公司自组织团队取得初步成效的关键之所在。自组织团队运作一段时间后，公司复盘发现新客户引入速度更快，老客户的投诉率、品质异常率均有所下降，公司总体的盈利能力比之前也有明显的改善。

本研究结合已有研究成果以及对自组织团队的现实观察，归纳总结了自组织团队的特征，如下所述。

1. 去中心化或多中心性

传统的团队组织结构都有明显的中心性，通常会有一个团队领导（如项目团队的经理）负责整个团队的组织与管理，大部分决策由团队领导做出，平常工作汇报也是以多对一的方式进行单向汇报，或者所有人有问题单独找团队领导汇报，团队领导就是中心，团队组织结构表现为自上而下的单向结构，这种团队组织结构不利于提高工作效率及团队创新性，权威领导及硬性的规章制度会破坏自组织的动力。DD 公司在构建自组织团队过程中避免了给团队设置权威领导及硬性的规章制度，特别注重对团队在自我管理、团队成员共享领导权等方面的引导，致力于打造双向、扁平化的网络结构，不仅使每一名团队成员进行自我管理，成为创新活动及价值创造的焦点，还促进团队成员间的协作互助，从而集合智慧、提升团队创造力。将更多的工作任务分配给团队，以便发现和培养在不同技术领域中表现优秀的成员。围绕优秀成员建立多个新的中心，甚至可以针对每位团队成员建立中心，使得每个人都成为团队的核心。上述举措将增加团队的技术多样性，从而提升团队应对复杂环境的能力，并进一步增强团队整体战斗力。通过这种方式，团队成员的潜力和优势得以充分发挥，能够为团队的成功和创新做出更大贡献。

哈克曼（2006）认为，让领导"轮子"落在多个肩膀上要好得多。他解释说："这增加了团队有效监控环境和环境变化、评估其内部情况以及需要进行纠正的机会。"团队成员在团队中地位平等，有同等的参与权，但这并不表示自组织团队没有领导角色，只是自组织团队的领导与传统的团队领导是不同的。传统的团队领导以命令和控制型的管理方式为常见（见图2-12），由团队领导发布一些命令，然后让成员来服从这些命令，交流方式以及对成员的管理控制都是单向的，虽然成员在一起工作，却没有真正将个体整合成一个协同前进的团队，自然也就无法获得超越单个个体能力之外的整体性的价值创造能力。而在自组织团队中，领导不具备控制权，不对成员发号施令（见图2-13）。这是一种有着很强交互协作能力的关系网络。在这个关系网络中，包括领导在内的每个团队成员都能实现充分的信息获取和交流，交流的强弱则直接影响着团队成员间的关系和协同程度。团队成员通过充分的交流沟通一起做出决定，自我管理、自我负责，并基于共享的愿景、使命和目标协同配合，共同完成工作。团队成员承担着不同的角色，角色有时候是自动生成的，有时候是一人扮演多重角色，即在自组织团队里，成员超出了某个固定单一岗位和角色的束缚，自组织团队为成员提供了无限的可能性，只要具备相应的能力，成员可以同时在团队内部扮演多个角色。这当然也对成员提出了多元化的技能要求，当成员真正拥有了完成任务所需要的各种能力时，就可能会成为核心。自组织团队成员之间既具有独立性又具有依赖性，作为一个成功的自组织团队，每个成员非常清楚自己在团队中的位置。基于平等性，自组织团队对成员进行开放式管理，鼓励团队成员改变思维模式，自我管理、大胆创新。

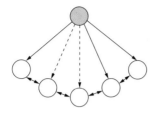

图 2-12　传统的团队领导

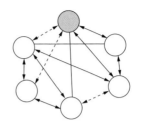

图 2-13　自组织团队的领导

2. 坦诚性

自组织的一个基本规则是它的坦诚性，这种坦诚性对自组织团队外部表现为开放性，对团队内部表现为充分的信任。开放性影响着自组织团队与外部信息交流的模式，进而影响自组织团队对环境的适应性和自组织团队的演化与涌现过程。DD 公司在自组织团队实践过程中，特别重视不同绩效水平的自组织团队之间的交流及与同行业的交流，鼓励高绩效自组织团队分享经验，鼓励低绩效自组织团队自我剖析，鼓励公司内部以团队为单位参与行业标杆学习等。

成员之间的彼此信任是信息沟通无阻碍的条件，也是真正实现平等和分布式领导的先决条件，信任一方面会促使团队成员开诚布公地进行交流，实现彼此的相互了解与优势互补，直接促成团队的自组织运作。尤其需要注意的是，自组织团队的沟通交流是全通道式的，也就是说团队内部的沟通，不仅要做到全面公开、知无不言，还要做到每个团队成员得到的信息都是完整的，不存在信息不对称的情况，这一点也决定了自组织团队的规模一般都不大。另一方面，信任也使得每个团队成员的专长能够获得充分的发挥，并在自己的专长领域对其他人产生积极的影响，这样才能形成在自组织下的协同。DD 公司在自组织团队实践过程中，采用团队成员资源组合的方式构建自组织团队，最终团队规模保持在 5 ～ 9 人，团队成员间配合默契，彼此在工作及工作外（如公司举办的团建活动）的高频率及紧密互动中建立了高水平的信任关系。

3. 非线性交互下的涌现性

自组织团队之所以往往表现出"整体大于部分之和"，就是因为系统涌现了新的事物，其中的"大于部分"就是涌现的新的事物，可能是更多的产出，也可能是新生事物被创造出来。自组织团队的这种涌现性是团队成员间非线性交互作用的结果。自组织团队遵循自组织的动力学原理，采用共同参与、团队学习、资源共享、深度会谈等多种形式，强化团队成员之间的非线性交互作用。DD 公司通过工作活动或休闲活动来提升自组织团队成员间的亲密程度及互动强度，帮助团队成员打造彼此间坚实且扁平的网络化结构，为团队成员间随时随地的交互活动和信息交流提供便利条件。团队成员在相互交互中呈现出非线性的作用模式，一个成员的行为会对其他成员产生影响，而这种影响又会反过来影响该成员。在这个系统中，正反馈和负反馈都发挥着作用，有时甚至同时存在。正是这种复杂的反馈机制促使自组织团队展现出新的演化模式和行为方式（郝丽风、章仁俊，2009）。团队成员之间广泛深入的交流，使得信息和知识在自组织团队中广泛传播，进而激发了新的信息和知识的产生。团队成员的增多增加了系统的差异性和多样性，这种差异性和多样性点燃了新思想的火花，并形成了1+1>2 的协同效应。通过这样的合作，自组织团队能够更好地创新和应对挑战。

4. 协同性

自组织团队的协同性主要包括团队成员相互信任、对团队有高度忠诚和承诺、团队成员良好沟通。在传统组织中，不信任构成了人际关系管理的大敌。DD 公司培训团队负责人有意识地塑造团队和谐氛围、有意识地创建或者激发大家的讨论，主动邀请成员参与发表意见。无论什么意见，首先要鼓励成员积极参与，然后再讨论可行性。在这一原则的指导下，自组织团队成员间相互信任逐渐涌现并形成规则，且这些规则有较多是约定俗成和大家经讨论达成共识的。在这些规则的指导下，团队成员各司其职，紧密合作。

团队成员之间长期的交流，无论是言语还是非言语的信息交流，都是自组织团队协同的关键要素。通过有效的沟通，管理层和团队成员能够消除误解，团队成员之间也能够达成高度一致的认知。这样的协同过程在自组织团队中尤为重要。自组织团队的协同性也与其高度的自律性密切相关，团队内部的纪律主要建立在共同涌现的规则和共识之上。自组织团队不会因为团队成员违背共识而对其进行惩罚。当团队内部达成共识时，每个成员从内心深处产生的认同感，将驱动成员按照共识的思想去行事。这种认同感与来自他人的，甚至带有惩罚措施的纪律是完全不同的。自组织团队的协同性还有一个体现在分工合作差异上的很重要的特征，传统组织非常强调责权明晰，而自组织团队之所以有很好的协同效果，在很大程度上是因为没有明确清晰的内部分工，团队任务具有自我指派性，而任务之间的衔接部分则依赖团队成员基于相互信任与相互成就之下的主动补位。

第 3 章

创造力与团队创造力

3.1 创造力概念

吉尔福特（Guilford，1959）是第一个提出创造力概念的人："创造力是一种特殊的能力，这种能力是那些有创造性的人的一个重要特征。创造力决定了个人是否有足够的力量来将创造性的行为展示到引人注目的程度。拥有必要能力的个人能否产生创造性的结果取决于他的性格的特点。"巴龙（Barron，1953）更清晰地解释了创造力的内涵："创造性的工作是一个新颖的工作，这个工作被认为是有用的、被认可的或能满足某一时点团队需要的。一个工作是不是新颖的取决于这个工作与传统型的或是当下的工作有多大不同，而这有可能取决于问题的特点和人员的知识、经验等基础条件以及有创造性的个人的特点。"不过，直到 20 世纪 90 年代，组织管理研究领域的学者们才逐步对创造力产生浓厚兴趣。

创造力的定义在理论界尚未达成一致。总体来说，学者们主要从以下几个视角来定义创造力。

一是过程观，该视角认为创造力是一种创造性观点的产生过程（Amabile，1983；Hargadon & Bechky，2006），即创造力是为了产生创造性观点而采取的步骤、行动或行为（Drazin，Glynn & Kazanjian，1999 ）。福特（Ford，1996）认为，当个体在行为和认知方面都积极地尝试产生创造性成果时，创造性的行为就会得以体现。阿马比尔（Amabile，1988）提出了包含 5 个阶段的过程模型，其中包括设立目标、准备、产生创意、验证创意以及评估结果，这些阶段共同构成了创造力的实现过程。段联合（2011）认为创造力是一种有系统、有组织、具有理性思考的工作，是一种过程，可以通过精心安排和严密组织而产生。陈斐、达庆利和刘娜（2016）认为，创造力是产生新思想、创造新事物的能力，是对现有问题形成新颖思想或独特创新解决方案的过程。

二是结果观，该视角认为创造力总是可以通过产出结果得知的，因此有一部分研究者从创造的产出结果，如想法、产品方面等对创造力进行研究和定义。在对产出结果的探索中（Oldham & Cummings，1996），创造力被广泛定义为"涉及产品、服务、过程和程序等方面的新颖而有用的想法"。阿马比尔（1983）认为创造力是"新颖且合适的想法"。斯坦（Stein，1989）则将创造力视为创造出新颖、实用、持久或令人满意的超越现状的产品。这样的结果导向定义包含了解决商业问题的方法、创新的商业战略以及工作过程中的创新变革。

在心理学的研究中，融合了过程观与结果观的视角，用主体（个体或群体）所产生的观点和想法的质量与数量来对创造力水平进行评价，包括观点的流畅性、观点的多样性、观点的原创性（Nijstad et al.，2010）。

三是能力观。"创造力"这个词本身就反映了人们对认为创造力是一种能力的直观看法。德西（Dewcy，1910）认为，创造力是心理过程中的问题解决，即一种解决问题的能力。而吉尔福特（1950）则提出创造力指的是那些展现出杰出创造性表现的个体所拥有的能力。

对于创造力的定义，还有一个视角是关注思维方式。人们普遍将创造力等同于发散思维的程度。与创造性思维关系最为密切的是发散思维和转换（Guilford，2006），即无定向、无约束地由已知探索未知的思维方式。吉尔福特（1967）提出了发散性思维的4个基本特征，即流畅性、变通性、独创性和精细性。

3.2 创造力产生的理论基础

3.2.1 资源基础理论

资源是创新活动的必要条件。维尔纳费尔特（Wernerfelt，1984）以资源观的视角指出内部环境对企业创造竞争优势具有决定性的作用。企业内部的资源、知识和能力的积累是获得并保持竞争优势进而提升企业绩效的关键。巴尼（Barney，1991）提出，导致竞争力差异的主要是组织的战略性资源。迪兹（Deeds，1997）提出具有价值的、稀缺的和不可模仿的资源主要包括专家知识、科学能力以及重要的人际、信息和支持系统。总之，资源基础理论强调资源的异质性和不可完全移动性是组织创造持续竞争优势的基础（Van Knippenberg & Schippers，2007）。资源基础理论常被用于团队管理领域，根据资源基础理论，团队的创造力主要依赖于团队特有的资源，是形成团队竞争优势的重要来源，其中知识是重要的特有资源之一。

知识基础理论是资源基础理论的进一步完善和拓展（Barney，1991）。知识的共享、整合、利用及创造是企业竞争优势的来源（Bagnoli，2015）。在该理论中，知识可以被具体定义为"可操作的信息"，包括信息、技术、技巧、技能等。在组织环境中，知识产生于信息被传播的过程中，这些信息可以成为支持认知和行为的宝贵知识（Tsoukas，2009）。知识基础理论强调组织需要通过深入的整合和协调员工的内部学习过程以发挥知识的价值，并试图解释创新如何出现并扩散。麦克维利（McEvily，2002）提出拥有更强的处理知识能力的组织可以使用更新颖的方式为客户提供价值。丹福德和钱（Denford & Chan，2011）提出，企业能够将内部已有的知识和创造的新知识进行新旧知识整合，进而促进企业不断创新。

知识基础理论强调知识创造以及知识应用对于组织创新的重要性。尤其在知识经济时代，知识资源成为组织最为重要的资源之一，组织仅靠内部知识的积累难以有效地满足提高创新能力的要求。因此，从外部获取知识对组织来说就显得尤为重要。通过从外部获取知识，企业有机会向合作伙伴学习，进而扩大知识基础和发展新技术，提高知识利用和整合的效率（Grant & Baden-Fuller，2004）。有学者针对有外部合作伙伴联盟的企业，将知识共享划分为两个阶段：知识获取阶段和知识整合阶段（Grant & Baden-Fuller，2004；Hagedoorn，2018）。知识获取是企业根据自身的知识缺口和潜在需求，在接触合作伙伴的知识库时获取所需知识（Grant & Baden-Fuller，2004）。在这个阶段，企业会了解合作伙伴的知识领域，识别并获取所需知识，外部知识的多样性会对企业技术创新起到促进作用。知识整合是指企业真正吸收和内化合作伙伴的知识库（Vasudeva，2011）。在这个阶段，企业可将外部合作伙伴作为学习的载体，通过深层次学习，将获取的部分知识整合内化用于解决问题（Moreira，2018），并从知识重组中获得潜在的收益。

3.2.2 IPO 模型

在团队创造力的研究中，传统的 IPO 模型（Input-Process-Output，输入—过程—输出）（McGrath，1964）占据了主导地位。其中输入变量主要包括团队结构和任务结构，中间的团队过程发生在团队成员之间和团队成员与外部成员之间的互动活动之中（Cohen & Bailey，1997）。马克斯等学者（Marks et al.，2001）认为，团队成员之间的互动行为，围绕团队任务，通过认知、口头和实际活动将输入因素转化为输出的行动，进而实现团队目标。团队表现状态会随着环境、输入、过程和输出动态变化。麦格拉思、阿罗和伯达尔（McGrath，Arrow & Berdahl，2008）指出，团队是一个复杂的、具有适应性的动态系统。随着时间和环境的变化，团队成员之间不断进行互动，这改变了团队、团队成员以及团队所处的环境。

保卢斯和津多莱特（Paulus & Dzindolet，2008）将 IPO 模型应用于创造力领域，对 IPO 模型进行了扩展和阐述，提出了一个团队创造力模型，作为描述输入变量如何影响群体创造力的理论框架。团队创造力模型是 IPO 模型的一个变体，它解决了可能有助于团队创造力形成的特定输入和过程变量，而 IPO 模型用于理解更一般的团队过程和团队绩效。IPO 模型假设输入变量（即团队组织、规范、组成、领导、规模）通过技能、战略、协调、效力和兼容性等过程变量影响团队成果（Hackman，1987），整个过程都受到外部需求和资源的影响。团队创造力模型将团队创造力的输入因素分为 4 个维度：团队气氛（心理安全、冲突和共享规范）、团队结构（多样性、规模和领导风格）、团队成员变量（个性、知识、技能、能力和情绪）和外部环境（组织结构、任务结构、支持和奖励）。输入变量的系统分类及外部环境是团队创造力模型和一般的 IPO 模型的主要区别，同时团队创造力模型将认知过程、激励过程和社会过程分离为形成团队创造力的中介机制，认知过程涉及通过关注并结合他人的想法和阐述先前产生的想法来提出解决方案；激励过程是指使用内部和外部激励因素来减少激励损失；社会过程包括分享产生的想法、交换信息、协作解决问题、讨论各种观点以及参与社会比较（Paulus & Dzindolet，2008）。

3.3　多层面的创造力研究

创造力是一种多层次现象。一是创造力发生主体的多层次性，如个体的创造力、团队的创造力、组织的创造力等。二是创造力影响因素的多层次性，组织环境中不同层次的变量都可以影响创造力，不同层次的变量还会同时影响不同层次主体的创造力。在个体层次，员工创造力不仅受到个体的创造性思维、专业技能、能力、动机等变量的影响，还会受到来自组织和团队层次的变量的影响，甚至还会受到外部环境的变量的影响；在团队层次，团队创造力既受到团队过程、氛围感知及领导力的影响，也会受到团队中个体特质、个体创造力以及个体构成等方面的影响；在组织层次，组织创造力既受到组织架构、组织学习以及战略的影响，也不排除会受到组织中的团队与个体创造力的影响。

有学者提出了一个多层次的创造力模型（Mumford，2011）。这个模型集成个体、团队、组织 3 个层次的创造力成分（见图 3-1），不仅涉及创造力的影响因素，还关注了组织外部文化与控制、组织文化与体制、团队文化与体制以及与不同主体创造力之间的反馈机制，以此表明创造力是在一定的环境中产生的。

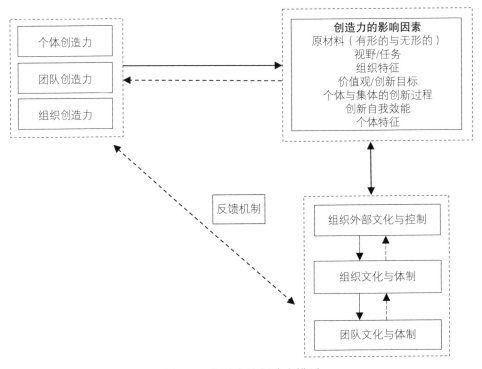

图 3-1　多层次的创造力模型

资料来源：*Handbook of Organizational Creativity.*

目前，围绕创造力的研究主要从个体、团队和组织 3 个层次展开。在动态、复杂的工作环境中，团队在组织结构中的重要性日益突出，本研究的核心主题是团队创造力，而个体创造力是团队创造力的基础，因此，以下将围绕个体创造力和团队创造力的相关研究进行阐述。

3.3.1　个体创造力

员工发挥创造力对组织而言至关重要，它不仅能带来创新，还会影响组织核心能力的发展，甚至关系组织的生存（Amabile，1996）。个体创造力的研究起源于 20 世纪 80 年代，40 多年来，这方面的研究得到了蓬勃发展。目前，对个体创造力的理解主要有两种思路：一种思路是以能力界定。个体创造力与一般能力的区别在于其新颖性和独创性。有研究者认为，个体创造力是在组织环境中形成和发展的，它体现为对组织经营和发展有益的新思路，并将这些新思路转化为现实，从而推动整个组织的成长（Zhou & Shalley，2003）。另一种思路是从产出角度出发的，阿马比尔（1988）将创造力定义为新颖且合适的想法。同时，也有学者认为，个体创造力是通过对知识的连接与再排列而产生的，这些个体具有灵活性的思考方式，能够在头脑中产生令人惊奇且实用的新想法（薛会娟，2010）。

影响个体创造力的因素有很多，以往有关这方面的研究视角经历了从创造过程到个体特征，再到创造情景变量的转变。

第一，创造过程的研究视角。创造过程的研究始于 20 世纪中叶，学者们聚焦于探究创造过程及创意产生的过程。其中，吉尔福特（1950）提出了创造过程的 4 阶段模型，涵盖准备阶段、孵化阶段、启发阶段以及查证阶段，这些阶段成为最具代表性的研究成果之一。佩里 – 史密斯（Perry-Smith，2017）提出了创造力发生的 4 大步骤，包括想法生成，生成具有新颖性和实用性的想法，想法的来源需要认知的灵活性；想法阐释，系统性地评估一个新颖想法的潜能并更进一步地阐释它和深化它，想法的阐释需要支持；想法声援，为新颖想法获得更多的支持以推进落地实施；想法实施，新颖想法可能会变成产品、服务或者过程，或者是新颖想法被某个特定的领域接受、认同和使用。阿马比尔和普拉特（Amabile & Pratt，2016）提出了个体创造力发生的 5 个步骤，如表 3-1 所示。

表 3-1　个体创造力发生的 5 个步骤

阶段	含义	关键
任务呈现	外在因素启动，识别问题和目标	解决问题或抓住机会的内在动机
准备阶段	准备开展创造力	进行相关的知识与技能的学习与储备、信息的搜集与整理
想法产生	思考出新点子的阶段	个体掌握创造性思考的技能且拥有较强的内在动机
想法确认	筛选想法的过程	个体应用具备的与完成任务相关的知识对新点子进行可行性判定
想法评估	产出的阶段	自己的评估与他人的建议与反馈

资料来源：*The dynamic componential model of creativity and innovation in organizations: Making Progress, making meaning.*

　　虽然该研究视角有助于揭示创造过程的内部机制，但随后的学者对其提出了批评，认为这种视角未充分考虑到个体因素对创造过程的重要影响。有学者指出，基于这种视角的研究难以解释不同个体的创造力在相同情境下存在差异的原因。这些质疑促使后续学者在研究创造过程时从创造者个体特征的视角出发，并为理解个体对创造过程的影响奠定了坚实的基础。

　　第二，围绕个体特征的研究视角，创造力被认为是个体所固有的一种特征，这种个体特征与创造新的东西密切相关。吉尔福特（1959）主张创造力主要取决于创造者个体的天赋，也是其个体特征的体现。对于创造者个体特征的相关研究一直处于个体创造力研究的主导地位。大量的学者通过对具有创造力的人进行定量和定性的分析，希望找到创造力强的人所具备的特殊的个体特征。创造力是一种个人的智力品质（林崇德，2000；尉佳芸，2014）。阿马比尔进行了一系列系统且持续的研究，以探索具有非凡创造力的个体所拥有的独特思维模式。他发现这些个体善于搜集多样化的信息，并能够巧妙地将不同要素联系在一起，同时对后续信息有出色的判断能力。阿马比尔还指出，仅有该个体特征还不足以支撑创造力，个体必须具备与创造力相关的技能，例如创造性思考、选择能力和多样化思维等（1983；1988）。基于这一基础，学者们从不同理论角度对个体特征展开了研究。海尔曼和瓦伦斯坦（Heilman & Valenstein, 2003）认为，拥有非凡创造力的人拥有特殊的脑组织结构。从社会资本理论等角度入手，一些学者认为个体在认知能力、知识水平、认知技能、心理特征、社会网络及行为等方面存在较大的差异，进而影响个体的创造力水平（吴启涛、栗贞增，2017）。这些研究为我们更好地理解个体创造力的形成提供了重要的视角。

第三，创造情境变量的研究视角。随着对创造过程和个体特征研究的丰富，学者们注意到了创造情境变量对个体创造力的影响，有研究开始主张创造力是基于个体和情境交互作用所产生的一种行为结果。研究者已认识到，存在于个体之外的很多因素也可能影响创造力（Zhou & Shalley, 2003；Choi，2004）。围绕创造情境变量的研究视角，学者们主要将研究目标聚焦于识别外部情境条件对个体创造力的影响，如复杂的、具有挑战性的工作特征，同事支持，组织评价体系，领导类型，与上级及同事的关系，奖赏，评估，时间限制和目标，工作环境的空间结构等（Shalley, Zhou & Oldham，2004；Shalley & Perry-Smith，2001）。奥尔德姆和卡明斯（Oldham & Cummings，1996）的研究关注到复杂的、具有挑战性的工作有助于员工创造力的发挥。周和沙利（Zhou & Shalley，2003）的研究表明，领导可以通过授权与容忍创新失败、鼓励试错等措施为员工创造良好的创新氛围，激发个体创造力。

随着研究的深入，学者们逐渐意识到个体创造力的形成是一种复杂的现象，很难运用某种单一的框架进行解释。有学者将个体特征、环境因素结合起来考察其对员工创造力的作用。他们发现个体特征和环境因素（如任务复杂性、组织氛围等）对个体创造力的提升存在交互作用。伍德曼和舍恩菲尔德（Woodman & Schoenfeldt，1990）认为，个体和环境的互动过程能更充分地预测创造绩效。伍德曼、索耶和格里芬（Woodman，Sawyer & Griffin，1993）提出了创造性交互模型，认为个体创造力是个体的人格特征、认知风格、相关的专业知识、内在动机和情境因素、社会因素共同作用的结果。

阿马比尔（1996）提出了创造力要素模型（见图 3-2），该模型很好地整合了个体创造力研究的多个研究视角，包括创造过程、个体特征以及创造情境变量，其中，模型中的内在成分涉及创造所需的领域相关知识、创造相关技能和任务动机；工作环境是指外部环境、组织环境、团队环境以及工作特征环境等外在成分。同时，该模型充分关注到了组织中环境的特征，以及通过 3 个内在成分要素对个体创造力的影响，即工作环境与内在成分要素的交互作用对个体创造力的影响。

3.3.2　团队创造力

个体创造力已经积累了很多研究证据，但直到 2000 年，学者们才开始关注团队创造力问题。从 2014 年开始，团队创造力的研究数量飞速增长（栾琨，2016）。追溯以往文献，有关团队创造力的概念较多（见表 3-2）。

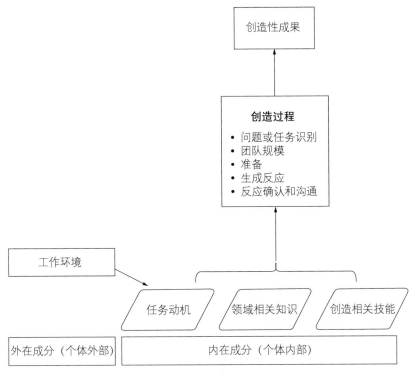

图 3-2　创造力要素模型

资料来源：*Creativity in Context Boulder.*

表 3-2　团队创造力的概念与内涵

代表学者	概念与内涵
柯克、斯普雷克尔迈耶和帕吉特（1988）	许多个体一起，以集体思考的方式尽可能多地提出设想，然后从中挑选出一个满足需要的答案
布朗（1998）	通过发散思维产生想法的流畅过程
巴洛（2000）	团队成员集体思考所带来的一种"顿悟式转换"
保卢斯（2000）	团队的发散思维过程，反映在形成想法的流畅性方面，受到一系列联想过程和社会过程的影响
佩里–史密斯和沙利（2003）；赫韦尔等（2012）；卡梅利和保卢斯（2015）	团队成员通过各种团队活动及社会化，最终共同产出的、兼具新颖性和实用性的想法、服务、流程或产品

（续表）

代表学者	概念与内涵
蒂瓦纳和麦克莱恩（2005）	团队成员通过共同合作可以将各自的想法、观点与知识关联起来，进而形成创造性系统
蒂瓦纳和麦克莱恩（2005）	项目团队流程的新颖程度
杨志蓉、谢章澍和宝贡敏（2010）	作为创造主体的团队的整体创造性品质及其创造过程的整体体现
王黎萤和陈劲（2010）	以问题为出发点，以知识、技能的共享、交叉和整合为重要手段发挥知识协同效应和组合优势，实现"1+1>2"
陈（2006）	团队成员的知识、才能、精力和技能被整合在一起，以产生超越个体贡献之和的集体创新能力
申和周（2007）；李和法赫（2010）	团队成员共同产生有关产品、服务、过程和程序的新颖且有用的想法的过程
宋和崔（2012）	在追求团队目标的过程中，新颖且合适的想法、解决方案或过程的形成
顾佳琦（2013）	在特定的任务环境下，为了解决具有一定创造性的问题，团队成员通过交流、互动，达到知识整合进而产生新颖的、具有社会价值的成果的认知过程
张宁俊、张露和王国瑞（2019）	一个复杂的互动过程，这个过程主要由知识整合与转化、构思的产生与实施构成
耿紫珍、马乾和丁琳（2021）	在特定外部因素的影响下，团队成员通过互动共同产生的新颖且有效的想法

资料来源：本研究整理。

从表 3-2 可知，从结果视角看，团队创造力是团队成员运用自身技能和知识，共同形成创造性产品、工艺或工作方式的产出。从过程视角看，团队创造力涉及团队成员共同努力，产生创造性思维，获得新颖且有用的想法，形成创造性解决方案的过程。从能力视角看，团队创造力是在各种资源和能力的协同基础上进行"1+1>2"的群体创新过程。从认知视角看，团队创造力发生在特定的任务环境下，团队成员通过交流和互动，进行知识整合，产生新颖且具有社会价值的成果。这种过程是为了解决具有一定程度创造性的问题。团队创造力实质上是知识整合、转化与创新过程的结果，是团队成员在交流互动与知识整合的过程中产生集体思考的"顿悟式转换"，其中涉及知识的聚集、连接、整合、联想与发散等；团队创造力是成员互动的过程与结果，是异质信息进行有意义碰撞的结果。

皮罗拉 – 梅洛和曼（Pirola-Merlo & Mann，2004）将团队创造力分为两个维度：观点的新颖性和创造产出的有用性。然后，其他学者指出，创造性成果还必须满足市场需求，并将团队创造力进一步细分为 3 个维度：创造性、创新性和独创性（Chen，2006）。具体而言，创造性涉及新的观点和想法，创新性关注满足市场需求的创造产出，而独创性则强调产出是独立创作且与众不同的。

塔格尔（Taggar，2002）提出了团队创造力学说，包括 4 个组成部分：一是领域相关的技能，该组成部分与两个方面的知识技能相关——相关领域的重要知识、专业的技术技能和在特殊领域的天分。二是动机，一方面是团队承诺，如按约定方式工作等；另一方面聚焦于手头的任务，如聚焦团队的目标，不将团队成员引致脱离主题的讨论等。三是创造力有关的过程，首先是做好准备，如团队开会时准备好所需的材料；其次是制定目标，并针对目标进行策略研究，之后综合分析团队的想法和主意，即对成员提出的想法进行汇总和总结，以一个解决方案呈现；最后是鼓励参与，成员积极提出自己的想法，接受团队委派的任务和角色。四是团队创造力有关的过程，这一部分有 8 个维度：团队成员的公民意识；团队绩效管理；有效的团队沟通；关注、关心其他成员；提供反馈；积极应对冲突，不掩盖或回避冲突；处理冲突，积极给予多种可选方案；尽量避免冲突，当出现冲突时，引导为建设性冲突。

阿马比尔（2016）提出了创造力成分改进模型，指出团队创造力的3个元素包括基础资源（原材料）、将资源整合的技能（过程）以及驱动器（动力）。其中，将资源整合的技能，尤其是将众多领域中的资源进行整合的技能对创造力来说是最必不可缺的。从团队层面考虑的基础资源指的是能够在特定领域帮助团队发挥创造力的资源，包括有充分知识技能和有兴趣做创造性工作的人、能够支持创造性任务完成的内外基础设施以及所需的各种信息等。资源整合的技能指的是团队创新管理，包括清晰的目标设置、根据个人兴趣和能力进行合理的任务安排、团队内开放的交流系统、频繁定期的创造性努力的回顾、跨团队之间的协助支持等。创造力的驱动器主要受到团队的愿景、目标文化与机制等的影响。

需要特别强调的是，创造与创新密切相关，并且在研究中这两个术语通常可以互换使用。有学者认为，它们是开发新系统、新产品和新技术的必要过程。冯国瑞（2004）指出，创新侧重于从旧到新，即在旧有基础上产生新的东西，是量变或部分质变的过程；而创造侧重于从无到有，是事物发展过程中的质变或飞跃。原发性创新也属于事物发展过程中的质变或飞跃。从这个意义上讲，创新与创造可以等同、互通。美国管理学会评论对"创造"的主题索引也明确注明"请参考创新"进行研究（Ford，1996）。高新民（2022）认为，创造力与创新能力在所属主体方面存在一定差异，但在其他规定性方面并没有太大区别。从认知和评价角度来看，创造和创新都具有新颖、出人意料、令人惊喜等显著特点，在许多人心中都被视为"一种谜、一种悖论、一种神秘现象"（Kurzweil，1999）。虽然一些学者指出创造与创新之间存在一些差异，但这主要是因为它们各自的定义和侧重点不同。创造通常涉及形成新颖且适宜的想法和解决方案（Runco，2004），而创新被定义为"在工作角色、团队或组织中有意地引进和应用新的想法、工艺、产品或程序，以带来显著的个人、团队、组织或社会利益"（West & Farr，1992）。然而，针对团队这一特定范畴，实际上这两个概念并没有根本性的区别。因此，在本研究中，将团队创新与团队创造视为可以互换使用的概念。

3.3.3　个体创造力对团队创造力的贡献

个体创造力是团队持续创新从而实现突破性发展的关键要素，因而有研究沿用个体创造力的方法来定义团队创造力。虽然个体作为团队的重要组成部分对团队创造力的发挥有着至关重要的影响，但是二者之间也存在着很多差异。因此，将个体创造力纳入团队创造力的研究将有助于厘清二者的关系。

个体创造力和团队创造力之间的关系一直是创造力研究的焦点。如何有效地将个体创造力转化为团队创造力，实现协同效应，已成为研究关注的重点。系统论告诉我们，一个系统的整体功能通常超过各个组成要素的功能之和，即所谓的"整体大于部分之和"。个体创造力是团队创造力的重要来源（Oldham & Cummings，1996；Zhou & Shalley，2003），另有研究表明，团队创造力虽受个体创造力的影响，但不等同于个体创造力的简单相加（Woodman，Sawyer & Griffin，1993）。一般来说，团队创造力要大于团队全体成员创造力之和。实验研究发现，团队创造力高于个体创造力（Miron-Speklor & Argote，2011）。团队拥有更多的知识量，能够突破个体的思维定式，在问题解决、创意产生和决策等方面，团队的表现通常优于个体（Taylor & Greve，2006）。此外，个体与团队在完成创新任务时所经历的过程机制存在较大的差别，这些都对团队创造力研究的开展和推进提出了很大的挑战。哈加登和贝奇基（2006）提出了"集体创造力"，这一概念表示由多人集体创造生产出来的产品与独自一人创造出来的产品存在本质上的不同。虽然已经有部分学者开始专门研究二者的区别，但是在该领域里的研究仍然有局限，既没有充分的证据也无法做出显著明确的区分预测，因此许多模型往往将个体创造力和团队创造力合二为一进行理解。

在研究团队创造力的影响因素时，学者们发现团队内部因素和个体因素对团队创造力的提升都扮演着重要的角色。有研究认为，团队创造力与个体创造力密切相关，并受到团队成员构成、团队特点以及团队工作过程等方面的影响（Woodman，Sawyer & Griffin，1993）。丁志华等学者（2005）直接指出团队创造力与个体创造力、团队结构、团队气氛和团队领导素质之间存在着关联。而皮罗拉 – 梅洛和曼（2004）则认为创造力既可能在个体独立工作时产生，也可能是个体之间相互交互的结果。

德拉津、格林和卡赞基安（Drazin，Glynn & Kazanjian，1999）在"大型组织的复杂的、创造性的项目"情境中讨论团队的创造过程，研究结果表明，个体和团队以一种交替 / 迭代的方式参与创造过程："个体发展自己的想法，在团队中表达这些想法，并从团队中学习，进而独自解决问题，然后再回到团队以进一步修正和提升他们的想法。"

塔格尔（2002）进一步提出了多层次的团队创造力模型（见图3-3）。该模型分析了个体层面的创造力如何转化成团队层面的创造力。

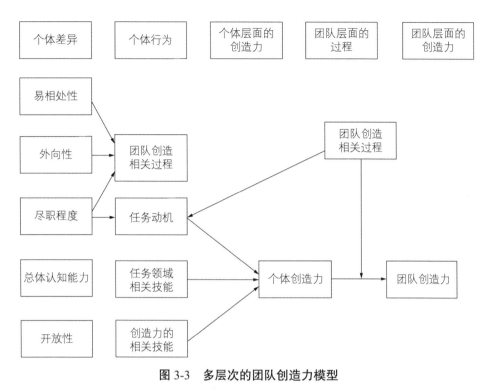

个体差异　　个体行为　　个体层面的创造力　　团队层面的过程　　团队层面的创造力

图 3-3　多层次的团队创造力模型

资料来源：*Individual creativityand group ability to utilize individual creative resources：a multilevel model.*

在个体创造力向团队创造力转化机制的研究中，个体创新是个体在其专业知识的基础上进行的认知加工活动和产生的结果（Harvey & Kou，2013）。而团队创造力则不仅涉及团队成员共享多样信息和不同观点，还与团队内部观点的冲突、信息的讨论和加工，以及最终决策选择密切相关。团队创造力更加强调团队的协同与互动，以促进创造性成果的涌现。即对团队创造力的界定有两种思路：一种是探讨如何整合个体创造力实现团队创造力；另一种是团队创造力具有不同于个体创造力的特殊属性，直接从团队属性考察团队创造力的产生。通过对自组织团队特性的研究，我们发现这类团队的团队属性更强，比起个体创造力，更加强调个体之间的相互作用所产生的涌现效果，因此本研究主要采取第二种思路，关注自组织团队的创造力。

3.4　团队创造力的影响因素

一般学者都通过经典文献（高被引文献）来探索某一特定领域在某一特定时间段内的研究基础（Nicolaides et al.，2014）。已有学者在团队创造力研究领域对相关成果进行了梳理分析。安德森、波托奇尼克和周（Anderson，Potočnik & Zhou，2014）对 2002—2013 年团队创造力文献进行分析，归纳出 11 类影响团队创造力的因素，提出了一个整合性框架。任永灿、张建卫和赵辉（2022）对 2001—2018 年团队创造力研究的时间分布、热点及知识基础进行了分析。本研究借助 CiteSpace 软件，采用文献计量方法对团队创造力文献的分布进行分析，国外文献选择 Web of Science 数据库下的社会科学引文索引数据库，即 SSCI 数据库，以 "team creativity"（团队创造力）为主题词检索，国内文献选择中国知网学术期刊网络出版总库，以 "团队创造力" 为主题词检索，精确匹配，得到如图 3-4 所示的结果。

通过图 3-4 可以看出，2006—2021 年，国外研究动态较为活跃，发文量整体上升明显，在 2018—2019 年表现较为活跃，自 2020 年后发文量有显著下降。较之于国外，我国关于团队创造力的研究起步较晚，在 21 世纪最初 10 年内发展缓慢，相关研究较少。自 2012 年后，国内进入发展期，核心文献发文量有所增加。总体而言，国内与国外的核心文献发文量仍然存在一定差距。

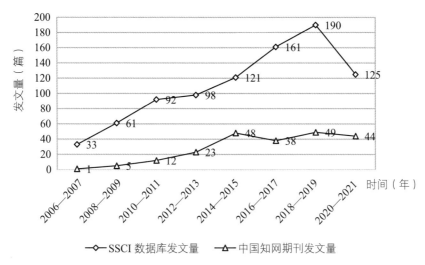

图 3-4 团队创造力文献发表的时间分布（2006—2021 年）

资料来源：据 Web of Science 数据库下的 SSCI 数据库和知网数据库相关结果进行整理。

本研究将 881 篇关于团队创造力的英文文献以纯文本格式导入 CiteSpace 软件中，选择节点类型为"关键词"，主题词来源选择"标题""摘要"进行分析，得出国外团队创造力研究的关键词共现知识图谱，如图 3-5 所示，关键词节点大小表示该关键词的出现频次，节点越大，则关键词的出现频次越高，反之越低。由图 3-5 可以看出，绩效（performance）、创造力（creativity）、创新（innovation）等对应的节点较大，且相关联的节点较多，表明这些关键词在该领域中常常起到显著的桥梁作用。

将出现频次在 25 次以上的关键词进行列举，如表 3-3 所示，可知"绩效"（Performance）出现的频次最高，为 334 次；"创造力"（Creativity）和"创新"（Innovation）出现的频次分别为 285 次和 199 次，其中"创新"（Innovation）的中介中心性也最高。"员工创造力"（Employee Creativity）和"变革型领导"（Transformational Leadership）出现的频次分别为 147 次和

图 3-5　国外团队创造力研究的关键词共现知识图谱

注：图为自动生成，无中文翻译。

137 次。"产品开发"（Product Development）、"自我效能"（Self-efficacy）、"决策"（Decision Making）、"工作环境"（Work Environment）、"团队表现"（Team Performance）、"社会网络"（Social Network）等关键词出现的频次也都在 25 次以上。

将高频关键词整合、归类，并进一步追溯其相关文献，得出国外创造力研究的关注热点分别为：（1）团队创造力及其相关的结果变量。"绩效""创造力""创新""员工创造力""变革型领导""产品开发"都是代表性高频关键词。由此可以看出 3 点，一是国外研究已经将其关注点从创造力的前因变量转移到结果变量上；二是国外学者对团队创造力和创新产出（绩效、创新、产品开发等）的定义做出了明确区分，但二者之间又是不可割裂、联系紧密的；三是国外将团队创造力更多地应用在企业领域，更注重以员工为主要对象的团队创造力研究。（2）团队创造力的影响因素。如领导风格（变革型领导、授权型领导）、个人动机与动力（自我效能、目标导向）、团队互动过程（团队表现、社会网络）和外界条件（工作环境、任务冲突）等。由此可以看出 3 点，其一，国外学者重视团队领导对团队创造力的影响，其中授权型领导和变革型领导的研究热度较高，侧面说明了环境的动态性需要领导做出变革型决策以及尽可能地授权团队成员；其二，团队成员的自我程度与目标属性对团队创造力也有显著影响；其三，国外学者开始重视团队互动过程，包括内部的成员、任务互动以及外部的环境、资源互动。团队互动过程作为团队输入向团队输出转化的关键阶段，是影响团队创造力的关键因素，如社会网络既包括内部社会网络也包括外部社会网络，网络之间的各节点需要交换资源、不断互动才能使得网络获得利益最大化。

表 3-3　国外团队创造力研究的高频关键词

序号	关键词	频次（次）	中介中心性
1	绩效（Performance）	334	0.07
2	创造力（Creativity）	285	0.07
3	创新（Innovation）	199	0.09
4	员工创造力（Employee Creativity）	147	0.04
5	变革型领导（Transformational Leadership）	137	0.07
6	产品开发（Product Development）	61	0.05
7	自我效能（Self Efficacy）	49	0.02
8	决策（Decision Making）	48	0.06
9	工作环境（Work Environment）	38	0.03
10	团队表现（Team Performance）	37	0.05
11	社会网络（Social Network）	37	0.02

（续表）

序号	关键词	频次（次）	中介中心性
12	目标导向（Goal Orientation）	31	0.01
13	授权型领导（Empowering Leadership）	31	0.04
14	任务冲突（Task Conflict）	26	0.04

　　本研究对 223 篇团队创造力中文文献的关键词进行分析，绘制出国内团队创造力研究的关键词共现知识图谱，如图 3-6 所示。将出现频次在 10 次以上的关键词进行列举，可以看出"创造力"出现的频次最高，其中介中心性也最高。"知识共享""社会网络""团队氛围""团队反思"等关键词出现的频次均在 10 次以上，且"知识共享"与"社会网络"的中介中心性也相对较高（见表 3-4）。

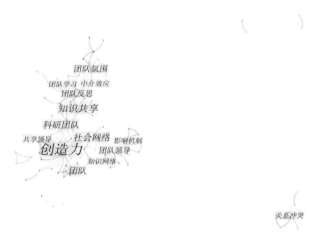

图 3-6　国内团队创造力研究的关键词共现知识图谱

　　由表 3-4 可知我国的团队创造力研究热点主要集中在以下方面：（1）团队异质性。吕洁和张钢（2015）探索了知识异质性对知识团队创造力的作用路径及其边界条件。倪旭东、项小霞和姚春序（2016）的研究发现，团队在知识异质性方面的平衡对团队创造力产生积极影响，而团队信息深化在这个过程中起着中介作用。另外，陈文春和张义明（2017）提出不同类型的异质性因素对团队创造力的影响各不相同。具体而言，价值观异质性对团队创造力有负向影响，而知识异质性则对团队创造力有正向影响。此外，研究还指出在这两种异质性因素相互作用的情况下，异质性竞争对团队创造力产生负向影响。这些研究结果强调了团队内成员异质性的平衡和相互协作对于创造力的重要性。（2）团队领导行为。赵红丹和刘微微（2018）的研究证实了团队领导在促进团队创造力方面发挥着重要的作用，其中团队双元学习和团队知识共享等中介作用对于创造力的提升起着关键作用。不同的领导风格对团队创造力产生不同的影响。例如，辱虐型领导往往导致团队成员缺乏承担风险的意愿，工作积极性降低，从而抑制了团队的创造力（彭伟、马越、陈奎庆，2020）。相反，包容型领导通过认可多样性的员工、倾听意见、鼓励从错误中学习等行为，提高团队成员的心理安全感和归属感，激发团队的自我效能感，从而促进团队创造力的发挥（彭伟、金丹丹，2018）。这些研究结果强调了领导风格在团队创造力发展中的重要影响。（3）社会网络。在团队创造力的研究中，团队和团队成员之间的社会网络连带在促进新颖且实用创意的产生方面扮演着重要角色。因此，从社会网络的角度来研究团队创造力成为创造力研究的一个重要视角（王磊、付鹏翔，2018）。王艳子、罗瑾琏和常涛（2014）从团队合作的角度指出，团队内部成员之间的强连带关系增强了彼此的信任和满意度，从而鼓励他们在面对困难问题时提出富有创造性的想法。因此，社会网络连带强度与团队创造力之间呈显著正相关，而网络中心性与团队创造力之间则呈显著负相关。而王磊和付鹏翔（2018）通过元分析方法来研究社会网络与团队创造力的关系，发现内部网络连带、外部网络连带以及网络异质性与团队创造力呈显著正相关，而网络密度与团队创造力之间的关联不显著。这些研究结果突显了社会网络对团队创造力的重要影响。（4）团队创造力的作用影响机制。在团队创造力的研究中，国内学者着重关注团队内部的认知、学习氛围以及社会网络等方面对团队创造力的作用机制。吴杨、李晓强和夏迪（2012）基于系统动力学理论，研究了沟通在科研团队知识创新过程中的正负反馈动态特性。刘新梅和陈超（2017）强调团队动机氛围对团队创造力的重要性。韵江、王玲和张金莲（2015）则研究了团队学习对成员新知识和技能的获取，以及知识共享对团队创造力的促进作用。此外，团队认同、心理安全以及积极氛围等因素与团队领导之间形成交互作用，对团队创造力产生影响（余义勇、杨忠，2020）。这些研究为我们更好地理解团队创造力的内在机制提供了有益的视角。

表 3-4　国内团队创造力研究的高频关键词

序号	关键词	频次（次）	中介中心性
1	创造力	32	0.37
2	知识共享	22	0.15
3	科研团队	16	0.05
4	社会网络	16	0.13
5	团队反思	15	0.10
6	共享领导	15	0.01
7	团队学习	14	0.03
8	团队氛围	12	0.07
9	影响机制	11	0.04
10	团队领导	10	0.03

　　通过对文献进行共被引分析，调整阈值选择对每一时间段（每年为每一个时间段）内的文献进行聚类分析。根据共被引文献中介中心性的强弱，并按照共被引关系年限的由远及近，得到国外团队创造力研究共被引文献知识图谱（见图 3-7）。如表 3-5 所示，近年来安德森、辛和休尔斯赫格（Anderson，Shin & Hülsheger，2009）的研究文献共被引频次较高，其中介中心性也相对较高，在连接其他共被引文献中起到了很强的桥梁作用。同时，这些影响范围较大的文献与其他文献的共被引时间大多发生在 2009—2012 年，且在 2012 年共被引文献分布较为集中。

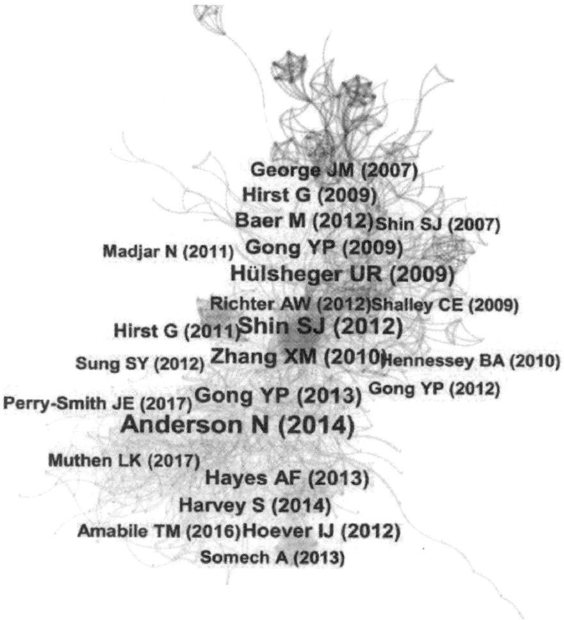

图 3-7　国外团队创造力研究共被引文献知识图谱

注：图为自动生成，无中文翻译。

表 3-5　国外团队创造力研究的高共被引文献

序号	作者	中介中心性	频次	发文年份	高共被引文献
1	安德森	0.04	53	2014	《组织中的创新与创造力》
2	辛	0.13	35	2012	《团队认知多样性与团队成员个体创造力：跨层次的交互作用》
3	休尔斯赫格	0.02	30	2009	《团队层面的工作创新预测因素》
4	龚	0.16	26	2013	《团队目标导向、信息交换和创造力的多层次模型》
5	张	0.03	25	2010	《将授权型领导与员工创造力联系起来》

选取共被引频次在 25 次以上的文献作为高共被引文献，发文年份在 2009—2014 年，其中安德森在 2014 年发表的《组织中的创新与创造力》一文的共被引频次最高，该文献对创新和创造力的定义进行了补充与丰富，认为创新包含想法实施的后期阶段，同时还讨论了几个关于创造力和创新的开创性理论，并应用综合层次分析框架来回顾对个人、团队、组织等层次创新的研究。龚在 2013 年发表的《团队目标导向、信息交换和创造力的多层次模型》的中介中心性最高，该文对个人创造力和团队创造力的自下而上过程进行研究，揭示了团队目标、团队领导信任和团队创造力与个体创造力之间的关系和作用机制。

国内团队创造力研究的高共被引文献主要活跃在 2009—2015 年，高共被引文献如表 3-6 所示，对重要节点进行深入分析后可看出：（1）对团队创造力中介机制的研究颇多，包括以知识共享、团队共享心智模型、互动认知和团队效能等作为中介变量。（2）重视团队认知层面的研究。团队认知是源自个体认知涌现的结果，其涌现过程取决于个体认知特征的总和，同时还取决于个体成员之间的互动过程。王黎萤和陈劲（2010）的研究指出，任务式共享心智模型和协作式共享心智模型在团队任务、团队领

导、团队成员及团队过程与团队创造力之间的积极作用。王端旭和薛会娟
（2011）发现交互记忆系统的专门性和协调性对团队创造力存在正面影响，
知识共享在其中起到中介作用。吕洁和张钢（2015）从互动认知视角分析
认知冲突和任务知识协调对团队创造力与个体创造力的影响。（3）社会网
络机制对团队创造力的影响。王端旭、国维潇和刘晓莉（2009）的研究发
现了团队内部社会网络异质性与团队创造力正相关，团队内部网络联系强
度与团队创造力负相关，知识分享行为在其中起到中介作用。蔡亚华等学
者（2013）从社会网络机制解释了差异化变革型领导对团队创造力的影响。

表 3-6　国内团队创造力研究的高共被引文献

序号	作者	频次	发文年份	高共被引文献
1	汤超颖、艾树和龚增良	174	2011	《积极情绪的社会功能及其对团队创造力的影响：隐性知识共享的中介作用》
2	蔡亚华等	147	2013	《差异化变革型领导对知识分享与团队创造力的影响：社会网络机制的解释》
3	王黎萤和陈劲	136	2010	《研发团队创造力的影响机制研究——以团队共享心智模型为中介》
4	汤超颖、朱月利和商继美	113	2011	《变革型领导、团队文化与科研团队创造力的关系》
5	吕洁和张钢	105	2015	《知识异质性对知识型团队创造力的影响机制：基于互动认知的视角》
6	周明建、潘海波和任际范	94	2014	《团队冲突和团队创造力的关系研究：团队效能的中介效应》
7	赵卓嘉	93	2009	《团队内部人际冲突、面子对团队创造力的影响研究》
8	王端旭和薛会娟	83	2011	《交互记忆系统与团队创造力关系的实证研究》
9	李树祥、梁巧转和杨柳青	80	2012	《团队认知多样性和团队沟通对团队创造力的影响研究》

在上述研究中，绝大部分都针对团队创造力的前因变量进行了探索。团队创造力的前因变量从层次上看，总体有 3 大类：个体层次、团队层次与环境层次。本研究整理了团队创造力前因变量因素，汇总如表 3-7 所示。

表 3-7　团队创造力前因变量因素汇总

层次	影响因素	维度
个体	防御型焦点调节、促进型焦点调节	个体特质
	员工感恩、学习目标导向、自反性、自我调节 / 自律、工作参与度、工作满意度	态度
	教练型领导、变革型领导、创业型领导、真诚型领导、亲社会型领导、共享型领导、威权型领导、仁慈型领导、家长式领导、创造型领导	角色
	工作重塑、信息获取、信息深加工、动机性信息加工、吸收能力、文化智能、动态能力、批判思维	能力
	学历、年龄等	其他
团队	团队成员交换、个人团队匹配、临时团队、双元领导、共享领导	结构组成
	团队依赖性、团队信任、上下级交换关系、关系差异化、关系冲突	团队关系
	授权、组织支持、团队心理授权、产学研网络、团队社会网络、知识网络嵌入性、内部动力机制、外部动力机制	制度 / 机制
	团队知识整合、知识共享、交互记忆系统、共享心智模式、知识隐藏、团队学习、团队沟通、团队建言、团队认知整合、团队协作、团队冲突	团队过程
	团队创意效能感、团队活力、学习目标导向离散化、团队多样性、团队认知多样性、团队异质性、团队断裂、团队地位与关系	团队特点
	团队绩效、团队效能	团队成果
	多元化氛围、差错管理氛围、团队创新氛围、团队情绪氛围、反馈寻求氛围、团队情感氛围、开放性	团队氛围
环境	人力资源管理实践、任务相关特征（任务可变性 / 任务互依性 / 任务复杂性）、任务冲突、创新型工作要求、地位晋升标准	任务环境
	组织资源、组织氛围、组织文化、组织支持、组织机制与制度	组织环境
	社会支持	社会环境

资料来源：本研究整理。

团队创造力在个体层次上的影响因素，一方面是从团队成员个体的特质、能力、风格、需求与动机、态度等几个角度分析；另一方面是以团队领导的特质与风格为前因变量。

环境层次上的前因变量，更多的是作为调节变量，有时也作为因变量和中介变量。这一类变量包含了外部的技术环境变化和社会环境中的支持与氛围；与团队更接近的组织环境变量，重点体现在组织对团队的各方面支持上，包括授权程度；另外与团队直接相关的是情境变量，主要是与任务有关的变量，包括任务特征、任务强度与压力、任务冲突等。

对团队而言，企业也是外部环境的一部分，从企业层面考虑的团队创造力主要受到创始人或高层领导者言行举止的影响，具体表现在公司的愿景、目标、战略、文化与机制中，如开放包容的公司文化、进攻型战略以及鼓励创新的激励机制等。有研究表明，员工的创造力受到其整体工作表现的影响（Gong，Huang & Farh，2009）。从企业层面考虑，外部环境还包括能够在特定领域帮助团队发挥创造力的资源，包括有充分知识技能和有兴趣做创造性工作的人、能够支持创造性任务完成的内外基础设施以及所需的各种信息等。

最主要的前因变量还是团队层面的。在 Web of Science 对团队创造力的相关研究中，IPO 模型一直都被学者们广泛研究。已有的关于团队创造力前因变量的探索大体有以下 4 个方面。

1. 团队成员构成的多样性

团队成员构成的多样性包括成员属性差异、任务相关信息的多样性以及团队内的认知结构（王黎萤、陈劲，2010；Gino et al.，2010）。团队相较于个体最大的优势在于汇聚了不同专长背景和知识技能的员工，丰富了团队的信息资源池，为解决问题提供了更多样的角度和思路。要想在团队中拥有多样且新颖的想法和观点，团队成员需要拥有不同的专长和知识背景（Shin & Zhou，2007）。在比较异质性团队与同质性团队的创造力时，韦斯特（West，2002）指出异质性团队会让团队的知识和观点更加多样化，给团队带来的认知刺激要远远大于同质性团队带来的。这样的多样性促进了团队在解决问题和创新方面的表现。

2. 团队网络

团队可以看作一种群体网络，其中每个团队成员构成一个节点，成员之间的联系形成了网络的联结，而成员在互动中实现了节点资源和信息的网络流动（Oh，Chung & Labianca，2004）。这样的团队网络包含了团队内部和外部成员之间的动态关系。外部社会关系有助于提升团队的知识获取能力，而内部社会关系则促进知识在团队内部的扩散。因此，团队能够通过整合分散在各个节点的知识来完成任务（Tiwana，2008）。团队的网络特性为知识交流和任务执行提供了重要基础。

个体不可能拥有完成项目所必需的所有相关专长和知识，团队成员需要在彼此之间搭建网络以交换、转移和扩散知识以便解决问题。团队中的成员或者领导者因其在团队社会网络中所处位置的不同而给团队带来不同资源的观点（Perry-Smith & Shalley，2014），主要关注的前因变量为社会网络、关系和沟通强度（Leenders，Van Engelen & Kratzer，2003）等因素。与此同时，多样化的成员还兼具多样化的外部网络（Reagans & Zuckerman，2001），这也是提高团队信息和观点多样性的一个重要渠道，为发挥团队创造力提供了可能。

3. 团队过程对团队创造力的影响

团队过程是将团队的输入转化为输出的过程，其中包括成员通过相互交互产生的认知、情感、激励以及行为上的一系列过程，这些过程是团队在达成目标、解决问题和完成任务时所经历的重要步骤，从团队成员之间的相互作用中产生。创造力的产生过程与团队的运作过程虽然不是一回事，但是创造力一定是来源于团队过程的，因此需要理解团队的运作过程，研究者对该问题进行了积极的关注。任务冲突有助于增加成员间的沟通，从而促使团队进行更加系统、更加深入的认知加工（De Dreu，Nijstad & Van Knippenberg，2008）。当任务冲突处于适中水平时，团队的创新能力更强（De Dreu，Nijstad & Van Knippenberg，2008）。当信任程度低时，积极的群体情感基调对团队创造力会有正向影响（Tsai et al.，2012）。团队学习作为团队层面上对信息进行加工处理的过程也有不少研究。团队为了获得创造性成果所必需的知识和技能，需要个人继续进行学习和知识创造，并分享他们所知道的来促进团队学习（Marsick & Watkins，2003）。团队学习包括信息获取、信息处理、信息储存与提取等一系列活动（Van Woerkom & Croon，2009）。朱瑜、王雁飞和蓝海林（2007）研究证实团队学习对创新具有正向影响，尤其是团队学习中的开放心智对团队成员的研究发展能力产生积极的正面影响。根据马蒂厄等学者（Mathieu et al.，2008）的研究可知，团队学习是指团队成员通过记录工作过程来编码所学知识，形成内部的知识，并将隐性知识转化为显性知识。这个过程对团队创造力产生积极的正向影响。综合团队信息处理和集体认知理论可以得出结论，创造力源自团队过程，而团队学习则是对团队创造力产生积极影响的重要因素。

4. 团队氛围因素对团队创造力的影响作用

开展创新活动需要更深程度的知识交流和互动沟通，具备一个良好的团队氛围，就成了团队能否自如地进行创新活动的关键（薛继东、李海，2009）。研究表明，支持创新的团队氛围、心理安全氛围和自主权都能够影响团队创造力（Shalley & Gilson，2004；王端旭、薛会娟、张东锋，2009；方来坛、时勘、刘蓉晖，2012）。

第 4 章

团队网络

关于团队网络，目前研究最多的是团队社会网络，团队社会网络又分为团队内部社会网络和团队外部社会网络。还有研究从团队创新和团队创造力的视角切入，关注团队知识网络的重要性，但焦点仍然是团队社会网络，研究团队社会网络中知识流动构成的团队知识网络。还有少量的文献关注到了团队（企业）与外部其他组织之间的协作网络。现有的以团队为主体的研究所关注的网络，主要包括团队社会网络和团队知识网络。

4.1　社会网络

20 世纪初，社会学研究者观察到人际间的交互影响与沟通形成了一种关系网络，即社会网络。社会网络中的节点即行动者，既可以是个体，也可以是团队或组织。社会网络中的节点嵌入在相互关系中，为节点的行为带来机会或限制。社会网络理论为解释组织或团队结果的差异提供了新的角度（Brass et al.，2004）。

4.1.1　社会网络关系

社会网络关系指的是个人或组织基于相互交流的需求而形成的商业上的联系。格兰诺维特（Granovetter，1973）通过互动频率、情感强度、信任程度和互惠服务来衡量关系强度，将关系强度划分为"强关系"和"弱关系"，并在此基础上提出了社会网络关系中的弱关系优势理论。该理论认为有价值的信息往往来自弱关系，弱关系中的主体具有多样化的信息存量和认知结构，而社会网络成员之间的弱关系表现为联系频率低、情感亲密度一般、信任度一般，并且相对较独立，因此依靠弱关系所传递的信息也更具差异化。强关系的主体则表现为在相同的外部环境中紧密互动，彼此间差别较小，这将造成不同成员间所拥有的知识和信息高度重合，不具备多样性，因此强关系主体间难以提供有价值的信息。与之相反，强关系优势理论认为弱关系主体间的交流比较浮于表面，彼此缺乏信赖，而强关系主体因为彼此间有感情与信任度，更愿意向对方传递有效的信息（Krackhardt，1992）。边燕杰（1998）通过研究发现，弱关系优势理论在我国情境下并不适用。该理论未关注到信息传递与情感关系之间的交互作用。在我国情境下，信息不是通过一般意义上的联系来传递的，而是通过代表强关系的"人情"来传递的，基于情感的强关系难以替代，从而使得强关系比弱关系的作用更显著。强关系对传递复杂的知识和信息有很大的帮助，弱关系只能传递简单的信息和知识（Hansen，1999）。虽然上述理论的观点不尽相同，但都从实质上解释了不同情境下强关系和弱关系具有不同的作用机制。从不同的观点可以看出，知识类别与情感关系等具体情境是研究关系强度时必须考虑的重要因素。

4.1.2 社会资本

布尔迪厄（Bourdieu，1986）提出，社会资本是"实际的或潜在的资源集合"，社会网络的覆盖范围和异质性会影响成员从中获取的社会资本。科尔曼（Coleman，1988）的研究进一步提出个人可通过获得网络成员资格和联系而获得回报，因而社会资本是个人拥有的表现为社会结构资源的财产。波特斯（Portes，1998）认为社会资本是个人利用网络成员的身份从网络或更广泛的社会结构中获得稀缺资源的能力，强调社会资本是网络嵌入的结果。里根斯和朱克曼（Reagans & Zuckerman，2001）认为社会网络理论由社会资本理论衍生而来。林等学者（Lin et al.，2001）以社会结构和行动为基础，构建了社会资本理论体系，提出社会资本是个体和组织投资于社会关系并期望获取回报的资源，由个体的直接关系与间接关系构成，信息、权力、声望等动态社会资源嵌入在社会网络之中，能够经由网络成员的行为流通和获取。综合上述研究结果可以看出，学者们认为社会资本是镶嵌进社会网络关系中的所有资源。

4.1.3 知识网络

在社会网络发展的基础上，学者们对知识网络的研究逐渐兴起。拥有知识元素的知识主体作为社会网络中的节点，构成了知识网络。在知识网络中，节点是知识主体，节点之间是两个知识主体的知识要素的组合关系。知识的流动带来新的思想，导致创新行为的产生，而知识网络是知识流动的通道，因而知识网络对于知识创新具有重要意义（Wang，2014）。知识网络的相关理论以社会网络理论为基础发展而来，因此知识网络与社会网络密切相关。企业知识网络的结构反映在其员工之间的社会关系中，知识网络和社会网络应该是同构的（Yayarams & Ahuja，2008）。费尔普斯等学者（Phelps et al.，2012）直接将社会网络定义为知识网络，因为社会网络具有能进行知识扩散、吸收、利用、创造的特性。承接这个思想，格里戈里乌和罗特赫梅尔（Grigoriou & Rothaermel，2014）把社会网络等同于知识网络，研究了在社会网络中占据重要位置的成员对于社会网络中知识流动的影响。但也有学者认为，企业的知识网络与社会网络分别具有独特的结构特征，对创新的影响机理也截然不同，知识网络和社会网络是分离且不同构的（Guan & Liu，2016；Wang et al.，2014）。例如，董和杨（Dong & Yang，2015）认为社会网络与知识网络在本质上存在区别，企业社会网络不是基于知识本身形成的，而是基于企业间正式的联盟或合作关系形成的。知识网络是通过企业间的组织学习形成的，但不涉及企业间的正式合作。

从以上多个社会网络理论可见，社会网络中潜在价值影响着团队及其成员对机会的挖掘、知识和资源的获取与利用，主要依赖社会网络成员之间的结构地位、成员关系以及成员在社会网络关系的影响力。借鉴这个理论，本研究选择了团队内部的社会网络和外部的知识网络作为自变量。

4.2　团队社会网络的提出与内涵

巴恩斯（Barnes，1954）认为传统分析团队结构功能的理论解释力度不强，因此他提出了社会网络的概念，认为用这一概念可以体现出小团体中成员间的社会关系，并且可以清楚地分析出关系对团体中各个行为主体行为的影响（Mitchell，1974）。团队社会网络由社会网络衍生而来。团队社会网络是指团队成员间以及团队成员与外部相关行动者间因正式或非正式关系而形成的网络结构（Oh & Labianca，2006；王端旭、薛会娟、张东锋，2009）。其重点在于"关系"的联结，而非行动者自身的特征，即个体、团队或组织都可能成为社会网络中的行动者（节点），因此，社会网络研究同样适用于对团队或组织的研究，研究主题可以覆盖团队认知、组织行为等领域（Kilduff，2003）。

巴恩斯（1954）在研究部落聚集时，用社会网络来描述部落成员之间的互动关系。巴恩斯认为社会网络是一系列真实的社会关系，包括成员之间非正式关系，并将社会网络看作个体行为的重要影响因素之一。米切尔（1974）提出社会网络是指在某一个群体中，个体之间特定的关系，包含正式和非正式的关系，这种关系的整体结构可以解释和说明个体的社会行为。韦尔曼（Wellman，1988）认为，社会网络不应只局限于个体范畴，作为经营活动的主体，企业也拥有广泛的社会关系。社会网络对行为的解释由个体属性转向行为主体的网络特征，不强调研究个体属性而是强调研究人类行为的社会关系。因为嵌入网络的主体行为会受结构特征的影响，所以研究每个主体的行为必须考虑社会网络的结构特征，从而开启了从节点与结构的视角对社会网络进行的研究。布尔迪厄（1986）认为社会网络是个体从网络中获取资源的一种能力。纳哈皮特和戈沙尔（Nahapiet & Ghoshal，1998）指出，社会网络是个体或组织能够获得技术、知识和信息的所有网络关系的总和。这些观点都强调了社会网络中的社会资本或资源。

总之，社会网络是由社会行动者与关系构成的网络结构，关系是社会资源流动的渠道，社会行动者通过关系发现机会、交换资源和利用资源。

社会网络理论自 20 世纪 90 年代开始进入企业研究者的视野后,团队社会网络也受到了学者们的关注,越来越多的学者开始从社会网络的视角对团队展开深入的思考与研究。学者们从不同的研究视角对团队社会网络概念提出了自己的见解,如表 4-1 所示。

表 4-1　团队社会网络的概念与内涵

研究视角	概念与内涵	研究学者
团队内外部的关系网络	团队成员间以及团队成员与外部相关行动者间因正式或非正式关系而形成的网络结构。团队社会网络重点在于"关系"的联结,而非行动者自身的特征	吴和拉比安卡(2006)王端旭、薛会娟和张东锋(2009)
	包括团队内部社会网络和团队外部社会网络,团队内部社会网络是指团队内部成员各种关系所形成的网络联结,团队外部社会网络是指团队内部成员与团队外部成员或组织因各种关系所形成的网络联结	赵娟和张炜(2015)
仅内部网络	团队内部不同个体间所形成的互动关系	袁晓婷(2010)王艳子、罗瑾琏和常涛(2014)
渠道	组织内部或与外部相关者的关系系统,这个网络是感知内外部环境变化、信息、情感的重要通路	Collins & Clark(2003)
	团队社会资本的重要载体,是信息、资源以及团队规范、共同认知、情感支持等流通传播的重要渠道	龙静(2015)
网络联结	团队成员作为节点,其在社会生活中获取的资源以自身这个节点接入网络中,并在团队内个体间各种关系所形成的网络联结中流动	吴、钟和拉比安卡(2004)
社会资本	一种结构性的社会资本,包括网络中心性和桥接关系	Stam & Elfring(2008)

资料来源:本研究整理。

从以上汇总可以看出，对团队社会网络的定义总体上强调以下 4 方面：一是团队社会网络本质上是与团队相关的各种主体之间形成的关系联结；二是团队社会网络之所以受到许多的关注，核心是因为该网络承载着社会资本，附着着大量的团队运作所需的各种资源，包括信息、知识、认知、关系、情感等，同时，团队社会网络也是资源流动的渠道；三是团队社会网络具备一般社会网络的特征，由节点和边构成，有关系有结构，同时，随着网络主体之间的互动，网络是动态变化的；四是团队社会网络因边界、主体、关系性质、网络形态的不同体现出各种细分类别的多重网络，并交织在一起。

4.3　团队社会网络的研究热点与前沿的可视化分析

针对团队社会网络的研究已经取得了较为丰富的研究成果，为了进一步厘清团队社会网络的研究现状，本研究小组运用文献计量法和科学知识图谱研究方法，对 Web of Science 核心合集数据库中有关团队社会网络的 1114 篇文献进行文献数量、主要国家 / 研究机构、期刊分布、文献共被引、演进路径、研究热点变化以及突变词分析。这些分析有助于进一步了解团队社会网络领域的研究前沿与热点，从而把握未来发展趋势。

4.3.1　数据来源

以 Web of Science 核心合集数据库为基础进行检索，选取时间跨度为"所有年份（1986—2019）"。经过多次筛选和阅读相关内容，最终确定了检索式 TS=（"social* network*" and "team*"），此检索式包括相关关键词的其他单词形式。根据上述检索文献规则，检索结果初步得到时间跨度为 1997—2019 年的共 1841 篇文献，为了确保研究问题的准确性，去除会议摘要、书评之后，对检索得到的文献题目、关键词、摘要等内容进行逐篇阅读，人工筛查出 727 篇与研究主题不符的文献。最终得到共计 1114 篇与研究领域相关的文献进行分析。

4.3.2　可视化分析结果

4.3.2.1　发文量趋势分析

对检索得到的 1114 篇相关文献进行统计分析，如图 4-1 所示。从总体的发文趋势线来看，团队社会网络研究的发文量仍处于上涨趋势。具体可以大致分为 3 个阶段：1997—2005 年属于起步阶段，该时间段发文量较少且增长缓慢。社会网络的研究开始关注团队层面，以团队这一独特的组织形式作为研究对象。2006—2016 年属于快速发展阶段，在该阶段发文量快速增长，在 2016 年达到峰值（有 140 篇）。这表明学界对于该研究领域开始重视，团队社会网络的研究逐渐成为热点研究问题。2017—2019 年，团队社会网络研究已经处于成熟阶段，发文量仍然维持在较高水平，研究热度不减。由此可以看出，在世界范围内该领域的研究是学界关注的热点问题。

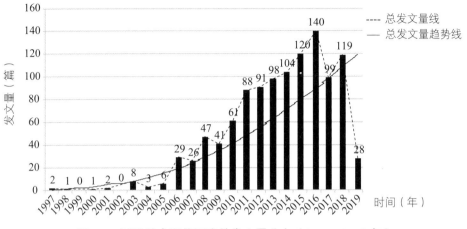

图 4-1　团队社会网络研究的发文量分布（1997—2019 年）

4.3.2.2　演进路径分析

　　共词分析的基本原理是统计一组关键词在同一篇文章中出现的次数，相比于文献共被引分析，共词分析得到的结果更加直观，更便于研究者对所研究领域进行分析（Chen，2017）。关键词是能够反映文章内容的值得信赖的指标，对团队社会网络进行共词分析以探究其研究热点演进过程，可以帮助研究人员更好地把握该领域在发展过程中的关注焦点，从而把握研究发展方向。为了更好地展现该研究领域热点的时间分布及演进关系，使用"Time zone"网络呈现方式，对关键词按照时间序列从远到近进行排列，关键词共现网络图谱如图 4-2 所示。不同时间段有着不同的研究热点，表4-2 列出了研究演进路径各阶段高频关键词。

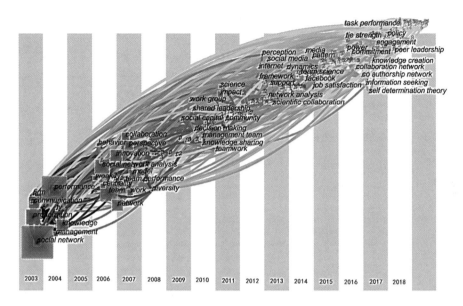

图 4-2 关键词共现网络图谱

注：图为自动生成，无中文翻译。

第一阶段（2003—2005 年）：这一阶段属于起步阶段，关键词包括社会网络、绩效、知识、交流、联系等。此阶段的研究侧重于基础层面的研究。在过去的研究中，社会网络方面的研究集中在个体或组织层面，在这一阶段出现了很多以团队作为对象的研究。团队与组织和个体都存在差异，其集成结构的方式有可能产生更高的效能。此阶段的研究对社会网络相关变量，例如网络结构、复杂性的相互关系进行了探索性的研究与定义，并出现了对团队社会网络与绩效、知识等结果变量的相关研究（Reagans & McEvily，2003）。这些研究展示了团队社会网络研究的意义和价值，为后续研究奠定了基础。

表 4-2　研究演进路径各阶段高频关键词

时间	关键词	共现频次（次）	时间	关键词	共现频次（次）
2003—2005 年	社会网络（social network）	430	2009—2011 年	影响（impact）	51
	绩效（performance）	274		决策制定（decision making）	35
	组织（organization）	156		社区（community）	32
	知识（knowledge）	112		科学（science）	30
	交流（communication）	94		社会资本（social capital）	25
	管理（management）	67		工作小组（work group）	24
	企业（firm）	52		知识共享（knowledge sharing）	22
	联系（tie）	52		团队合作（teamwork）	21
2006—2008 年	团队（team）	163		管理团队（management team）	20
	社会网络分析（social network analysis）	129		共享领导（shared leadership）	20
	网络（network）	101	2012—2014 年	社交媒体（social media）	30
	创新（innovation）	98		感知（perception）	22
	模型（model）	76		健康（health）	16
	视角（perspective）	73		动态（dynamics）	16
	工作（work）	69		网络分析（network analysis）	15
	弱联系（weak tie）	68		框架（framework）	15
	协作（collaboration）	65		支持（support）	15
	行为（behavior）	57		脸书（Facebook）	15
	中心度（centrality）	51		模式（pattern）	14
	多样性（diversity）	43		科学合作（scientific collaboration）	14
	团队绩效（team performance）	40		互联网（Internet）	12

（续表）

时间	关键词	共现频次（次）	时间	关键词	共现频次（次）
	团队科学（team science）	12		协同网络（collaboration network）	5
	媒体（media）	12		承诺（commitment）	5
2012—2014 年	工作满意度（job satisfaction）	11		同级领导（peer leadership）	5
	结果（outcome）	10		自我决定理论（self determination theory）	5
	质量（quality）	10	2015—2019 年	知识创造（knowledge creation）	5
	权力（power）	10		任务绩效（task performance）	5
	运动（sport）	10		政策（policy）	5
2015—2019 年	参与度（engagement）	9		在线社区（online community）	5
	合著网络（co-authorship network）	8		竞赛（game）	5
	关系强度（tie strength）	8			

注：为了清晰界定各阶段的热点关键词，在表中剔除了少量相对低频、非主流的关键词。根据文献的先后时间顺序，在界定不同阶段的关键词时应选择不同的共现频次作为选定的标准。在表 4-2 中，在 2003—2005 年以及 2006—2008 年两个时间段选择共现频次在 40 次及以上的关键词节点，在 2009—2011 年时间段选择共现频次在 20 次及以上的关键词节点，在 2012—2014 年选择共现频次在 10 次及以上的关键词节点，在 2015—2019 年选择共现频次在 5 次及以上的关键词节点。

第二阶段（2006—2008 年）：这一阶段的关键词是社会网络分析、创新、弱联系、行为、中心度、多样性、团队绩效。此阶段的研究侧重对网络结构方面的分析，关注了团队内部网络及外部网络范围内的网络中心度、网络密度、网络内部多样性等相关变量与团队绩效、创新的影响关系。另外，社会网络分析技术开始被应用于个体之间联结关系的动态结构分析（Stephen et al.，2009），这有利于学界加深对团队社会网络结构的理解。

第三阶段（2009—2011 年）：此阶段的关键词是影响、决策制定、工作小组、知识共享、团队合作、管理团队、共享领导。这一阶段的研究侧重于社会网络中个体层面的研究，一方面，团队中个体的外部社会网络关系可以给团队提供重要的资源，从而对团队绩效产生很大的影响；另一方面，个体的人格特征、行为角色（尤其是团队领导的领导风格、领导能力）会对团队内部网络结构以及联结性质产生影响（Friedrich et al.，2009）。

第四阶段（2012—2014 年）：这一阶段的关键词包括社交媒体、网络分析、科学合作、脸书（Facebook）、互联网、动态等。此阶段的研究重点是社会网络中的联结模式。社会网络中的联结模式（包括联结类型、关系强度等方面的研究）一直是十分重要的热点问题。随着互联网的成熟、新媒体技术的发展，团队的协作方式以及社会网络的联结模式均受到巨大的影响，个体可以摆脱地理因素的限制参与团队活动。适当的在线社交网络在建立关系、信息共享、知识转移等方面已经成为重要方法（Templeton et al.，2012）。关注团队网络关系的联结模式的变化并利用新技术对团队进行管理有重要的现实意义。

第五阶段（2015—2019 年）：这一阶段的关键词是权力、运动、参与度、关系强度、协同网络、同级领导、自我决定理论、知识创造、任务绩效。在此阶段，随着新生代员工陆续进入职场并逐渐成为人力资源管理的重点对象，激活团队成为这一时期的研究热点。新生代员工在工作价值观上偏爱平等的人际关系及融洽的组织氛围，敢于挑战传统并推动组织创新（侯烜方、李燕萍、涂乙冬，2014）。于是，在团队网络层面出现了很多关于激发团队成员活力的研究。研究表明，加强成员之间的关系强度，给予成员更高的心理赋权确实可以更好地发挥团队成员的能力（Hong & Gajendran，2018）。而自我决定理论、同级领导、共享领导等概念在团队管理方面的盛行也可能会改变团队成员间联结关系的性质及强度。

4.3.2.3　研究热点可视化分析

为更好地认识团队社会网络领域的热点主题，深化主题共现关系，本研究在关键词共现网络图谱的基础上依据关键词相似度对其进行聚类，通过 LLR 算法从关键词中提取名词性术语对聚类进行命名，由此得到关键词聚类时间线图谱（见图 4-3），运行聚类算法得到 11 个相关聚类。聚类结果显示，对于团队社会网络的研究热点主要可以分为 3 类：团队外部社会网络、团队内部社会网络以及社会网络中个体层面的研究。

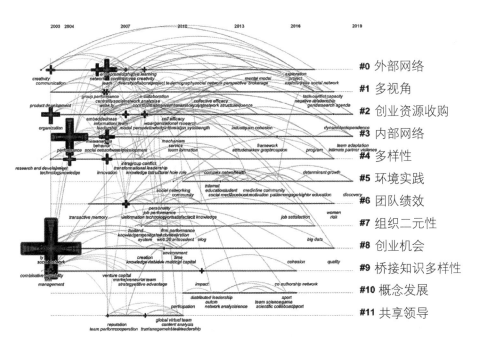

图 4-3　关键词聚类时间线图谱

第一类研究热点是团队外部社会网络的研究，团队外部社会网络强调团队与外部个人或群体的桥接关系（bridging relationship），这些桥接关系可以跨多种类型的组织边界。外部的桥接关系可以通过社会网络的网络结构以及中心性等路径，获取必要的异质性资源，有效地增加成员社会资本的流动性和利用效率，降低获取资源的成本，进而提高组织的创新能力及创新水平（Oh，Chung & Labianca，2004）。

研究包括 #0 外部网络、#5 环境实践、#9 桥接知识多样性关键词聚类。其中 #0 外部网络包含中介中心性较高的关键词，如虚拟协作环境、信任网络、团队间知识转移、社会网络中心度、创业过程。#5 环境实践包含的关键词是基于互联网的社会网络、知识交换、社交纽带、在线社交网络。当前组织外部环境变化十分剧烈，随着环境不确定性的增加，个人、团队和组织都必须不断调适以在流动性、模糊性、多样性环境中保持竞争优势（Burke，Hess & Salas，2006）。对外部环境的研究对团队绩效、创新以及发展十分重要。#9 桥接知识多样性包括多种外部关系、协作网络、协作策略等。外部社会网络知识多样性可以决定外部知识的获得。由于各企业有不同的资源和能力，与不同类型的企业建立联系就有利于获取多样化知识。因此外部社会网络知识多样性高的企业容易获得更加丰富的信息和资源。但是过多类型的知识又会造成知识冗余，降低企业的效率，有研究表明外部社会网络知识多样性对公司创新绩效的影响呈现倒 U 型关系（Yu，2013）。

第二类研究热点是团队内部社会网络的研究，团队内部社会网络强调了团队成员内部结构的闭合关系（closure relationships）（Oh，Chung & Labianca，2004，）。由于每个成员之间都存在强关系，团队成员的共同认知及行为倾向会被网络特性所影响或受到网络规范的限制。团队内部知识、信息、资源的交流与共享会促进团队内部价值叠加与流动。

研究包括 #3 内部网络、#6 团队绩效、#7 组织二元性、#11 共享领导关键词聚类。#3 内部网络中包括任务绩效、团队内知识转移、知识共享、团队沟通、团队冲突、群体凝聚力。#6 团队绩效中包括知识转变、知识网络、社交关系、情感关系、团队创造。由此可见，团队绩效包括了社会网络中的相关结果变量。根据弱关系优势理论以及结构洞理论，团队可以在通过社会网络促进单位间合作的同时获取知识及相关资源，大量研究表明这些均能给团队绩效带来积极的影响。#7 组织二元性包括探索性创新、内部网络、创新绩效。组织二元性是指组织同时追求利用性活动和探索性活动的状态或能力。在复杂环境下，组织会面临"效率与柔性"的双重挑战，此二元性引起了学界的关注。网络结构以及联系强度都会对二元性产生不同的影响。例如，虽然高网络密度促进成员间的信息交流及创新，但是会造成探索类与利用类活动对资源的争夺，从而对组织二元性产生负面影响。在社会网络视角下对组织二元性的研究有十分重要的理论意义。#11 共享领导中包括网络分析、集体创业、协同决策等。社会网络密度会随着成员间相互影响程度加强而升高，是对群体影响关系的总体水平测量。社会网络密度越高，团队影响关系的水平越高，间接表明团队中共享领导程度越高。因此，有大量研究通过社会网络分析法对共享领导进行分析评价（接园、孙晓敏、费蕾诗，2016）。共享领导领域的发展离不开对团队社会网络的研究。

第三类研究热点是团队中个体层面的研究，主要集中在 #4 多样性这一关键词聚类上，包括个体特征、网络结构、网络关系、个人创新绩效等。在社会网络中的个体特征是多样的，个体特征是影响社会资本形成与发展的重要因素，也会影响团队利用社会资本的能力，从而影响社会网络的各方面性质及团队效能。

值得一提的是，创业团队作为一种重要的团队形式成为这一研究领域的重点，在关键词聚类中包括 #2 创业资源收购、#8 创业机会这两个关键词。创业团队的社会网络作为资源的获取及配置方式，其内外网络嵌入方式的差异性特征，使得其对团队效能的影响不尽相同。从相关文献中也可以看出，通过社会网络洞察创业机会，完成创业资源收购，从而开展促进创业型企业的孵化是该领域重要的研究内容。

4.4 团队知识网络

4.4.1 知识网络的定义

瑞典教授贝克曼（Beckmann，1995）提出了知识网络的概念，他把知识网络描述为进行科学知识生产和传播的机构与活动，并将知识网络引入管理领域。随着学术界对知识网络的研究不断深入，不同研究视角、不同领域及不同流派的学者对知识网络进行了定义，如表 4-3 所示。

表 4-3　知识网络的概念与内涵

研究视角	概念与内涵	研究学者
过程视角	开展科学知识产生、扩散的组织与活动	贝克曼（1995）
要素和功能视角	知识网络是结合了知识主体、资源、关系的有机体，是以知识参与者为主体的一种社会网络，能够实现个人、群体、组织内外部的知识创造与传递	Seufert，Von Krogh & Bach（1999）
知识主体视角	知识主体和主体间的关系，这种关系构成了抽象的知识网络，为知识流转和新知识的利用提供平台	张宝生（2012）

（续表）

研究视角	概念与内涵	研究学者
创新主体视角	创新主体之间基于知识链而形成的知识网络，是创新主体获取、共享嵌入在网络中的知识并创造新知识的网络	Freel & De Jong（2009）
网络主体视角	由连接科学和技术的核心知识的知识链组成的网络	Ahuja（2000）
社会网络视角	由一些共享技术知识、工作经验的群体相互关联所形成的，具有流动性的网络	Allee（1997）
	知识网络的本质是社会网络，是一种获取、共享嵌入在企业内外部社会网络中的知识资源，以创造新知识为目的的网络	马德辉和包昌火（2007）
	由人、企业、组织等相关知识主体相互连接、互动从而形成的网络	Jarvenpaa & Tanriverdi（2003）
战略管理视角	一个可用于收集和理解大量资源与知识的网络体系，可以给网络成员、员工和顾客等提供各类信息并帮助他们理解	蒋恩尧和侯东（2002）
	企业为了实现知识的转移、共享，以及创造新的知识而与其他企业或非企业组织机构形成的联盟，其本质是一种战略联盟	Inkpen & Tsang（2005）
知识缺口视角	组织通过与组织外部团体进行互补性合作而形成的网络系统，目的是弥补和完善创新过程中的知识盲点	李丹、俞竹超和樊治平（2002）
知识链视角	由连接创新主体的科学和技术核心知识的知识链组成，创新主体在其中进行知识传递、转移和利用，积累旧知识并创造新知识的网络	曹洲涛和欧阳素珊（2020）

资料来源：本研究整理。

归纳起来，知识网络具有以下特征。

1. 知识网络形成的基础是知识网络成员之间的知识流动

知识网络是围绕着知识网络成员之间的知识流动和知识创新活动而形成的，知识网络成员可以是个体，也可以是团队和组织等知识主体（Seufert，Von Krogh & Bach，1999；Jarvenpaa & Tanriverdi，2003）。知识流动体现了共同参与活动的成员间的交互作用，知识拥有者为获得互补性知识，促进知识共享与流动，推动更新扩散形成了渠道网络，进而实现了成员之间知识优势的互补与融合。

2. 知识网络是由众多知识链交织而成的复杂的网络结构

在知识网络中，每个成员与其他许多成员之间形成了知识的流动。每个成员在知识网络中扮演一个节点角色，并可以同时属于不同的知识链。知识在这种复杂的网状结构中不断流动，并产生增值。需要强调的是，知识网络并不是静态的，而是动态的，成员可以通过学习等行为不断地扩展和延伸知识网络（Allee，1997；Seufert，Von Krogh & Bach，1999）。

3. 知识网络的最终目标是实现知识的创新创造

知识网络的目标是创造、传播、转移知识，并通过知识的转移、共享等行为最终实现知识创造（Seufert，Von Krogh & Bach，1999）。基于知识来源的视角，吕萍（2012）研究了内外部知识网络选择对创新绩效的影响。王等学者（Wang et al.，2014）探讨了研发人员所拥有的知识元素在网络中的位置对其探索式创新绩效的影响。知识网络是知识拥有者之间形成的网络，并利用知识产出架构网络关系（张晓黎，2016）。关和刘（Guan & Liu，2016）研究了组织知识元素在知识网络中与其他知识元素连接的数量对探索式创新和利用式创新的影响。知识网络成员之间通过交互学习，使原来分散在各成员处的知识开始流动并转化成知识网络进行整体共享，实现知识网络成员之间的知识整合。在知识共享与知识整合的基础上，知识网络成员共同创造出新的知识。同时，有效的知识流动、知识共享可以形成良好的知识网络互动学习机制，加速知识网络的知识创新与创造。

4.4.2　团队知识网络的产生及内涵

知识网络基于组织边界可划分为内部知识网络和外部知识网络。本研究借鉴知识网络的研究结果来分析团队知识网络，从团队内部关系来看，知识网络是团队成员之间通过交流和分享而逐渐聚集、创造并运用知识而形成的网络；从团队外部关系来看，知识网络是以外部知识主体（包括个人、团队、组织）作为节点，以知识交流、知识传递等活动为连接，由此发展而成的网络。郑强国和马秀（2016）认为团队知识网络就是以团队成员为知识载体，以团队成员构成的社会网络为基础进行知识传递、共享和获取等活动，通过互动行为弥补自身知识缺口，进而形成的一种抽象的、专门进行知识流通的网络结构。事实上，团队知识网络已经成为团队自觉进行构建的体系，原因有 4 点：一是知识的不对称性决定了团队内外部成员之间需要进行知识共享，促进彼此之间知识的交流与传播，实现知识的不断增值；二是知识的默会性使得许多隐性知识的共享比较困难，需要构建知识网络，增加团队的外部成员交流的频度与强度，激发隐性知识在不同的知识主体之间的交流；三是团队需要外部的新知识不断带来冲击，否则很难保持团队的创造力与不断创新；四是知识的外部性和交易信息的不对称性也需要构建嵌入性的知识网络，增强知识交换共享主体之间的信任。也就是说，团队构建知识网络的目的就是更好地促进知识管理，实现团队内外知识的流动，从而更好地形成团队创造力。换言之，团队知识网络已经成为团队创造力形成的必要前提条件和情境变量。

知识分工是团队内外部知识网络形成的根源。知识网络基于知识这一特殊资源，通过网络内的一系列知识活动，包括知识获取、知识共享等过程，经知识价值增值而形成竞争优势。团队内外部的知识网络在本质上是以知识的分工与合作为基础的，之所以可以形成知识网络，动因是团队内部成员之间以及团队与外部知识主体之间掌握的知识具有差异性。

哈耶克第一次提出了知识分工思想。他认为，虽然分工带来了劳动转换时间的节约，但人们劳动熟练程度的提高和专业化所导致的技术进步是实现报酬递增的真正原因，人们在劳动过程中经验与知识的积累是技术进步的基础，因此，劳动分工的本质是知识分工。

团队知识生产之所以必须分工，是因为每个团队成员所拥有的知识只占所需知识总量的一部分，即使是专家，他们可能对某一领域或少数的几个领域知之甚多，但他们不可能完全了解所有知识，因此，团队在知识的生产、获取、储存等方面需要实行专业化分工。知识分工团队的成员之间存在知识依赖，同时也对外部知识网络存在一定程度的依赖，这也就促进了团队内外部知识网络的形成。在知识分工制度下，每个团队成员乃至团队整体都沿着一定的专业方向获取知识的一个片段，在团队内部，每个成员在不同知识方向上具有自身的比较优势，而整个团队在知识方向上相对外部知识主体也有自身的比较优势。团队在外部参与知识分工可以实现知识投资的专门化，同时增强团队组织获得外部知识的能力。

4.4.3 团队知识网络的相关研究

在过去的研究中，对知识网络前因变量的探讨覆盖了多个层次和学科领域。在个体层面，学者们着重研究网络属性对知识网络的影响。例如，在网络成员之间竞争程度较低时，弱关系有助于促进跨边界的知识共享（Bouty，2000）。转向团队层面，里根斯和麦克维利（Reagans & McEvily，2003）对团队知识网络的研究涉及知识交流、共享以及创新，并探究这些过程如何受到团队层面的知识网络结构影响。此外，奥斯汀（Austin，2003）在心理学领域研究了团队的"交互记忆系统"与知识网络的关系。在组织层面，学者们主要聚焦于组织资源和行为等特征对知识网络的影响。举例来说，李文博、林云和张永胜（2011）的研究发现网络共享性资源、组织的网络化能力以及组织的适应性行为在组织的知识网络演化中起着重要作用。

知识网络的结果变量，以绩效、创新、创造力等为主。创新是知识网络重要的结果变量。关于知识网络与创新的研究较多，大部分研究认为知识网络对创新存在正向影响作用。吕萍（2012）的研究发现内部知识网络和外部知识网络会对创新绩效产生不同程度的影响。耿合江（2013）提出内部知识网络对技术创新绩效的影响更大。但也有学者提出不同意见，如钟和杰克逊（Chung & Jackson，2013）的研究发现团队知识网络与团队绩效间存在倒 U 型关系。另外也有一些研究加入相应的中介变量或者调节变量，更为深入地探索知识网络与创新之间的间接影响关系和边界效应。雷星晖、韩军和高琦（2013）证明了知识吸收能力在知识网络与创新的正向影响关系中起调节作用。丁道韧和陈万明（2016）验证了知识网络通过远程创新搜寻对创新绩效产生作用。王新华等学者（2018）探讨了在多维知识网络嵌入对创新力的影响中，知识聚集方式的中介作用。

4.5　团队多重网络

从前述的团队社会网络可以看出，因边界、主体、关系性质、网络形态等不同，团队会呈现出多种不同的社会网络交织在一起的情况。而按照网络属性分，团队网络不只有团队社会网络，还有团队知识网络、团队协作网络等，这些分类中又会出现各种组合，如团队内部社会网络、团队外部社会网络、团队外部知识网络等。不过，从已有研究成果的分析思路与方法上看，无论是知识网络还是协作网络均以社会网络为基础。因此，团队的多重网络在表现形式上虽然有许多种，但实质上主要还是社会网络各种分类的叠加。

从团队边界角度划分，可以将团队网络分为团队内部网络和团队外部网络，团队内部网络是指团队内部成员间的联结，团队外部网络是指团队间（或部门间）的联结（Oh，Labianca & Chung，2006），也包括团队与外部其他机构之间的联结。

从团队主体角度划分，可以将团队网络分为以团队成员为中心，考虑团队成员个体的内部网络及外部网络；以团队领导为中心，考虑个体的内外部网络；以团队作为网络的节点，考虑其与外部的组织、团队乃至个体之间构成的网络；更为细致的还需要考虑以团队内部的子团队为中心的内外部网络等。

将团队边界与团队主体结合起来考虑，有学者梳理团队社会网络相关研究后发现，团队社会网络的外部视角与内部视角存在较大差异（Ahuja，2000），外部视角涉及的是团队与外部网络主体之间的比较松散的关系，是跨越团队边界而形成的弱关系或结构洞（成为不同群体之间的桥梁），因此，团队外部网络强调桥接观点。而团队内部成员之间具有较强的凝聚力，因此内部视角的网络是团队内部主体之间的强关系或网络闭合，强调联结观点。吴、拉比安卡和钟（Oh，Labianca & Chung，2006）在整合组织内部团队跨界管理和内部强联结相关研究的基础上，从团队内部与团队间、垂直与水平两个维度，组合为 4 种网络关系，并认为团队可以通过管理这 4

种网络关系实现团队社会资本的最优配置（见表 4-4）。

表 4-4 团队社会网络与桥接关系分类

	团队内部联结关系	团队间跨界关系
垂直维度	团队内部垂直联结关系 团队成员与团队正式和非正式领导的关系	团队间垂直跨界关系 目标团队与组织核心领袖人物的关系
水平维度	团队内部水平联结关系 团队正式领导与团队内部小群体的关系	团队间水平跨界关系 目标团队与组织中其他团队的关系

资料来源：*A multilevel model of group social capital.*

这个研究区分了团队内外部社会网络的不同关系强度，同时关注了团队内外部社会网络主体的差异，但实际上，一方面在社会网络的纵深范畴上会延伸出知识网络等类别，另一方面各种网络主体的情况比吴、拉比安卡和钟（2006）的研究更为复杂一些。

从网络的特征和属性的角度，多数研究关注的是关系特征，也有部分研究关注结构特征。格兰诺维特（1973；1985）开启了这方面的研究，将社会网络研究明确区分为关系嵌入与结构嵌入两个不同的层次及相应作用机制。关系嵌入强调经济行为受到行为人所在网络的社会关系的影响，结构嵌入则强调行为人受所在网络的网络结构的影响（Oh, Labianca & Chung, 2006）。

从关系的性质考虑，团队社会网络有正式关系网络和非正式关系网络之分，这在团队内外部网络中均有体现，同时与特征和属性之间的交互，会产生出更多的类别。

从社会网络类型角度进行的研究，有较丰富的研究成果，克拉克哈特和汉森（Krackhardt & Hanson, 1993）将团队社会网络分为 3 类：（1）咨询网络，是指团队成员在工作中咨询他人或指导他人的范围；（2）情感网络，是指团队成员之间以交流情感为主的关系；（3）情报网络，团队成员就正式或非正式情报向同事传递或询问的范围。伊巴拉（Ibarra，1993）进一步将团队社会网络细分为沟通网络、建议网络、支持网络、影响网络和友谊网络5种。针对网络是否会带来积极帮助，斯帕罗等研究人员（Sparrowe et al.，2001）将团队社会网络关系形态分为咨询网络和阻碍网络来研究。其中，阻碍网络是指由不良情绪等导致的在网络中存在干扰、威胁、蓄意破坏和拒绝等行为以及相关的不利行为。

在团队中，成员间由于工作或情感需求而产生关联互动，长期便形成团队成员行为嵌入其中的团队内部社会网络情景。有大量的研究关注了咨询网络和友谊网络（Mehra et al.，2006；徐伟青，2011），咨询网络和友谊网络是两种不同类型的网络。咨询网络是一种工具性网络，其形成源于工作的需要。而友谊网络则属于情感网络，通常是由频繁的交流而形成的。在团队内部，行动者受到正式的组织架构和内部规范的要求与影响，因此会形成许多基于工作的互动关系。同时，团队成员之间频繁地互动，在正式联结的过程中也会伴随着非正式的自愿联结的建立，这样就使得团队成员之间形成了多重的互动关系。

现有研究关注单一网络的居多，例如，聚焦于团队外部社会网络对团队创新的影响，团队外部弱关系会对团队创新带来积极影响（Hansen，1999；Perry-Smith & Shalley，2003）；又如，团队外部社会网络地位会影响外界对团队的信任进而影响团队的价值创造等（Tsai & Ghoshal，1998）以及关注团队内部社会资本和社会网络对团队创新的影响（Oh，Labianca & Chung，2006）。也有一些关注双重网络的研究，例如，龙静（2015）在对创业团队进行研究时，将团队内外部社会网络整合起来思考，研究团队的内外部社会网络如何共同作用于团队创造力和创新绩效。其中，内部社会网络是指团队内部成员之间的网络关系，而外部社会网络是指团队与外部的相关个体或群体之间的网络关系。张红娟（2022）等强调知识网络和合作网络时，从网络内部联结、外部桥接以及上层管理 3 个方面来剖析，并分别解析不同的网络对于创新绩效的影响。欧阳素珊（2020）研究了知识网络嵌入性和协同网络嵌入性对团队创新绩效的影响。曹洲涛和欧阳素珊（2020）研究了内外部多重知识网络嵌入性对团队创新绩效的影响。也有研究同时选取咨询网络和友谊网络为研究对象，探讨两类网络的构成要素对团队创新绩效的作用机理（张海洋，2019）。

从团队网络的研究趋势上看，会有越来越多的人研究多重网络，同时，过去对双重网络与多重网络的研究主要还是针对不同情况分别进行分析的，较少分析不同网络交互作用对团队的影响，而在现实情况中，网络往往是交织在一起发挥作用的。

第 5 章

网络视角下的自组织团队创造力

5.1 自组织团队创造力

在深刻理解自组织团队现有文献的基础上，结合研究小组对多家企业自组织团队的现实观察与实地指导，本研究小组发现，相较于一般团队，自组织团队具有更明显的网络化结构，去中心化、坦诚性（对外表现为开放性，对内表现为充分信任）、协同性、自主性等特征更加突出，在激发创造力方面也表现出其特有的优势。鉴于自组织团队创造力现有研究成果匮乏，十分有必要从实践到理论逐步推演以进一步认识自组织团队创造力及其生成机制。

5.1.1 自组织团队创造力的案例

为了更好地理解自组织团队及其创造力，我们先来看一个真实的案例。

2011 年 3 月 11 日，日本东北部太平洋海域发生了罕见的 9 级大地震，地震引发的巨大海啸导致福岛第一核电站核泄漏。当时，有一群身处异乡的人想为日本提供一些力所能及的援助。几天内，志愿者和顾问自发在线上组成了一个团队，包括麻省理工学院媒体实验室主任及创业家伊藤穰一、洛杉矶企业家肖恩、国际医疗公司的丹·西泽（Dan Sythe）、Monex 证券公司的执行理事彼得·弗兰肯（Pieter Franken）、怪人实验室（Freaklabs）的创始人、日本庆应义塾大学网络研究实验室研究员克里斯、创立了公共资源网络硬件应用 Chumby 的麻省理工硬件专家安德鲁·黄（昵称邦纳）等，这个团队最终成为 Safecast 的核心成员。团队成立后，大家很快将问题集中在两个方面：辐射物的泄漏量及影响范围。

大地震后近一个月，日本政府还没有公布福岛核泄漏的辐射数据。上述团队成员于 2011 年 4 月到达福岛开始测量放射物。他们很快发现，大范围区域内的读数平均下来有可能得不到有效数据。有时，他们从街道的一侧走到另一侧，手中计数器的读数就会发生显著变化，大约 6 个月后，该团队监测的数据表明疏散的民众被送到的地方比他们撤离的地方污染更为严重。

团队搜集信息后需要用某种方式向大众传达这些信息。阿龙·胡斯拉奇（Aaron Huslage）是北卡罗来纳州的一名工程师，他把伊藤穰一介绍给了马尔切利诺·阿尔瓦雷斯（Marcelino Alvarez），马尔切利诺在俄勒冈州波特兰市有一家网络和手机公司，该公司建成了一个汇总辐射物数据的地图网站。莲花便签（Lotus Notes）的创始人、微软前首席软件设计师雷·奥齐（Ray Ozzie）自愿利用专业知识协助团队进行数据分析。邦纳、弗兰肯和东京创客空间组织的团队设计、制作了一种新型测量辐射水平的盖革计数器，这种盖革计数器只有便当盒大小，内置 GPS 接收器。奥齐还建议将盖革计数器与汽车绑定，这样收集数据比手动采集数据更快速高效。

Kickstarter 网站赞助了近 3.7 万美元，里德·霍夫曼（Reid Hoffman）、数字车库、"约翰·S. 和詹姆斯·L. 奈特基金会"（John S. & James L.

Knight）也提供了资金援助。截至 2016 年 3 月，该项目共搜集了超过 5000 万个数据点，用户可在知识共享组织（Creative Commons，CC）平台上无条件获得全部辐射物数据。该数据库不仅为辐射物领域研究者、科学家提供了宝贵的科研数据，同时还为公众提供了真实有效的辐射物泄漏量及影响范围信息（伊藤穰一等，2017）。

哈肯的协同理论认为，自组织系统在不受外界特定干扰的情况下获得结构和功能。从上述案例中可以看到，因东日本大地震而自发形成的团队，其从形成到后期运作，系统无论是从时间还是从空间维度，其系统的结构和功能均不是外界强加的，是非常典型的自发组织且自主运作的"自组织团队"。尽管自主自发运作，该团队却发挥出了远超正式组织的创造力，包括自行发现漏洞、界定新问题、找出新的解决方案、吸纳更多的社会资源、不断迭代新产品等，以官方机构难以企及的速度及准确度为大众提供了服务。该案例较好地诠释了自组织团队创造力的内生性，即自组织团队自主权所带来的掌控感、选择权以及源自内心的共识，以及涌现性，即自组织团队创造力的形成过程在各种因素的共同作用下，通过不断形成的涌现而产生的一种动态功能状态。

5.1.2 自组织团队创造力的内生性

结合包括上述案例在内的众多管理实践及研究小组的现实观察可知，最具创造力的想法通常是自下而上、内生自发形成的。最具创新性的团队能够适应变化莫测的环境，并且能不断进行自我调节，这样的团队并不必然需要一个强有力的领导自上而下告诉他们应该怎么去做，其能够自主地从无序走向有序，自组织，自演化，并发展出新的结构及功能（隋硕，

2019；何跃、苗英振、弓靖绚，2012；彭新武，2009）。作为上述团队的典型代表，自组织团队往往具有较高水平的去中心化特征，是一种自我组织、自我调节的系统，并具有较强的自主自发性，在团队创造力方面表现十分优异。

根据自组织理论可知，自组织的实质便是创新，或者说创新本身就是一种自组织过程。正如朱晓娜和袁望冬（2009）在研究中指出的，创新作为一种系统行为，涉及技术攻关、突破等多重环节，其形成、发展及演化等一系列过程都是自组织的。创新机制的典型特征，主要包括自创生、自生长和自适应。自创生是指系统在没有外部力量的作用下，经历从无到有、从无序到有序的创造过程。自生长是指系统在没有外部力量的作用下进行自我更新和自我优化，孕育新的有序结构的过程。系统的自生长结果表现为系统组成部分的数量、层级和多样性的提高，同时系统结构的稳健性和功能的可靠性也得到增强。自适应是指系统在没有外部力量的作用下，自身能够适应外部环境的变化。与自组织系统的核心优越性在于创新机制不同，依靠外部机制运作的他组织系统通常缺乏自我更新能力，往往只能处理确定及稳定的问题。彭新武（2009）提出，创新的核心源于组织原则与无序性、随机性的汇合过程中，该过程以参与者间的互动交往及自发秩序为基础。事实上，在组织与非组织之间存在自组织区域，这个区域为创造性空间，这是一个形成关系、出现学习和系统适应环境的区域，新特性和新想法在这里不断涌现（Olson，2006），并纳入系统结构中进而引起系统结构的自我进化（普里戈金，2007）。

从上述内容可知，自组织团队的创造力不同于一般团队的重要原因，在于其自主自发的特征。所谓自主自发是指其创新创造的基本动力不是来自外部的要求与控制，而是来自内生的积极性，继续追溯，就会发现这种积极性来源于团队及其成员拥有的权力与掌控感。查尔斯·都希格（2017）在《高效的秘密》一书中指出，激发员工的掌控力就意味着把决策权交给能直接解决问题的员工。自组织团队的去中心化特征使得团队成员共享决策权，这会在以下 3 个方面促进创造力的产生。

一是自组织团队及其成员拥有掌控力，能感受到自己对工作、项目乃至公司的掌控力，其动力和责任心会大大提升，这种"尽在掌握感"会激发团队成员的内在创造性动机。

二是自组织团队成员一般在团队方向、愿景和目标方面具有较高的共识，当团队及其成员拥有决策自主权时，会强化团队的目标共识，并赋予团队工作更大的意义。当团队成员认为自己可以自主做决定，相信团队的所有成员都在朝着同一个方向努力时，他们会更有信心、更有意愿参与创造性工作。

三是决策权直接下放到最熟悉业务的执行者手中，往往能贴近实际产生出创造性成果。例如丰田生产体系成功的关键就在于把决策权下放到基层团队，一线工人往往是最先发现问题的人，如负责安装发动机零件的团队肯定比任何人都了解发动机，因而最大限度地把寻找解决方案的权利交给一线员工，团队就会针对现实问题爆发出有价值的创造力。丰田也因此创造了"精益生产"（凯斯·索耶，2019）。

5.1.3 自组织团队创造力的涌现性

自组织团队创造力以团队成员创造力为基础，受到团队内外部因素及其相互作用的影响。当团队创造力作为自组织过程或者自组织活动的结果出现时，其不是团队成员个人创造力的简单线性组合，而是在成员之间以及成员与外部环境相互作用过程中涌现出个体并不具备的整体功能特征。乌杰（2012）运用系统哲学的框架对自组织原理和涌现原理进行了深入探究。他认识到自组织系统的发展是通过涌现机制实现的，而这种涌现机制能够产生新的整体、层次和个体。涌现被视为系统自我优化、创造、设计和适应的最基本属性。涌现是指在整体层面上显示的具有新特征的新模式和结构。自组织团队的创造性本质上也是一种"新"功能状态，是个体成员所不具备的。也正是自组织团队成员对"新颖性"的共同理解，使得自组织团队和创造力的出现之间有了天然的联系。

自组织团队作为一个复杂系统，其内部具有较高水平的信任关系及协同性，这为团队成员间的非线性交互提供了有利条件。在非线性交互下，团队可以自发地进化以适应环境变化。因此，自组织团队具有涌现的条件和固有优势，非线性交互是涌现产生的基础。在自组织团队中，非线性交互主要体现在成员之间的沟通及互动上。通过持续的沟通和互动，自组织团队可以形成沟通规范、工作规范、智力资源等。不仅如此，自组织团队并非存在于真空之中，其开放性意味着与外部环境的紧密交流，而自组织团队与外部环境的交互为团队创造力的涌现提供了知识资源支持。外部知识资源为团队创造力提供了原材料，沟通及互动为集合智慧提供了有力工具，促进自组织团队涌现更多的智力资源，并直接表现为团队创造力。自组织团队智力资源涌现示意图（陈辛，2011）如图5-1 所示。

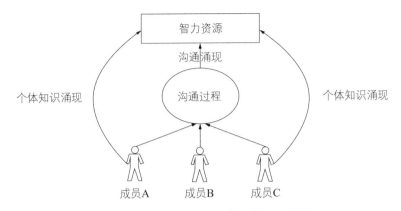

图 5-1　自组织团队智力资源涌现示意图

资料来源：《自组织团队绩效管理研究》。

从上文可知，自组织团队的高度信任关系、协同性、持续互动及开放性均为非线性交互作用提供了便利条件，进而推动了团队创造力的涌现。这也是自组织团队的创造力不同于一般团队的重要原因。结合郝丽凤和李晓庆（2012）关于自组织团队创新能力涌现的研究成果，本研究主张，自组织团队创造力的涌现过程受到团队内部因素和外部因素的共同影响，这种影响是通过自组织团队互动过程的传导和耦合实现的。自组织团队的互动过程包括：自组织团队成员之间的互动耦合过程，即通过成员之间的互动关系及信任关系唤醒成员的创造力，新的力量和能力从新的关系中涌现；成员与外部环境之间的互动传递过程：自组织团队内部和外部各种力量因素（非特定干预）共同作用下推动自组织团队创造力的涌现。自组织团队成员之间的互动耦合过程与自组织团队成员与外部环境之间的互动传递过程成为自组织团队创造力涌现的最终耦合力。

5.2　社会网络视角下的自组织团队创造力

从上文可知，与一般团队相比，自组织团队的创造力主要来源于内生创造力的涌现。自组织团队创造力在形成过程中表现出十分鲜明的互动性及协同性。关注自组织团队创造力形成过程中的社会互动及协同性影响因素，有助于更好地理解自组织团队创造力的生成机制。随着自组织团队研究的蓬勃发展（Mathieu et al.，2008），学者们越来越多地将社会网络分析作为更好地捕捉自组织团队现象复杂潜在模式的手段（Henttonen，2010）。鉴于此，本研究拟采用能够捕捉团队成员间（内部社会网络）及团队与外部环境间（外部知识网络）互动及协同模式的社会网络分析来揭示自组织团队创造力的生成机制。

社会网络分析提供了一个非常宝贵的分析工具，其将参与者和对象描述为节点，将其关系和交互描述为线，将节点和线的连接描述为社会网络，将网络位置描述为角色或参与者动机，可以系统地评估并在网络的关键点进行干预。在社会网络视角下，关系依赖不再是对管理的威胁，而是一种需要承认和关注的表现形式（Borgatti，Everett & Johnson，2013）。具体来说，社会网络视角具有无法比拟的优势，具体如下。一是社会网络视角有助于揭示团队成员间的创造性互动（Obstfeld，2005），而传统非网络视角无法测量团队成员间的结构、互动模式及质量。在社会网络中，参与者可以获得与他人频繁深入互动的机会，这是创意过程中共同开发创意、减少不确定性和提高团队契合度所必需的。长时间的互动使团队成员获得了丰富的领域相关知识和创造力相关技能，提高了有限创意元素重复组合的效率，以及对潜在相互联系的深刻理解（Katila & Ahuja，2002）。二是社会网络视角有助于理解团队成员与外部环境间知识资源的互动传递。团队成员通过其与外部环境间建立的网络连带获取新颖知识，而知识资源是自组织团队创造力产生的必要条件。社会网络视角可以有效评价外部获取知识资源的便利性。三是社会网络视角可以更准确地反映团队互动关系结构的确切性质，以及其中固有的联系和信息传递模式（Wasserman & Faust，1994），对集体节点（或成员）之间的联系模式和联系强度的研究可以十分有效地描述和预测集体的整体性质和结果（Tichy，Tushman & Fombrun，1979）。综上，从社会网络视角出发理解自组织团队创造力的生成机制是十分恰当的。

5.2.1　选择团队社会网络视角的依据

根据社会网络理论研究可知，社会网络的内涵可以解释重要的团队和组织结果（Park et al.，2020）。关于团队社会网络与团队创造力的关系也有不少的研究成果（王端旭、国维潇、刘晓莉，2009；王端旭、薛会娟、张东锋，2009；王艳子、罗瑾琏、常涛，2014；赵娟、张炜，2015；Wu & Cormican，2016）。大量学者指出，团队社会网络是团队内知识转移的主渠道，有利于团队成员进行知识搜寻，降低知识转移的成本，为团队内的知识转移提供了可靠的路径（Hansen，Mors & Løvås，2005）。团队社会网络结构则会影响团队成员间的知识交流及整合（Reagans & Zuckerman，2001；Robert，Dennis & Ahuja，2008），是提高团队创造力的重要因素。

目前，团队社会网络分析有两种不同的研究取向：自我中心网络和整体网络。其中，自我中心网络分析从个体的角度来界定社会网络，其主要关注个体在网络中的位置及其所受的网络影响。整体网络分析则是以整个网络为分析对象，研究的是整个网络的特征，超越了以个体为中心的研究范畴。就团队来说，团队社会网络以团队为界，由团队内部成员及成员之间的连带组成。整体网络分析主要考察团队网络结构特征及网络关系的变化。虽然整体视角下自组织团队社会网络的研究匮乏，但借鉴已有团队社会网络研究及自组织团队特征，本研究认为，自组织团队社会网络在以下 3 个方面影响团队创造力。

一是自组织团队中去中心化的网络结构能够促进创造性互动，进而影响参与者的属性，最终提升创造力（Kogut，2000）。现有网络结构相关研究主要聚焦于探究网络密度和团队中心势。网络密度用于刻画网络中节点间相互连通的密集程度。团队中心势聚焦于每个团队成员之间网络关系数量的差异，反映了网络关系集中在少数成员而不是在所有成员之间平均分布的程度（Scott，2005；Knoke & Yang，2008）。作为一种分权式网络型组织结构，自组织团队通常没有中央控制，是去中心化的团队（郝丽风、李晓庆，2012）。团队成员之间去中心化程度越高，就意味着团队成员间的关系越紧密且结构越扁平，紧密的关系有助于团队成员交流知识及经验，扁平化的结构强化了团队成员的自主权（Rulke & Galaskiewicz，2000），促进了自组织团队创造力的产生。

二是自组织团队社会网络能提高团队成员创造性互动的能力（Obstfeld，2005）。在自组织团队社会网络中，参与者可以获得与他人频繁深入互动的机会，这是创意过程中共同开发创意、减少不确定性和提高团队契合度所必需的。学者们认为，互动可以增强团队的创造力（Shin et al.，2012）。在现有的互动相关研究中主要存在两种研究视角——频率和长度，二者与创造性互动网络直接相关。其中，互动频率一直是社会网络和创造力的焦点（Baer，2011）。先前的研究表明，在不确定性和模糊性的背景下，尤其是在新团队中，高互动频率有助于领域相关知识和创造力相关技能的转移（Daft & Lengel，1986）。频繁的互动培养了团队成员领域相关知识和创造力相关技能，提高了有限创意元素重复组合的效率，以及对知识间潜在相互联系的深刻理解（Katila & Ahuja，2002）。同时，长期互动还有助于形成团队成员之间的相互信任（Reagans & McEvily，2003）和相互理解，从而进一步促进创造力相关技能的转移和领域相关知识的构建，尤其是在不确定性和模糊性的背景下更复杂知识的构建（Uzzi，1997）。

三是自组织团队中的内部信任网络可以推动创造力的提升。为了适应团队外部快速变化的环境，自组织团队成员间表现出极大的坦诚性，在自组织团队内部表现为具有高水平的信任关系。一方面拥有高水平信任关系的团队成员会更忠诚于团队目标，更可能专注于独特的想法，这使他们勇于解决形成创造力过程中可能面临的困难问题；另一方面具有高水平信任关系的团队成员会更愿意分享信息和新想法，团队成员之间能够更好地沟通，相互支持，相互激励，追求共同目标，从而获得更具创造性成果。

5.2.2 选择外部知识网络视角的依据

除了团队内部网络，团队外部网络也是团队创造力的关键影响因素。在现实情景中，没有一个团队不保持其边界就存在，同时也没有一个团队是在无外部力量的真空中运作的。外部网络是团队的重要资源库（Tsai，2001），它们为团队提供各类信息与知识（Reagans & Zuckerman，2001）。如佩里－史密斯和沙利（Perry-Smith & Shalley，2003）在其研究中强调了与自己团队或组织之外的人建立人际关系的重要性，与其他职能领域的互动提高了团队获得新知识和揭示新观点的可能性，从而激发新想法的发展或采用新的做事方式。许多研究人员认同这一观点，并为外部沟通与创新之间的积极关系提供了证据（Andrews & Smith，1996；Denison，Hart & Kahn，1996；Keller，2001）。

自组织团队作为一个开放系统，不断与外部发生能量、信息的交换，有助于团队创造过程的运作。如自组织团队外部知识网络的利用能为团队创新过程带来新颖且异质性的信息及知识。创新的本质便是在已有知识的基础上加入新的知识元素或是已有知识元素的重新组合（Fleming，2001）。团队作为担负创新责任的主要组织形式，其创新表现为多学科、多层次知识之间的组合和重构。然而，一个团队不可能拥有创新所需的全部知识，因而需要从外部寻求新知识源以弥补内部知识有限的局限性。团队与其他团队、企业与研究机构等进行知识交流与合作，不仅能获取新的知识，还能提高知识组合的机会。这具体表现为：第一，团队可以从外部获取新知识元素，提升团队知识的多样化程度，为创新提供丰富的素材和机会。第二，团队通过与外界组织进行交流，可以引发对已有知识更多角度的思考，获得新的想法和范式（Weitzman，1998），通过从新的角度对已有知识做出解释和应用来实现创新，也就是使团队重新对内部已有元素进行组合来创造新的知识，从而形成创新和新范式。倪旭东和薛宪方（2014）的研究聚焦于在团队层面探索外部知识网络的利用对团队创新的贡献，研究发现，通过外部知识网络去获取知识资源可以促进团队创新。外部知识网络往往能够提供新颖及异质性的知识，为团队内部知识资源库提供有效补充。团队自有知识资源与外部异质性知识资源的组合能够为团队带来多样化认知，提高团队认知灵活性，避免固有思维陷阱，且有助于激发团队成员的发散思维活动和灵活思维活动，从而提高团队创造性解决方案的质量，促进团队创造力的提升。

5.3 从网络到创造力路径探讨的理论基础

经过研究与梳理，团队内外部网络是影响自组织团队创造力的重要前因变量，但其作用于团队创造力的路径是什么呢？社会学习理论与社会认知理论为该问题的答案提供了相应的支撑。

5.3.1 社会学习理论

社会学习理论由班杜拉提出，之后随着研究的进行，社会学习理论体系得以不断完善。他提出了三元交互决定论，即行为、个体和环境三者彼此独立又相互决定（Bandura，1978）。社会学习理论把学习看作一个将信息加工与强化理论综合起来的有机过程，认为影响人们学习的原因主要有环境、认知、行为，还有贯穿三者中的相互作用，个体的观察在学习中扮演重要的角色（Bandura，1978）。社会学习理论解释了社会情境学习是怎样发生的。替代性学习是社会学习理论的核心内容，它指的是个体会不自觉地在观察到别人行动时获得知识。该理论与其他理论最大的区别是，其把外因作为影响学习行为的重点，还汲取了认知与行为的理论，形成了三元交互决定模型（见图 5-2）。

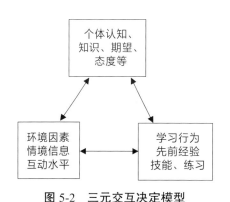

图 5-2 三元交互决定模型

资料来源：*Social learning theory of aggression.*

5.3.2 社会认知理论

社会认知理论由班杜拉于 1986 年基于社会学习理论正式提出，该理论认为个体的行为受到个体认知与社会环境的影响（Bandura，2001）。社会认知理论主要研究人的社会认知，即个体对社会客体和现象以及对社会关系的综合感知和理解（李宇、王沛、孙连荣，2014）。

行为主义理论也是社会认知理论的基础之一。行为主义理论认为个体可以通过对环境的认知加工来影响自己的思想和行为，即环境决定行为，而社会认知理论认为个体也可以通过行为塑造环境。社会认知理论强调了人在环境中的积极建构作用，为解释团队中的个体行为提供了理论基础（汪曲、李燕萍，2107）。社会认知理论认为个体不是被动地面对、接受外部事物，而是主动地基于自己的知觉与思维形成某种认知结构，对自己或他人的心理与行为进行感知与判断，进而影响其行为方式（陈俊，2007）。

社会认知理论也能够解释个体的学习行为，个体的学习和发展被视为一种社会情景性活动，受个体所处环境影响，且在意义丰富的环境中得到加强（Bandura，2001）。社会认知理论还提出观察学习是个体形成思想和行动的主要方法。观察学习是个体通过观察榜样在一定情境中的行为，学习行为及其背后规则，并将其应用于自己所处的情景中。

社会认知是个体的社会行为产生的根源，团队所表现的创造力以团队的认知为基础，随着社会认知理论中"认知"概念由个体层面向团队层面扩展、迁移，对团队认知的研究日渐丰富（Mitchell et al.，2002），并表现出相较于个体认知更丰富的内涵。目前，有关团队认知的研究视角大致可分为 3 种：一是过程视角，学者们研究团队认知的交互过程，突出表现为交互记忆系统的相关研究。刘易斯（Lewis，2004）认为交互记忆系统描述的是一种基于分工的合作系统，可以在减轻团队成员的认知负担的前提下，保证团队获取到不同专业领域的知识，团队整体的知识存量通过交互记忆系统得以扩充。二是状态视角，代表性概念是共享心智模式，共享心智模式是指某种认知结构被团队成员所共享拥有，表现为成员对团队任务、目标以及互动关系具有相似性的理解（Mitchell et al., 2002）。共享心智模式是一种团队层面的心理表征（Mohammed & Dumville, 2001）。三是能力视角，学者们关注团队认知和信息加工后表现出的认知涌现状态，代表性概念为团队认知能力。

在 3 种研究视角的基础上，进一步发展出团队互动认知理论，该理论关注个体在团队交互和活动中形成集合性认知的互动和生成过程（Marks, Mathieu & Zaccaro, 2001）。团队成员间互相交流、互相接近的行为被称为团队互动。团队内部存在互动关系的成员互为彼此的认知来源。团队认知互动理论强调团队成员间相互的知识协作而产生互依关系的过程。认知互动过程是成员间的信息交互和加工过程。团队认知是团队互动的结果，同时受到个体认知以及团队合成的认知元素的共同作用，个体认知元素既在独自发展变化，个体认知以及团队合成的认知元素之间又交互影响，形成团队认知。

库克等学者（Cooke et al., 2012）提出了分布式认知互动理论。该理论认为，认知分布于个体内、个体间、环境、文化、社会和时间等之中，其核心是团队认知是由团队成员通过沟通、协调形成相互关联的关系，并形成认知交互系统。分布式认知互动理论强调两个要素：认知的分布性和认知过程的互动性（吕洁、张钢，2013）。

分布式认知互动理论强调团队认知互动结果同时受到个体认知以及团队聚合的认知元素的共同作用。个体的认知能够在认知互动中得到延伸和联结，并聚合成拥有分布式特征的团队认知，即以分布式的知识为基础，通过团队互动加工过程，团队认知的最终输出结果表现为团队的认知涌现。在团队认知互动过程中，随着时间和团队任务的推移，团队认知是动态变化的（吕洁、张钢，2013）。

5.4 内外部网络交互下的团队学习对创造力的影响

在自组织理论框架下，自组织团队的创新活动是在团队成员间协作、共享、互动及分责的情况下开展的，但由于团队自有知识资源有限且缺乏新颖性，需要外部知识资源的加持才能有效促进自组织系统产生熵变，促进自组织团队向有序、健康的方向演化，不断提升创造力。隋硕（2019）通过研究企业创新团队的自组织演化过程，发现自组织演化的主要动力是自组织团队成员间的互动及团队与外部环境的资源交换，该主要动力也是团队顺利开展创造性活动的关键。

作为意义建构主体，自组织团队成员不仅具有独立的知识结构，还可主动进行意义建构，通过与外界进行互动获取新颖且异质性的知识资源。一方面，每个团队成员的互动空间及意义建构活动不仅有助于促进团队成员间的知识互动，还有助于加强团队成员与外部的知识联系，为团队成员深度参与学习活动提供了有利条件。另一方面，自组织团队成员的平等性有助于推动团队成员间进行知识交流活动及经验外化活动，这也直接导致了自组织团队学习的突显性。学者林恩、斯科夫和阿贝尔（Lynn，Skov & Abel，1999）在其研究中指出，团队创新活动是将团队内外部知识资源进行重新组合的过程，这一过程中的关键机制便是团队学习。团队成员通过学习将获得多种意见，拥有更广泛的经验和知识，为找到创新性解决方案提供了保障（Jeong & Shin，2019）。可见，团队学习是团队提升创造力的关键过程。

大量研究对团队学习的概念进行了界定，虽然研究视角与出发点各有不同，但大致可以分为行为、结果、过程与认知4个视角。行为视角主要将团队学习视为一种具体行为，并着重探究学习行为的变化，如安德烈斯和希普斯（Andres & Shipps，2010）认为，团队学习是团队内提出想法、交换想法、优化想法及达成共识等一系列行为的组合。结果视角主要将团队学习视为一种绩效产出，如团队绩效无变化意味着团队内部没有发生学习行为（Cook & Yanow，2011）。过程视角主要将团队学习视为由一系列环节（如交流、反思等）组成的过程，如赵娟和张炜（2015）将团队学习定义为团队成员不断获取相应知识并为特定目的充分利用知识，在正式和非正式沟通中整合观点并反思，基于所获取的知识改进行为，促进团队健康发展的过程。认知视角主要关注学习过程中涉及的认知过程，如团队学习是团队成员间进行互动交流从而获得一致认知的过程（Ellis et al.，2003）。

在综合现有研究的基础上，本研究认为，团队学习是一系列行为和过程之下的认知互动与认知改变。在之前的研究中，团队学习既包括团队成员之间的相互协作学习，也包括团队成员的个人自主学习（桑新民，2005；赵娟、张炜，2015）。一方面，相互协作学习有助于团队成员获得较为全面的团队任务相关技能和知识，为团队创造力的提升创造了有利条件（王雁飞、杨怡，2012）；另一方面，个体自主学习，即透过团队中知识市场机制的构成，可以使团队成员在团队内外部学习自身所需知识。从分布式认知互动角度来看，不管是相互协作学习还是个体自主学习均是学习的重要组成部分，尤其对团队成员来说，其学习活动不仅需要自身实施自主学习，还需要参与团队成员间的社会性合作学习活动。基于此，本研究认为，团队学习不仅包括团队成员的自主学习，还包括团队成员间的互动学习。对自组织团队而言，在个体层面，主要表现为个人自主学习；在团队层面，主要表现为成员间的自主互动学习，这两类学习均会引发团队认知的改变与提升。

"学习空间"理论认为，团队学习是团队成员作为空间网络的节点不断整合创新的过程，而内部网络和外部网络则构成了学习的内外空间（周长辉、曹英慧，2011）。从团队内外部网络交互的实践看，团队内外部网络是一个立体交错的空间（杨皎平、金彦龙、戴万亮，2012）。一方面，团队在内部空间中进行的资源信息交换为团队创新奠定了基础（Cohen & Levinthal，1990）；另一方面，团队通过外部空间与其他组织交换资源信息，提高创造能力。郝敬习、王黎萤和王佳敏（2015）发现内外部空间的互动与协同能够极大地推动企业创新。隋硕（2019）通过研究企业创新团队的自组织演化过程，也发现自组织演化的主要动力是团队成员的互动及团队与外部环境的资源交换，该主要动力也是团队顺利开展创造性活动的关键。同样地，团队内外部网络构建出的内外部空间的互动与协同也是推动团队创造力提高的重要力量。团队同时建立起广泛而有效的内外部关系网络，能够加强团队成员主动发现外部信息与知识的能力，促进外部资源的内部吸收和共享以及知识资本的形成，从而提高创新能力（Cohen & Levinthal，1990；禹海慧，2015）。因此，外部知识网络与内部社会网络的协同将会促进团队内外部知识资源的交流及互动。大量的内外部知识由成员在内外部网络中通过互动学习、自主学习获取，并通过团队成员的思想交流和观点碰撞形成知识的聚合与裂变，从而激发知识的创造，提高团队创造力（见图 5-3）。

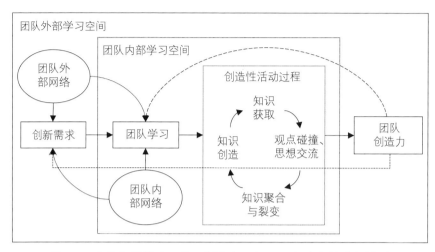

图 5-3　内外部网络交互作用提高自组织团队创造力的路径模型

5.5　主效应理论框架

结合研究小组对自组织团队的现实观察和网络视角下自组织团队创造力的分析，借鉴保卢斯和津多莱特（2008）的团队创造力模型，本研究认为自组织团队内部社会网络与外部知识网络为团队创造力的发生提供了有利环境，即团队创造力受到团队内部社会网络与团队外部知识网络两大输入因素的共同影响。此外，该模型指出团队输入因素需要经过一定的团队过程才能提升团队创造力。本研究引入团队学习这一重要的团队过程作为中介变量，构建了以团队社会内部网络特征（去中心化、互动强度及信任）、外部知识网络利用程度为自变量，团队成员个人自主学习（非正式学习）与互动学习（互惠替代学习）为中介变量，团队创造力为结果变量的概念模型，以解决在团队内外部网络影响下自组织团队创造力形成机制这一关键的研究问题。

5.5.1 团队内外部网络对自组织团队创造力的影响

借鉴已有研究成果及保卢斯和津多莱特的团队创造力模型，本研究认为自组织团队内外部网络为团队创造力的形成提供了有利条件。保卢斯和津多莱特的团队创造力模型主张团队创造力受到团队内部网络与团队外部环境两大类输入因素的共同影响，其中团队内部网络包括 3 个组成部分：团队成员变量、团队结构变量及团队氛围变量；团队外部环境是指组织环境等因素。除了具有一般团队大多具有的特征（如人数适中、互补技能、共同目标、共同方法、相互承担责任），自组织团队还具有一些突出特征，如结构上的去中心化、高互动强度、关系上的高密度信任等，为团队创造力形成过程注入了额外的活力。

就团队内部网络来说，首先，自组织团队具有去中心化或者多中心的网络结构，自组织团队对成员进行开放式管理，鼓励团队成员自我管理、改变思维模式和大胆创新。在去中心化的自组织团队中，团队成员之间地位平等，每个团队成员都因自己所拥有的知识、技能以及创见而在团队内部有个人影响力，这在很大程度上会激发团队成员的创造性内在动机。与此同时，团队成员之间频繁而平等的相互作用也会推动群体智慧的涌现。因为涌现产生的前提是平等。其次，团队内部网络的互动强度能够推动团队创造力的形成。研究表明，员工知识的 70% 来自团体成员的交流和沟通，而知识库和知识管理系统所占的比例较小（杨玉兵、胡汉辉，2008）。自组织团队成员间较高的亲密程度、互动强度保证了成员间广泛而深刻的交流，信息与知识在成员间广泛而迅速的传播，会激发新的信息与知识的生成，使整体具有部分简单加和所不具备的功能与特性，从而形成团队创造力。最后，自组织团队的坦诚性在团队内部表现为高密度的信任网络。充分的信任对团队成员来说是无阻碍的信息沟通，有助于团队成员充分发挥各自的专长，实现高水平的协同效应。团队成员间的信任水平越高，网络关系质量越高（周密、赵西萍、司训练，2009）。成员之间的信任程度影响员工之间知识转移的频率，而知识交换双方的不信任是知识传播的主要障碍之一（Szulanski，1996）。建立相互信任和相互支持的内部价值体系，加强团队互动的整体开放性，建立基于互惠和平等规范的义务和期望模型，有助于增加组织成员共享知识资源的动机和机会。与其他团队相比，自组织团队成员间有较高的默契，保持高水平的信任关系，这有助于团队成员充分发挥各自专长，实现高水平的协同效应，从而促进团队创造力的形成。综上，自组织团队内部社会网络的去中心化、高互动强度及充分的信任等特征为创新动机、创新管理技能及任务领域资源的交换提供了有利的温床。

就团队外部环境来说，自组织团队作为一个开放系统，不断与外部发生能量、信息的交换，有助于团队创造过程的运作，如自组织团队外部知识网络的利用能为团队创新过程带来新颖且异质性的信息及知识。一个团队不可能拥有创新所需的全部知识，因此需要从外部寻求新知识源以弥补内部知识有限的局限性。相比于一般团队，自组织团队受到的外部控制较少，相应地获得的外部支持也会减少，在此种情况下团队成员收集和整合所有资源以完成任务的动机更强，更有可能产生跨境知识搜索行为。此外，由于自组织团队的高度开放性，团队成员更有可能吸收团队外部分散的知识元素。彭灿和李金蹊（2011）发现，团队从外部发现、选择和获取的知识对团队现有知识存量有直接影响。团队从外部获得的有效知识和关键知识越多，执行、提升和反思的效率就越高，从而对团队的创新能力产生一定影响。当外部知识网络的利用率增加时，团队可能会接触到更多的异构知识资源，获得适当的信息来解决新的、具有挑战性的问题，即外部知识网络可以为团队创新过程带来新的、异质性的信息和知识。这有助于团队创新流程的运作。综上，团队外部知识网络为自组织团队创造力的产生提供了丰富的知识资源支持。本研究选择自组织团队的外部知识网络利用作为衡量团队外部知识网络的指标。

5.5.2 团队学习的中介作用

除了团队内外部输入因素对团队创造力的直接影响，保卢斯和津多莱特（2008）的团队创造力模型还主张团队内外部输入因素需要经过一定的过程才能有效地转化为团队创造力。而团队创造力是将团队内外部甚至组织外部的知识按照一定原则重新组合的过程，其关键机制是团队学习（Lynn，Skov & Abel，1999）。通过参与团队学习，团队成员能够获得多种观点及看法，积累更广泛的经验和知识，参与寻找更好或更有效的处理问题的方法，从而形成更强的创造力（Jeong & Shin，2019）。团队学习是一系列行为和过程之下的认知互动与认知改变，既包括团队成员个体认知改变的过程即个体自主学习，也包括团队成员认知交互形成的互动学习。借鉴已有研究，本研究采用非正式学习，即发生在团队成员内部的、有意识的、自我主导的单向、独立的观察及模仿（Wolfson et al.，2018）来测量团队成员的自主学习，采用互惠替代学习［从彼此的经验和知识中学习，相互反思经验，发展共享的抽象理解，并合作"尝试"这种理解的可能解释和应用（Myers，2021）］来测量团队成员间的互动学习。综上，本研究拟引入非正式学习与互惠替代学习作为中介变量。

自组织团队的内外部网络为团队提供各种信息和资源，这些资源只有在进行加工、处理之后才能真正发挥价值，而团队学习恰好就有对信息的加工处理功能，即自组织团队内外部网络对团队创造力所产生的影响能够通过团队学习这一过程来实现。正如上文提到的"学习空间"理论所指出的那样，团队成员作为空间网络节点能够不断整合知识资源，一方面从内部空间中进行知识资源的交换，另一方面从外部空间中获取新颖的、异质性的知识。

鉴于此，本研究认为自组织团队内外部网络构建出的内外空间的互动与协同是推动团队学习（包括非正式学习与互惠替代学习）的重要力量并能够进一步影响团队创造力。具体而言，从团队内部网络的视角来看，首先，自组织团队非正式权力分布程度较高，网络去中心化水平较高，资源较为均衡地分布在各成员之间，减少了成员间知识流动的阻碍，成员间更易形成相互依赖的关系，亦有益于成员间的相互学习。而团队学习则有助于团队内部知识的共享以及优化内部共享知识的质量。通过团队成员之间的相互学习，新想法将相互碰撞，有助于产生更多的问题解决思路，团队创造力将大大提高（Shin，Jeong & Bae，2018）。其次，自组织团队内部互动强度高，成员之间联系密切，有助于促进知识的交流和共享，这种知识的交流和共享将促进团队学习。团队成员的互动将导致团队内部知识资源的交流及释放（Messmann & Mulder，2015），重构知识体系，形成新的思想和观点，最终促进创新成果的实现。最后，与其他团队相比，自组织团队成员具有更高的默契。团队成员之间的高水平信任关系有利于团队成员接受新知识，提高知识吸收能力（唐朝永、陈万明、彭灿，2014），为团队创造力的提升带来更多可能性。此外，从团队外部网络的角度来看，外部知识网络为团队提供了更丰富的知识资源，并触发团队成员从更全面的角度思考问题。同时，不同信息类别之间拥有各自差异化的专长领域，通过增加信息的广度促进团队学习（陈帅、王端旭，2016）。团队学习使得团队通过从外部网络获取的、多元化的知识和差异化的观点变得可用性更强。

将内外部网络整合起来看，自组织团队同时建立起广泛有效的内外部关系网络，能够加强团队成员主动发现外部信息与知识的能力，促进外部资源的内部吸收和共享以及知识资本的形成，推动团队成员对外部知识的学习，也触发在团队内部对新观念及新知识进一步相互交换、相互碰撞的团队学习（Cohen & Levinthal，1990；禹海慧，2015）。作为十分重要的团队过程，团队学习能够将知识进行有效加工并转化为有用的输出（赵娟、张炜，2015）。通过参与团队学习，团队成员可以获得各种视角和观点，积累更广泛的经验和知识，并参与寻找更好或更有效的方法来处理问题，从而形成更多创造力（Jeong & Shin，2019）。简而言之，团队的外部知识网络和内部社会网络均会影响团队对各种信息和知识的获取，但是信息和知识本身并不能直接转化为团队创造力，只有当团队通过自主学习和互动学习对所获取的信息和知识进行吸收、提炼和再创造，并在实践中加以应用时，才能将其转化为团队创造力。

5.5.3　主效应模型与子研究

综上，本研究提出了一个关键的研究问题，即在团队内外部网络交互影响下的自组织团队创造力形成机制。在这一问题的引导下，本研究构建了一个理论概念模型即主效应模型（见图 5-4），团队去中心化、内部信任网络（情感信任、认知信任）、互动强度与外部知识网络利用分别作为团队内外部输入因素，非正式学习、互惠替代学习作为团队过程，自组织团队创造力作为输出结果。为了检验该理论概念模型，本研究开展了 3 个子研究。具体来说，子研究一探讨了团队去中心化与外部知识网络利用通过团队学习（非正式学习、互惠替代学习）对自组织团队创造力的影响；子研究二探讨了互动强度与外部知识网络利用通过团队学习（非正式学习、互惠替代学习）对自组织团队创造力的影响；子研究三探讨了内部信任网络与外部知识网络利用通过团队学习（非正式学习、互惠替代学习）对自组织团队创造力的影响。通过 3 个子研究，本研究整合了两类重要但以往常常被孤立探究的团队输入因素，推动了团队内外部网络交互作用下的自组织团队创造力研究。此外，虽然现有研究针对团队学习对自组织团队创造力的显著影响达成了共识，但并未细致区分团队学习活动这种复杂社会现象的具体内容。本研究结合认知过程与社交过程，着重探究了自组织团队成员自我导向的非正式学习与团队成员间双向的互惠替代学习在团队输入因素与自组织团队创造力间的中介作用，有助于从微观层面理解团队学习视角下团队内外部社会网络如何影响自组织团队创造力。

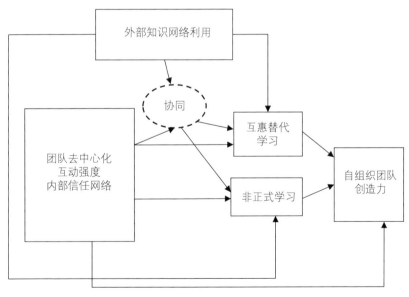

图 5-4　主效应模型

第 6 章

网络去中心化对自组织团队
创造力的影响

6.1 网络去中心化与团队创造力

在网络视角下的创造力相关研究中，团队内部领导力及团队外部知识网络得到了较多的关注（Ali, Wang & Johnson, 2020; He et al., 2020; Qu & Liu, 2017）。有研究表明，团队领导往往对团队决策及行为起决定性作用（Ali, Wang & Johnson, 2020）。传统团队一般都有明显的中心性，通常会由团队领导对整个团队进行组织与管理，因而团队领导很容易形成单一的网络中心。而自组织团队作为一种分权式网络型组织结构，通常没有中央控制，是去中心化的团队（郝丽风、李晓庆，2012）。团队网络去中心化程度越高，就意味着团队成员间的关系越紧密且结构越扁平，紧密的关系有助于团队成员交流知识及经验，扁平化的结构则强化了团队成员的自主权（Rulke & Galaskiewicz, 2000）。借鉴已有的团队相关研究（Bunderson et al., 2016），结合自组织团队的特征，本研究拟探究自组织团队网络去中心化对团队创造力的影响。与此同时，由于自组织团队受到的外部控制较少，相应地获得的外部支持也会减少，团队成员有更强的动机去搜集和整合一切资源完成任务，因而更容易产生跨边界知识搜寻行为，且自组织团队开放性较强，团队成员有更多可能性接触团队外部分散的知识元素，从而带来更频繁和更广泛的外部知识联络。已有研究指出，外部知识网络能够带来差异化的知识资源和信息（黄琼雅，2015）。对外部知识网络的利用水平越高，团队成员对组织内团队外与组织外的相关知识的获取水平越高。虽然自组织团队网络去中心化有助于激活和整合分散在各团队成员头脑中的知识与经验，但现实情况是团队并不总是拥有完成工作任务所需的所有知识和信息，团队在很大程度上需要依赖外部知识资源（Faraj & Sproull，2000）。因此，主张自组织团队网络去中心化与外部知识网络利用会交互影响团队过程及自组织团队创造力。

基于 IPO 模型提出的团队创造力模型指出，认知过程、社会过程是连接团队输入因素与团队输出结果的重要团队过程，是团队创造力产生的关键中介机制（Paulus & Dzindolet，2008）。认知过程涉及团队成员通过关注他人的想法，结合和阐述先前的想法来产生解决方案的过程。社会过程则包括团队成员分享产生的想法、交换信息、协作解决问题、讨论各种观点以及参与社会比较（Paulus & Dzindolet，2008）。作为一种有意识的过程，团队学习不仅涉及个体对外部信息的注意、组织及解释等认知环节，还包括在与示范者互动过程中的协作、交换等社会环节（Lehmann-Willenbrock，2017）。从分布式认知角度来看，自主学习策略与合作学习策略均是学习的应有之义。这是因为学习既离不开学习者个体的自主学习，也需要社会性的合作学习（邵朝友、韩文杰、杨宇凡，2020）。社会学习理论也指出，不管是团队成员自身的自主学习还是团队成员间的互动学习，均是对信息进行加工及强化的综合过程（Bandura，1986）。因此，本研究拟引入可以表示团队成员自主学习的非正式学习及表示团队成员间互动学习的互惠替代学习分别作为中介变量。

综上，在团队创造力模型的基础上，结合社会认知与社会学习理论，本研究认为自组织团队网络去中心化与外部知识网络利用的交互效应通过非正式学习与互惠替代学习对团队创造力产生影响作用，研究模型如图 6-1 所示。本研究旨在做出以下理论贡献：（1）整合自组织团队内外部网络，探究自组织团队网络去中心化与外部知识网络利用的交互效应。社会认知理论指出，学习并不是在真空中发生的，受到多重因素的影响（Bandura，1986）。众多学者已关注到团队网络结构与外部知识网络对团队过程的特定影响作用，但忽略了二者的交互效应。本研究有助于为团队过程的影响因素研究提供更为真实且全面的认识视角。（2）本研究选择非正式学习作为中介变量来揭示内外部网络对团队创造力的作用机制。近年来，越来越多的学者关注个体非正式学习对创造力的影响作用，但鲜有研究探讨团队非正式学习在团队输入与团队输出间的重要连接作用。本研究能够作为有益补充。（3）本研究选择互惠替代学习作为另一个核心中介变量来解释内外部网络对团队创造力的作用机制，不仅有助于丰富团队内外部网络与互

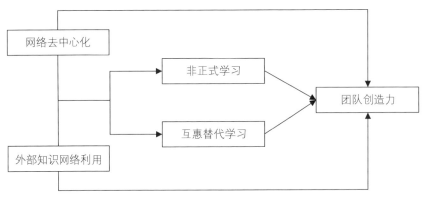

图 6-1　研究模型

惠替代学习之间关系的研究，还能够帮助现有研究全面理解互惠替代学习在团队内外部网络与团队创造力之间扮演的角色。（4）从研究对象上来看，自组织团队作为越来越盛行的一种团队类型，其创造力的影响因素及作用路径也有其特殊性，因而可以纵深拓展团队创造力的研究视野，同时丰富自组织团队创造力的研究。

6.2 网络去中心化影响自组织团队创造力的机理

6.2.1 内部网络去中心化、外部网络与团队创造力

自组织团队通常不存在明显的控制中心，团队成员之间构成的社会网络具有去中心化结构，团队成员之间产生动态的、相互的影响过程，团队的领导职责广泛地分布于团队成员之间，即共享领导。团队网络去中心化水平越高意味着团队成员共享领导力（影响力）的程度越高（Rulke & Galaskiewicz，2000）。现有研究表明，共享领导力对团队绩效有直接的影响关系，与团队有效性呈正向相关关系（Nicolaides，2014），能够显著地促进团队创造力的提升（王亮、牛雄鹰、石冠峰，2017）。自组织团队创造了一个所有成员相互影响、鼓励和接受的环境，其网络去中心化的特征对团队创造力具有潜在的积极影响。首先，团队网络去中心化为团队成员营造了以自主为特征的团队环境，有助于团队成员更好地利用自己的影响力提升团队绩效（Lyndon，Pandey & Navare，2020）。团队成员在追求共同目标的过程中互相影响、共同领导，在这一过程中，团队成员获得了一定程度的自主权、控制权以及他们的贡献将受到重视的感觉，也收获了发展

创新理念的必要决策空间（Janssen & Van Yperen，2004）。其次，共享领导力意味着责任分担，主人翁精神和责任感使得所有成员将团队作为一个影响力实体进行评估（Muethel，Gehrlein & Hoegl，2012）。在责任分担的环境中，由于对团队目标承诺和对团队绩效所有权的增加，团队成员可能会在产生创造性想法方面付出更多的额外努力（Carson，Tesluk & Marrone，2007）。不仅如此，自组织团队的集体使命促使团队成员相互补充能力。通过这种协调一致的相互影响过程，网络去中心化有助于培养整个团队应对工作挑战的信心，从而激励团队成员为困难和复杂的团队任务提供创造性的解决方案。最后，团队网络去中心化有助于团队成员利用来自不同团队成员的各种观点和想法，培养更多的创造力资源。坚实而扁平的社会网络为任务相关的交流和信息交换提供了机会（Rulke & Galaskiewicz，2000）。团队网络去中心化水平越高意味着团队成员认可并欣赏彼此知识及独特专长的程度越高，也能够鼓励他们分享自己的想法和观点，从而有助于在团队成员之间实现开放、自由的想法分享以及口头和行为表达（Drescher et al.，2014），促进新见解和创意的产生（Amabile，1996；Perry-Smith & Shalley，2003）。实际上，从团队创造力的定义来看，团队创造力在本质上具有协同性，是团队成员互动和相互影响的产物（Grosser，Madjar & Perry-Smith，2014）。去中心化的网络结构通过塑造自主、协同的团队环境，能够提供特定领域知识，推动创造性思维过程，协助想法评估以促进团队创造力（Ali，Wang & Johnson，2020）。综上，本研究提出以下假设。

假设 6.1：自组织团队网络去中心化能够正向促进团队创造力。

知识基础理论强调知识创造以及知识应用对于组织创新的重要性。知识网络中的关系记录了技术知识要素及以往创新过程中知识要素的应用，它不仅是潜在的知识流动渠道，还会影响未来知识要素的结合、重组与创造（Guan & Liu，2016；Phelps，Heidl & Wadhwa，2012；Yan & Guan，2018）。随着学者们越来越多地认识到外部知识资源对团队的重要影响，关于知识网络的研究不再只局限于对团队内部知识网络的探讨，也开始关注团队外部知识网络的作用。团队外部知识网络利用既包括本地知识网络利用（即团队成员与团队外组织内联系较为密切或知识相近的成员交流知识），也包括远程知识网络利用（即团队成员与组织外联系较少的或知识存在较大差异的成员交流知识）。其中，本地知识网络中的知识与团队既有知识相关程度较高，远程知识网络中的知识与团队既有知识的相关程度较低（黄琼雅，2015）。

外部知识网络利用水平越高意味着团队成员从组织内团队外与组织外获取的相关知识越多。一方面，与外部群体中不同的人进行频繁交流的团队有更多的机会获得外部群体的实际和潜在知识及其他资源（Hansen，1999；Tsai，2001），这些外部联系往往是非冗余的，因此可以提供多样化的、新颖的和多视角的知识。这些知识资源不仅可以替代团队当前过时或不适当的认知和 / 或解释框架，提升团队的知识柔性，避免团队思维模式固化，还有可能直接为团队带来创造性的预备想法。另一方面，团队外部知识网络利用为团队提供了更为丰富的知识资源和新颖的思想观点（Inkpen & Tsang，2005），使得团队成员能够获取和结合外部的各种分散知识，而创新正是这些可获取的分散知识的重新组合（Ahuja，2000）。不同领域的知识或者同一知识领域的不同解决方法均会让团队了解到不同于以往的问题解决方式、技术技能等。来自外部的知识网络可以为团队提供不同的观点和方法，促进团队成员形成与创造性高度相关的发散性思维和灵活性思考，从而提高团队创造性解决问题的能力（倪旭东、薛宪方，2014）。因此，建立起广泛、有效的外部关系网络能够提高自团队成员主动发现外部信息与知识的能力，促进外部资源的内部吸收和共享以及知识资本的形成，从而提高团队创造力（Cohen & Levinthal，1990；禹海慧，2015）。综上，本研究认为，自组织团队外部知识网络利用通过为团队提供非冗余的多样化知识资源、促进新旧知识资源的重组、整合与开发为团队创造力的提升提供助力。因此，本研究提出以下假设。

假设 6.2：自组织团队外部知识网络利用能够正向促进团队创造力。

6.2.2 内部网络去中心化、外部知识网络利用对非正式学习与互惠替代学习的交互效应

去中心化的自组织团队内部网络有助于团队成员之间进行资源互动及交换，激发团队成员的内在动机（Carson，Tesluk & Marrone，2007），而自组织团队外部知识网络利用则能够为团队成员带来新颖的知识及信息（Ahuja，2000），二者均会对团队创造力产生积极的影响。除此之外，基于团队创造力模型（Paulus & Dzindolet，2008）可知，自组织团队网络去中心化及外部知识网络利用作为团队内部及外部输入因素，对团队过程也具有较大的影响。周长辉和曹英慧（2011）在其研究中指出，团队内外部社会网络共同构成了学习的内外空间，一方面团队外部社会网络提供了新颖的信息、知识及技能等资源，另一方面团队内部社会网络为信息、知识技能等资源的互动、交换、吸收、加工、整合、转化及创新等提供了有利空间。因此，本研究认为，自组织团队网络去中心化与外部知识网络利用为团队学习提供了有益的内外部学习空间。

根据社会学习理论，决定学习过程的因素包括示范者、学习者与学习情景。自组织团队中的成员彼此既是学习者也是示范者，那些权力大、能

力强的个体更有可能成为团队成员学习的示范者，而学习者自身的动机、信心及能力在很大程度上决定着学习过程，团队外部知识的丰富性及可获得性是影响学习的重要学习情景之一（Bandura，1986；2001）。团队网络去中心化影响着团队成员的学习动机及对示范者的选择。当团队网络去中心化水平较高时，一方面团队成员间的互动关系紧密，团队内部学习资源的交流及分享更加密集且顺畅；另一方面团队成员间共享影响力激发了团队成员的主人翁精神和责任感，赋予他们信心及动力以开放的态度参与学习（Carson，Tesluk & Marrone，2007）。此外，外部知识网络构成了团队成员学习的重要学习情景，较高的外部知识网络利用水平意味着团队成员能够获得并利用丰富的外部知识资源（Ahuja，2000；黄琼雅，2015）。

基于团队创造力模型与社会学习理论，本研究认为自组织团队网络去中心化与外部知识网络利用对团队成员个人自主学习（非正式学习）与团队成员互动学习（互惠替代学习）同时发挥着不可小觑的作用。非正式学习是个体在工作环境中通过接触并理解他人经验及成果并从中获得意义而产生的个人学习（Wolfson et al.，2018）。相关研究指出学习资源及学习动机对非正式学习具有重要影响作用（Wolfson et al.，2018）。与此不同，互惠替代学习是双向互动学习，在学习关系中个体同时扮演着知识贡献者与知识接收者的角色。互惠替代学习强调个体在学习关系中相互给予和接受知识，指出每个个体在与他人的话语互动中共同构建对知识与经验的理解，其中学习内容源于个体在互动对话中对知识及经验的联合处理（Myers，2018）。有研究在互动替代学习理论基础上，提出互动关系及学习资源是互惠替代学习的重要影响因素（Myers，2021）。

从自组织团队的特征来看，首先，团队网络去中心化程度越高，意味着团队成员间的互动越紧密，团队成员的关系结构越扁平（Rulke &

Galaskiewicz, 2000）。在网络去中心化的自组织团队中，团队成员共享影响力。网络去中心化带来的自主权及影响力共享会激励创业团队成员在创业任务上更具创造性和反思性（Siemsen et al., 2009）。通过共同承担责任及扮演一定的角色，团队成员必须影响其他人以实现他们提出的目标并处理具有挑战性的工作问题（Carson, Tesluk & Marrone, 2007），这些经验可以增强团队成员的信心，使他们能够获得新的知识和技能以解决问题。事实上，先前的研究表明，共享领导环境有助于团队成员形成自我发展和自我学习行为（Liu et al., 2014），为创造力提供素材。其次，自组织团队较高水平的网络去中心化代表着团队成员关系结构的扁平化程度较高，共享影响力层级的邻近性带来学习互动的参与度。西姆森（Siemsen et al., 2009）收集的数据表明，绝大多数知识共享事件发生在同一层次结构级别。扁平化的层次结构、共享影响力意味着共同领导与共担责任，这有助于个体在社会互动过程中互相考虑对方的观点及意见，对经验的意义形成一种突发的、共同的理解，并相应地形成对行动的共同期望。最后，紧密的关系结构为团队成员提供了识别示范者的便利条件及更多的学习机会。在团队成员的交流过程中，团队成员间不只是交换学习信息、知识和经验，而是共同触发认知过程和行为学习过程，相互反思，发展抽象理解（Schürmann & Beausaert, 2016）。从上述分析中可知，自组织团队网络去中心化能够为团队成员提供优质的共享领导环境，强化学习动机与参与度，从而促进团队成员的非正式学习与互惠替代学习行为。

同时，较高水平的外部知识网络利用意味着自组织团队在创造、保留和转移多样化知识方面具有丰富的机会，能够在外部市场及技术快速变化的不利条件下有效地提升团队知识库的时效性（Chuang, Jackson & Jiang, 2016）。自组织团队成员通过积极参与外部知识的自由交流，不仅能够从这些社会互动过程中获得新的信息、知识和技能，同时还会学到不同的思维方式与问题解决路径，所有这些都为自组织团队提供了丰厚的学习资源，促使团队及其成员不断审视自身既有知识内容及相关不足并主动学习。同时，自组织团队通过与团队外组织内或组织外的个体或单位建立跨越边界的关系，可以获取嵌入在其他个体或单位中的各种知识，从而有机会对所获新知识与自身已有知识进行重组、整合与加工。这不仅有助于提升团队对现有机会的感知，还能够产生更多备选方案。更多的感知机会和备选方案加速了与学习相关的解释过程等，也为团队成员在交流中共同构建理解提供了条件，进而促进团队非正式学习与互惠替代学习（Baker，Grinstein & Harmancioglu，2016）。

本研究认为自组织团队的网络去中心化与外部知识网络利用对非正式学习、互惠替代学习具有交互效应。高水平的网络去中心化带来的高质量互动关系为自组织团队交换及加工学习资源创造了有利条件，共享影响力也有助于激发团队成员的内在动机。而高水平的外部知识网络利用则提供了丰富的外部学习资源。网络去中心化带来的内在动机与高质量互动关系能够有效地将丰富的外部学习资源转化为团队学习资源，网络去中心化与外部知识网络利用相辅相成共同促进团队非正式学习及互惠替代学习。相比之下，较低水平的网络去中心化与外部知识网络利用无法为团队学习提供丰富的学习资源及条件。具体来说，当网络去中心化水平较低时，团队成员之间的影响力分布呈两极分化，一方面影响力掌握在少数成员手中会导致团队内部可供学习的示范者较少，在很大程度上会阻碍团队成员进行平等互动，难以做到互相考虑对方的观点及意见进而对经验的意义形成一种共同的理解；另一方面较低的影响力不利于团队成员产生主动学习的意愿及动机。在此情况下，团队成员欠缺学习动机及高质量互动，即便是外部知识网络利用带来丰富的知识资源，也难以进行有效学习。此外，较低水平的外部知识网络利用意味着团队成员难以获得并利用团队外部知识资源。在自组织团队知识资源匮乏的情况下，即便团队的网络去中心化水平较高，团队成员具有较强的内在动机及高质量的互动关系，也难以促进非正式学习与互惠替代学习。因此，本研究提出以下假设。

假设 6.3：自组织团队的网络去中心化与外部知识网络利用对非正式学习具有正向的交互作用，即当网络去中心化水平较高时，外部知识网络利用与非正式学习间的正向关系更强。当外部知识网络利用水平较高时，网络去中心化与非正式学习间的正向关系更强。

假设 6.4：自组织团队的网络去中心化与外部知识网络利用对互惠替代学习具有正向的交互作用，即当网络去中心化水平较高时，外部知识网络利用与互惠替代学习间的正向关系更强。当外部知识网络利用水平较高时，网络去中心化与互惠替代学习间的正向关系更强。

6.2.3 非正式学习与互惠替代学习的中介作用

在分析网络去中心化与外部知识网络利用的交互效应对团队非正式学习及互惠替代学习影响作用的基础上，基于团队创造力模型，本研究进一步分析自组织团队学习（非正式学习、互惠替代学习）对团队创造力的影响，以及自组织团队的网络去中心化及外部知识网络利用如何通过团队学习影响团队创造力。

其一，非正式学习对团队创造力具有积极影响。团队成员通过在实践、反思中学习或在与他人的互动中学习他人的经验等，能够获得广泛的知识及信息来源（Wolfson et al.，2018）。这有助于发展及深化团队成员的能力，帮助其学习新的知识及技能，而知识的积累有助于团队成员产生更多新颖、独特的想法。哈里森和劳斯（Harrison & Rouse，2015）在其研究中曾指出创新工作者能够在反馈交流互动过程中拓展创新问题的解决空间。向他人学习，除了能够获取增量知识，还能通过对自身想法的反思与寻求反馈等行为修正自身想法的不足，提升想法的可行性及创新性，从而激发团队创造力（Hoch，2013）。皮罗拉 - 梅洛和曼（2004）的研究表明，团队成员在团队学习活动过程中能够有效地提升自身创造力并将其转化为团队创造力。由此，本研究认为非正式学习是将团队成员的知识和创造力转化为团队创造力的关键催化剂。

其二，互惠替代学习对团队创造力具有促进作用。首先，互惠替代学习聚焦于每个个体在相互替代学习中理解他人的知识及经验的过程。高水平的互惠替代学习意味着团队成员进行了深度交互学习，这有助于团队成员熟知彼此的知识技能及工作经验，进而更有效地整合创新所需知识（Myers，2018；2021）。迈尔斯（Myers，2018；2021）在其研究中指出，在互惠替代学习关系中，每个成员均能发展对他人知识及技能的理解，这为团队提供了一个强大的专业知识地图。其次，在互惠替代学习关系中，经验和知识的相互分享不仅能够拓展彼此的相关知识领域和创造力相关技能，还能提高有限创意元素重复组合的效率及对潜在相互联系的深刻理解（Katila & Ahuja，2002），进而通过提高团队中共享想法的质量来激发团队创造力（Hoch，2013）。最后，互惠替代学习过程中相互激发反思重构的过程能够带来创新性想法的进步循环，进而带来团队创造力的提升。高水平的互惠替代学习关系也有助于成员间产生较强的信任感与亲密感，允许团队成员毫无保留地分享知识及经验，畅所欲言，对共享的想法进行更多的对话及比较分析，通过反复讨论与信息交流不断地发展对共享想法的理解，激发新的想法（Myers，2018；2021）。互惠替代学习的典型信息深化加工过程能够有效地促进团队创造力。

综上所述，自组织团队高水平的网络去中心化与外部知识网络利用通过营造共享氛围、强化团队成员的内在动机、塑造高质量的互动交流、提供丰富的知识资源来有效地促进团队学习过程。自组织团队成员的内在动机及丰富的知识资源是团队非正式学习的重要前提条件。而自组织团队高质量的互动关系及丰富的知识资源也为互惠替代学习的发生提供了温床。进一步说，团队通过学习过程不断深化加工多样化的知识资源，可提高创意的质量，促进创意方案的实施，从而能够有效地促进团队创造力的形成。因此，本研究认为团队输入因素（自组织团队的网络去中心化与外部知识网络利用）通过团队学习过程（非正式学习、互惠替代学习）对团队输出（团队创造力）产生正向交互效应。进而，本研究提出以下假设。

假设 6.5：自组织团队的网络去中心化与外部知识网络利用通过非正式学习对团队创造力产生正向交互作用，即当网络去中心化水平较高时，外部知识网络利用通过非正式学习对团队创造力产生的积极作用更强。当外部知识网络利用水平较高时，网络去中心化通过非正式学习对团队创造力产生的积极作用更强。

假设 6.6：自组织团队网络去中心化与外部知识网络利用通过互惠替代学习对团队创造力产生正向交互作用，即当网络去中心化水平较高时，外部知识网络利用通过互惠替代学习对团队创造力产生的积极作用更强。当外部知识网络利用水平较高时，网络去中心化通过互惠替代学习对团队创造力产生的积极作用更强。

6.3 研究方法

6.3.1 数据收集

本研究采用问卷调查法，主要通过研究小组成员的企业关系网络进行数据收集，该取样方式能够获得多个不同行业企业的自组织团队数据，有助于提高研究结论的外部效度。在整个调研过程中，研究小组一共联系了 65 家企业，涉及约 300 个团队。通过对上述企业的董事长或总经理、人力资源总监以及部门负责人逐一进行调查访谈（线下或线上），详细了解了各企业团队的基本情况，例如团队类型、团队构成、团队规模、团队成员参与调研的意愿等，最终选择了 45 家企业的 155 个团队，选择的依据主要如下。第一，团队具有较高的自主权，公司给予团队充分授权，团队独立运作进行自我管理。这些团队的类型包括但不限于：阿米巴、自主经营体、敏捷团队、独立创业团队、企业内部独立核算的小业务团队以及内部创业团队。第二，这些团队成员的教育背景及专长技能存在一定差异性，且通常面临着新颖的业务挑战，要求他们利用和整合各自的知识与不同的经验。最终确定的样本团队来源企业分别属于能源、计算机、生物医药、跨境服务、金融及教育等行业。为保证问卷的回收率及质量，研究小组全程在现场指导下进行了半数以上团队的数据收集工作。虽然部分团队数据收集工作采用线上方式进行，但也是在研究小组成员充分了解企业及团队情况下进行的。此外，在问卷发放之前，研究小组成员首先在企业负责人或人力资源总监的帮助下与团队的上级领导取得联系，详细介绍了调查目的及问卷填答注意事项，并向其及团队成员强调了本次调研的保密性及真实填答的重要性。同时，问卷抬头中详细解释了调研目的与关键注意点，并提供了一定数额的红包或礼品作为谢礼。

样本获取程序如下：2019 年 8 月至 2020 年 6 月，研究人员分 3 个时点，每次间隔 5 个月进行问卷收集工作。为尊重并保护每位团队成员，每份问卷均有唯一编号，线下问卷由信封装订并由人力资源部门或本研究小组成员定向一对一发给相应团队成员，线上收集的问卷以团队为单位均设置了唯一链接或二维码并定向发给每位团队成员，无论线上线下均由本研究小组成员直接进行问卷回收。此外，在需要采用花名册方法进行数据收集的问题中，问卷中的名字均在保证团队成员可辨认的前提下进行了一定的掩饰处理（如李梅在问卷表中为李 M，林在晞在问卷表中为林 * 晞）。第一时点，研究人员向 45 家企业的 155 个团队发放问卷，其中 20 家企业采用线上电子问卷形式进行数据收集，25 家企业采用线下纸质版问卷形式进行数据收集。在该时点填答问卷时，155 个团队中的 672 名团队成员需汇报自身的人口统计学特征，并评价团队的网络去中心化与外部知识网络利用情况。问卷回收后，剔除答案呈明显规律或矛盾、答题时间异常、陷阱题填答错误、团队回复率低于 100% 等无效问卷，得到来自 44 家企业的 132 个团队的 531 份有效问卷。第二时点，研究人员向 44 家企业的 132 个团队发放问卷，其中 19 家企业采用线上电子问卷形式进行数据收集，25 家企业采用线下纸质版问卷形式进行数据收集。在该时点填答问卷时，132 个团队中的 531 名团队成员需要评价团队非正式学习与团队互惠替代学习情况。问卷回收后，剔除答案呈明显规律或矛盾、答题时间异常、陷阱题填答错误、团队回复率低于 100% 等无效问卷，得到来自 42 家企业的 110 个团队的 435 份有效问卷。第三时点，研究人员向 42 家企业的 110 个团队发放问卷，其中 17 家企业采用线上电子问卷形式进行数据收集，25 家企业采用线下纸质版问卷形式进行数据收集。在该时点填答问卷时，110 名团队上一层级的领导或者团队管理者（非团队成员）评价团队创造力。问卷回收后，剔除答案呈明显规律或矛盾、答题时间异常、陷阱题填答错误等无效问卷，最终获得 103 个团队的 103 位主管及 402 位团队成员的有效配对问卷，问卷回收有效率分别为 66.5% 和 59.8%。在有效样本中，42 个自组织团队的数据通过线上发放电子问卷方式获得，61 个自组织团队的数据通过线下发放纸质版问卷方式获得。考虑到不同的数据收集方式可能影响数据的一致性，鉴于此，本研究采用 Levene 检验方法对两种数据收集方式获取的样本的团队女性占比、团队平均年龄、团队平均受教育程度、团队平均任期、团队规模及团队学习规范进行了方差齐性分析，分析结果显示上述指标的 Levene 统计值显著性均大于 0.05（最小值为 0.057），这表明线上电子问卷收集方式及线下纸质版问卷收集方式得到的样本数据具有方差齐性。在此基础上进行方差分析，结果显示上述指标的 F 统计值显著性均大于 0.05（最小值为 0.082），这表明两种数据收集方式获得的样本无显著差异，可以进行合并处理。此外，本研究整理了 3 个时点所有未被回收的样本（共计 52 个团队）的特征信息，采用 T 检验对未被回收团队及有效样本团队的特征（团队女性占比、团队平均年龄、团队平均受教育程度、团队平均任期、团队规模及团队学习规范）进行对比以检验两个样本数据是否属于同一大样本，分析结果显示等方差假定与非等方差假定下 F 统计值的 95% 置信区间均包括零，这表明未被收回样本及有效样本间不存在显著的统计差异。

103 个有效样本团队的统计学特征如下：在性别方面，团队中女性多于男性的团队数量为 54 个，总体来看，团队中男女生比例较为均衡；在年龄方面，大部分的团队年轻人居多，团队成员平均年龄 33 岁；在教育程度方面，大部分团队成员受教育水平较高，本科及以上学历占比 54.5%，团队平均受教育程度较高；在团队任期方面，任期 5 年以下的调研对象较多（74.8%）。在团队规模方面，最大团队规模为 9 人，最小团队规模为 3 人，平均团队人数为 4 人。在团队学习规范方面，平均值为 4.301，表明团队整体学习规范较高。

6.3.2 变量与测量

1. 网络去中心化

本研究采用了罗克和加拉斯基维奇（Rulke & Galaskiewicz，2000）的网络去中心化量表。网络去中心化包含两个维度：（1）团队成员间的关系强度，即团队成员在多个标准上（如关系是坚实且深厚的）相互关联；（2）团队网络的层级化程度，若团队成员仅通过一个或两个关系相互关联，即团队网络是分层的。运用花名册方法，要求团队成员依次评价除自己之外的团队成员：ND 1 我对他 / 她（姓名）的依赖程度；ND 2 他 / 她（姓名）对我的依赖程度；ND 3 我与他 / 她（姓名）的合作程度；ND 4 我与他 / 她（姓名）的沟通程度，每个题项的评分从"一点都不（1）"到"非常多（5）"（见表 6-1）。具体计算步骤如下。

表 6-1　网络去中心化量表的测量题项

题项	题项内容	量表来源
ND1	我对他 / 她（姓名）的依赖程度	
ND2	他 / 她（姓名）对我的依赖程度	罗克和加拉斯基维奇（2000）
ND3	我与他 / 她（姓名）的合作程度	
ND4	我与他 / 她（姓名）的沟通程度	

第一，计算团队成员间的关系强度（I_L）。成员 A 评价的与成员 B 之间的关系强度是 A 针对 B 回答的 4 个问题答案的算数平均数，团队层面的关系强度是除领导之外的所有成员给出的关系强度的算数平均数，公式如

式（6-1）所示。需要特别指出的是，研究对象为自组织团队，没有正式的领导，因此全部团队成员的评价均纳入计算，m 为团队成员数量。

$$I_L = \frac{\sum_{i=1,m} \sum_{j=1,m} f_{ij}}{m(m-1)} \quad (i \neq j) \tag{6-1}$$

第二，计算团队网络的层级化程度（H_L）。首先，计算出每位团队成员的度中心性得分。具体计算方法如下：计算两位团队成员互评得分的算术平均值：$(f_{ij}+f_{ji})/2$，即将互评得分所构成的矩阵进行对称化处理（改为无向图），运用式（6-2）计算得到每位团队成员的度中心性（忽略对角线）。

$$C_{D,i} = \sum_{j=1,m} f_{ij}/(m-1) \quad (i \neq j) \tag{6-2}$$

随后，在获得每位团队成员的度中心性得分后，运用网络中心势指标计算团队网络的层级化程度（Freeman，Roeder & Mulholland，1979）。若团队成员仅通过一个或两个关系相互关联，那么团队网络是分层的；反之，若关系数量在团队成员间分布更为均匀，那么团队网络则更为扁平。计算公式如式（6-3）所示，其中，$C_{D,i}^*$ 是每个团队中团队成员度中心性（$C_{D,i}$）的最大得分。当所有团队成员的度中心性得分相同时，$C_{D,i}^*$ 为 0，即没有人比其他人有更多的联系；当一个成员与其他所有成员都有联系，但其他成员仅与该成员有联系时，$C_{D,i}^*$ 为 1（Wasserman & Faust，1994）。

$$H_L = (\sum_{i=1,m} [C_{D,i}^* - C_{D,i}])/[(m-1)(m-2)] \tag{6-3}$$

第三，计算网络去中心化（D_L）。用 1 减去团队网络的层级化程度，因为如果团队成员关系紧密且团队网络的层级化程度较低，网络去中心化数值较大；如果团队成员关系不紧密且团队网络的层级化程度较高，网络去中心化数值较小。计算公式如式（6-4）所示。

$$D_L = I_L*(1-H_L) \tag{6-4}$$

2. 外部知识网络利用

本研究采用黄琼雅（2015）的外部知识网络利用量表，由团队成员进行评价。量表共包含 6 个题项，代表性题项如"我会向组织外成员寻求帮助或建议（获取有用的知识）"等（见表 6-2）。本研究借鉴黄琼雅（2015）的做法，通过将个体层面数据汇聚加总到团队层面来获取外部知识网络利用得分。组内一致性检验结果显示，外部知识网络利用的组内评分者信度平均值为 0.78，高于临界值 0.7。组内信度检验结果显示，外部知识网络利用的 ICC（1）系数为 0.57，高于临界值 0.12；ICC（2）系数为 0.84，高于临界值 0.47；相应 F 统计值也均显著。

表 6-2　外部知识网络利用量表的测量题项

题项	题项内容	量表来源
EKNU 1	我会向组织外成员寻求帮助或建议（获取有用的知识）	
EKNU 2	我会向与自己不太熟的团队外成员寻求帮助或建议（获取有用的知识）	
EKNU 3	我会向工作类型与自己不大相似的团队外成员寻求帮助或建议（获取有用的知识）	黄琼雅（2015）
EKNU 4	我会向组织内团队外成员寻求帮助或建议（获取有用的知识）	
EKNU 5	我会向与自己很熟的团队外成员寻求帮助或建议（获取有用的知识）	
EKNU 6	我会向工作类型与自己比较相似的团队外成员寻求帮助或建议	

3. 非正式学习

本研究采用沃尔夫森（Wolfson et al.，2018）等学者的非正式学习量表，由团队成员进行评价。量表共包含 9 个题项，代表性题项如"我会按照新颖或不同的方式完成一项任务"等（见表 6-3）。本研究借鉴徐和王（Xu & Wang，2020）、韩翼、宗树伟和刘庚（2022）的做法，通过将个体层面数据汇聚加总到团队层面来获取团队非正式学习得分。组内一致性检验结果显示，非正式学习的组内评分者信度平均值为 0.96，高于临界值 0.7。组内信度检验结果显示，非正式学习的 ICC（1）系数为 0.56，高于临界值 0.12；ICC（2）系数为 0.83，高于临界值 0.47；相应 F 统计值也均显著。

表 6-3　非正式学习量表的测量题项

题项	题项内容	量表来源
IFBL 1	我会按照新颖或不同的方式完成一项任务	
IFBL 2	我会主动寻求或体验新的任务或情境	
IFBL 3	我会反复试错找出一个新的或更好的解决方案	
IFBL 4	我会主动向他人寻求反馈	Wolfson，Tannenbaum，
IFBL 5	我会向工作专家寻求建议或指导	Mathieu & Maynard，
IFBL 6	我会汇报或讨论工作经验	（2018）
IFBL 7	我会有意图地观察他人的工作	
IFBL 8	我会询问专家工作中的问题	
IFBL 9	我会让别人教我怎么做	

4. 互惠替代学习

本研究借鉴迈尔斯（2021）的互惠替代学习量表，采用花名册方法进行测量，要求每个团队成员评价自己从其他团队成员分享的经验中进行学习的程度。为了确保测量的准确性，本研究进一步要求团队成员报告其他团队成员从其分享的经验中进行学习的程度，并评估他 / 她（姓名）对自己与其他团队成员之间的协作学习和知识分享的总体看法。具体题项如下：RVL 1 为我经常与此人（姓名）分享自己先前的知识和经验，以帮助他 / 她学习。RVL 2 为此人（姓名）和我能够通过相互分享自己的经验，形成共同的知识和理解"（见表 6-4）。相关性分析结果显示：互惠替代学习与 RVL 1

显著相关（$r=0.256$，$P<0.05$），与 RVL 2 显著相关（$r=0.274$，$P<0.05$），这表明该测量方法具有较高水平的可靠性及准确性。

表 6-4　互惠替代学习量表的测量题项

题项序号	题项内容	量表来源
RVL 1	我经常与此人（姓名）分享自己先前的知识和经验，以帮助他 / 她学习	迈尔斯（2021）
RVL 2	此人（姓名）和我能够通过相互分享自己的经验，形成共同的知识和理解	

5. 团队创造力

本研究采用辛和周（Shin & Zhou，2007）的团队创造力量表，由团队上一层级的领导或者团队管理者（非团队成员）进行评价。量表共包含 4 个题项，代表性题项如"团队提出过很多创造性解决问题方案"等（见表 6-5）。

表 6-5　团队创造力量表的测量题项

题项	题项内容	量表来源
TC1	团队的工作具有创新性	辛 & 周（2007）
TC2	团队提出过很多创造性解决问题方案	
TC3	团队提出的新想法往往非常有用	
TC4	团队经常开发出新产品和服务	

6. 控制变量

已有研究表明，被调研团队的组成特征（例如，团队成员的性别、年龄、教育经历及团队任期时长等）及团队规模都会影响团队行为及过程（Pearsall，Ellis & Evans，2008）。此外，部分实证研究表明，团队学

习规范对团队非正式学习、互惠替代学习及团队创造力的影响较为显著
（Myers，2021），因此本研究中将其作为控制变量。综上，选择以上 6 个
变量作为本研究的控制变量。其中，团队学习规范采用迈尔斯（2021）改
编的团队学习规范量表，由团队成员进行评价。量表共包含 5 个题项，代
表性题项如"团队成员应该寻求机会让团队进行学习提升"等（见表 6-6）。
本研究借鉴迈尔斯（2021）的做法，通过将个体层面数据汇聚加总到团队
层面来获取团队学习规范得分。组内一致性检验结果显示，团队学习规范
的组内评分者信度平均值为 0.92，高于临界值 0.7。组内信度检验结果显示，
团队学习规范的 ICC（1）系数为 0.20，高于临界值 0.12；ICC（2）系数为
0.49，高于临界值 0.47；相应 F 统计值也均显著。

表 6-6　团队学习规范量表的测量题项

题项序号	题项内容	量表来源
TLN 1	团队成员应该寻求机会让团队进行学习提升	迈尔斯（2021）改编
TLN 2	团队成员应该在可能帮助他人的时候分享信息	自 Bunderson & Sutcliffe（2003）
TLN 3	团队成员应该不遗余力地帮助他人解决问题	及 Quigley 等学者（2007）的量表
TLN 4	团队成员应该愿意在新的想法上冒险，以发现什么是有效的	
TLN 5	团队成员应该把在工作期间学习和发展技能视为一个重要目标	

6.4　研究结果

6.4.1　信度和效度检验

1. 信度检验

本研究采用 SPSS25.0 对团队学习规范、非正式学习、外部知识网络利用及团队创造力量表进行信度检验。检验结果如表 6-7 所示，各题项校正的项总计相关性（CITC 值）均大于 0.5；各量表的总克隆巴赫系数均大于 0.8；题项删除后的克隆巴赫系数均小于该题项所属量表的总克隆巴赫系数，可见团队学习规范、非正式学习、外部知识网络利用及团队创造力量表具有良好的一致性、可靠性和稳定性。此外，各量表的组合信度均大于 0.9（见表 6-8），说明上述量表的组合信度满足要求。

表 6-7　各量表信度检验结果

量表名称	题项	CITC 值	题项删除后的克隆巴赫系数	总克隆巴赫系数
团队学习规范	TLN1	0.729	0.849	0.879
	TLN2	0.789	0.839	
	TLN3	0.623	0.876	
	TLN4	0.656	0.866	
	TLN5	0.787	0.835	
非正式学习	IFBL1	0.693	0.888	0.902
	IFBL2	0.647	0.892	
	IFBL3	0.585	0.897	
	IFBL4	0.739	0.885	
	IFBL5	0.730	0.886	
	IFBL6	0.713	0.887	
	IFBL7	0.682	0.889	
	IFBL8	0.744	0.885	
	IFBL9	0.521	0.901	

（续表）

量表名称	题项	CITC 值	题项删除后的克隆巴赫系数	总克隆巴赫系数
外部知识网络利用	EKNU1	0.793	0.921	
	EKNU2	0.786	0.922	
	EKNU3	0.816	0.918	0.932
	EKNU4	0.831	0.916	
	EKNU5	0.784	0.922	
团队创造力	TC1	0.696	0.840	
	TC2	0.674	0.850	0.868
	TC3	0.723	0.829	
	TC4	0.785	0.805	

表 6-8　各量表的平均抽取方差变异量和组合信度

量表名	平均抽取方差变异量	平均抽取方差变异量的平方根	组合信度
团队学习规范	0.683	0.826	0.915
非正式学习	0.566	0.752	0.921
外部知识网络利用	0.748	0.865	0.947
团队创造力	0.717	0.847	0.910

2. 效度检验

（1）内容效度

为了保证本研究所采用的量表符合内容效度所包含的 3 个方面（量表中的各个测量题项均具有代表性、量表中的所有题项与构念的理论内涵能够一一对应、量表中的题项分配比例能够恰当地反映构念各成分的重要程度），本研究参考以往研究的科学设计，选取的均是已发表在国内外主流学术期刊且大部分已应用于我国情境的量表，并采用了双向翻译方式，经过翻译、回译，参考学术专家及现场工作人员的修改意见进行了多轮修订及完善，以最大限度地确保所译量表与原量表内容及意义的对等性及量表的可理解性。综上，本研究采用的量表内容效度得到了有力保障。

（2）结构效度

如表 6-9 所示，团队学习规范、非正式学习、外部知识网络利用及团队创造力量表的 KMO 度量分别为 0.833、0.912、0.902 及 0.818，表明适合进行因子分析。

表 6-9　各量表的 KMO 度量和巴特利特的球形度检验结果

量表名称	KMO 度量和巴特利特的球形度检验结果		
	KMO 度量		0.833
团队学习规范	巴特利特的球形度检验	χ^2	283.673
		df	10
		Sig.	0.000
	KMO 度量		0.912
非正式学习	巴特利特的球形度检验	χ^2	1882.755
		df	36
		Sig.	0.000
	KMO 度量		0.902
外部知识网络利用	巴特利特的球形度检验	χ^2	1900.169
		df	15
		Sig.	0.000
	KMO 度量		0.818
团队创造力	巴特利特的球形度检验	χ^2	193.945
		df	6
		Sig.	0.000

进一步借助主成分分析法及方差最大正交旋转法进行探索性因子分析，团队学习规范、非正式学习、外部知识网络利用及团队创造力量表各题项因子载荷均大于 0.5，如表 6-10 所示，表明各量表具有良好的结构效度。

表 6-10　各量表题项的探索性因子分析结果

量表名称	题项	因子载荷
团队学习规范	TLN1	0.846
	TLN2	0.879
	TLN3	0.748
	TLN4	0.773
	TLN5	0.876
非正式学习	IFBL1	0.761
	IFBL2	0.724
	IFBL3	0.665
	IFBL4	0.813
	IFBL5	0.809
	IFBL6	0.790
	IFBL7	0.760
	IFBL8	0.815
	IFBL9	0.606
外部知识网络利用	EKNU1	0.858
	EKNU2	0.851
	EKNU3	0.874
	EKNU4	0.888
	EKNU5	0.854
	EKNU6	0.865

（续表）

量表名称	题项	因子载荷
	TC1	0.832
	TC2	0.815
团队创造力	TC3	0.850
	TC4	0.889

（3）聚合效度和区分效度

各量表的平均抽取方差变异量均在 0.5 以上（见表 6-8），这表明各量表具备良好的聚合效度。验证性因子分析结果如表 6-11 所示。其中，四因素模型的模型拟合度最好，卡方（$\chi 2$）自由度（df）比（$\chi 2/df$）小于 3，近似均方根误差（RMSEA）为 0.070，小于 0.08，塔克–刘易斯指数（TLI）、比较拟合指数（CFI）均大于 0.9。由此，本研究所涉及的核心变量具有良好的区分效度。

表 6-11　验证性因子分析结果

模型	χ^2	df	χ^2/df	IFI	TLI	CFI	RMSEA
单因素模型	1360.487	252	5.399	0.408	0.343	0.400	0.208
二因素模型 1	1200.770	249	4.822	0.493	0.429	0.485	0.194
二因素模型 2	1093.039	249	4.390	0.550	0.494	0.543	0.182
三因素模型 1	523.624	247	2.120	0.853	0.833	0.850	0.105
三因素模型 2	537.551	247	2.176	0.845	0.824	0.843	0.107
四因素模型	367.457	246	1.494	0.935	0.926	0.943	0.070

①单因素模型：团队学习规范＋非正式学习＋外部知识网络利用＋团队创造力
②二因素模型 1：团队学习规范＋现场正式学习＋外部知识网络利用、团队创造力
③二因素模型 2：团队学习规范、现场正式学习＋外部知识网络利用＋团队创造力
④三因素模型 1：团队学习规范、非正式学习＋团队创造力、外部知识网络利用
⑤三因素模型 2：团队学习规范、非正式学习、外部知识网络利用＋团队创造力
⑥四因素模型：团队学习规范、非正式学习、外部知识网络利用及团队创造力

6.4.2 共同方法偏差分析

为了尽可能降低共同方法偏差的影响，本研究主要采用了两类控制方法：程序控制和统计控制。程序控制措施如下：（1）本研究先后在 3 个时点收集数据；（2）本研究的结果变量由团队领导进行评价，其他变量由团队成员进行评价。统计控制措施如下：（1）研究进行了赫尔曼单因子检验，即对调查问卷中的所有条目进行因子分析，第一主成分占 32.316%（小于 40% 的判定标准）；（2）本研究采用控制未测量潜在方法因子的方法（ULMC）对共同方法偏差进行检验。将验证性因子分析模型拟合指标与包含方法因子的模型拟合指标进行比较，结果表明，控制了方法因子的模型拟合指标并未显著改善（$\Delta\chi^2/df$=0.084；Δ CFI=0.008；Δ TLI=0.013；Δ RMSEA=0.007；Δ SRMR=0.009）。综上可知，本研究不存在严重的共同方法偏差。

6.4.3 描述性统计与相关性分析

由表 6-12 可知，网络去中心化、外部知识网络利用、非正式学习、互惠替代学习与团队创造力显著正相关（r=0.433、0.318、0.410、0.433，$P<0.01$）；网络去中心化、外部知识网络利用与非正式学习显著正相关（r=0.351、0.269，$P<0.01$），网络去中心化、外部知识网络利用与互惠替代学习显著正相关（r=0.389、0.213，$P<0.05$）。

表 6-12 各变量均值、标准差和相关性分析结果

	1	2	3	4	5	6	7	8	9	10	11
1. 女性百分比	1										
2. 平均年龄	-0.165	1									
3. 平均受教育程度	-0.327**	0.171	1								
4. 平均团队任期	-0.070	0.343**	-0.226*	1							
5. 团队规模	0.101	-0.038	-0.003	-0.111	1						
6. 团队学习规范	0.059	-0.065	0.058	-0.105	-0.002	1					
7. 网络去中心化	-0.048	-0.039	0.264*	-0.218*	-0.0002	0.142	1				
8. 外部知识网络利用	-0.087	0.086	0.076	-0.027	-0.134	0.079	0.118	1			
9. 非正式学习	0.011	0.069	0.206*	-0.085	0.009	0.211*	0.351**	0.269**	1		
10. 互惠替代学习	-0.022	0.132	0.117	0.040	-0.023	-0.085	0.389**	0.213*	0.421**	1	
11. 团队创造力	0.135	-0.007	0.044	-0.142	0.093	0.048	0.433**	0.318**	0.410**	0.433**	1
平均值	0.545	33.879	2.441	46.172	3.903	4.301	0.684	3.905	3.857	0.804	3.648
标准差	0.339	5.840	0.861	38.783	1.167	0.325	0.123	0.699	0.538	0.146	0.835

注：表中 * 表示在 $P<0.05$ 的水平上显著相关；** 表示在 $P<0.01$ 的水平上显著相关。

6.4.4 假设检验

在进行分层回归时，还要注意是否存在严重的多重共线性问题。吴明隆（2010）指出，如相关系数绝对值大于 0.75，表明变量间可能存在多重共线性问题。根据相关性分析结果可知，本研究中各变量的相关系数均在合理范围内。此外，本研究中的方差膨胀因子均低于临界值 10。综上，本研究并不存在严重的多重共线性问题。

1. 主效应检验

假设 6.1 预测自组织团队网络去中心化对团队创造力有正向影响。为检验假设 6.1，本研究采用层次回归分析方法进行分析，首先纳入控制变量构建回归模型 M1，在回归模型 M1 的基础上加入网络去中心化构建回归模型 M2，回归分析结果显示（见表 6-13），网络去中心化与团队创造力间的回归系数显著（$\beta=0.445$，$P<0.001$），且回归模型 M2 显著（$F=3.912$，$P<0.01$），说明网络去中心化对团队创造力具有显著的正向作用，假设 6.1 得到支持。此外，回归模型 M2 调整后的 R^2 值为 0.167，大于回归模型 M1 调整后的 R^2 值，表明在加入网络去中心化后，回归模型对团队创造力的解释力度提高。

假设 6.2 预测自组织团队外部知识网络利用对团队创造力有正向影响。为检验假设 6.2，本研究在回归模型 M1 的基础上加入外部知识网络利用构建回归模型 M6，回归分析结果显示，外部知识网络利用与团队创造力间的回归系数显著（$\beta=0.339$，$P<0.001$），且回归模型 M6 显著（$F=2.535$，$P<0.05$），说明外部知识网络利用对团队创造力具有显著的正向作用，假设 6.2 得到支持。此外，回归模型 M6 调整后的 R^2 值为 0.095，大于回归模型 M1 调整后的 R^2 值，表明在加入外部知识网络利用后，回归模型对团队创造力的解释力度提高。

表6-13 网络去中心化、外部知识网络利用与团队创造力的回归分析结果

	团队创造力								
	M1	M2	M3	M4	M5	M6	M7	M8	M9
女性百分比	0.144 (0.265)	0.139 (0.241)	0.118 (0.230)	0.126 (0.228)	0.114 (0.224)	0.164 (0.251)	0.133 (0.238)	0.141 (0.231)	0.127 (0.227)
平均年龄	0.058 (0.016)	0.066 (0.014)	0.041 (0.014)	0.029 (0.014)	0.021 (0.013)	0.025 (0.015)	0.008 (0.014)	-0.008 (0.014)	-0.012 (0.014)
平均受教育程度	0.050 (0.109)	-0.052 (0.102)	-0.092 (0.097)	-0.061 (0.096)	-0.087 (0.095)	0.044 (0.103)	-0.023 (0.099)	-0.004 (0.095)	-0.036 (0.095)
平均团队任期	-0.130 (0.002)	-0.064 (0.002)	-0.065 (0.002)	-0.093 (0.002)	-0.087 (0.002)	-0.108 (0.002)	-0.100 (0.002)	-0.123 (0.002)	-0.115 (0.002)
团队规模	0.066 (0.072)	0.075 (0.065)	0.073 (0.062)	0.079 (0.062)	0.076 (0.061)	0.111 (0.069)	0.099 (0.065)	0.108 (0.063)	0.101 (0.062)
团队学习规范	0.027 (0.258)	-0.023 (0.236)	-0.073 (0.228)	0.021 (0.226)	-0.026 (0.228)	0.000 (0.245)	-0.061 (0.235)	0.040 (0.226)	-0.007 (0.228)
网络去中心化		0.445*** (0.650)	0.352*** (0.648)	0.306** (0.676)	0.273** (0.668)				
外部知识网络利用						0.339** (0.115)	0.253* (0.112)	0.256** (0.108)	0.219* (0.107)
非正式学习			0.311** (0.147)		0.224* (0.154)		0.349*** (0.149)		0.219* (0.156)
互惠替代学习				0.327** (0.547)	0.246* (0.574)			0.394*** (0.514)	0.309** (0.551)
R^2	0.047	0.224	0.304	0.310	0.346	0.157	0.261	0.300	0.334
调整后的 R^2	-0.012	0.167	0.245	0.251	0.283	0.095	0.198	0.241	0.270
F	0.793	3.912**	5.127***	5.273***	5.464***	2.535*	4.415***	5.045***	5.192***

注：表中***表示在 $P<0.001$ 的水平上显著相关。

2. 交互效应检验

假设 6.3 预测自组织团队网络去中心化与外部知识网络利用对非正式学习具有正向的交互作用。为检验假设 6.3，本研究采用层次回归分析方法进行分析，首先纳入控制变量构建回归模型 M10，在回归模型 M10 的基础上依次加入网络去中心化、外部知识网络利用、网络去中心化与外部知识网络利用的乘积项构建回归模型 M14。回归分析结果如表 6-14 所示，网络去中心化与外部知识网络利用的乘积项与非正式学习间的回归系数显著（$\beta=0.208$，$P<0.05$；$F=3.561$，$P<0.01$），回归模型 M14 调整后的 R^2 值为 0.184，大于回归模型 M13 调整后的 R^2 值，表明在加入网络去中心化与外部知识网络利用的乘积项后，回归模型对非正式学习的解释力度提高。通过简单斜率分析发现，当外部知识网络利用水平较高（M+1SD）时，网络去中心化对团队非正式学习的正向影响显著（$b=1.764$，$t=3.559$，$P<0.01$）；当外部知识网络利用水平较低（M−1SD）时，网络去中心化对团队非正式学习的正向影响显著（$b=1.606$，$t=3.503$，$P<0.01$），如图 6-2 所示。当网络去中心化水平较高（M+1SD）时，外部知识网络利用对团队非正式学习的正向影响显著（$b=0.223$，$t=3.054$，$P<0.01$）；当网络去中心化水平较低（M−1SD）时，外部知识网络利用对团队非正式学习的正向影响不显著（$b=0.195$，$t=2.813$，$P<0.01$），如图 6-3 所示。综上可知，网络去中心化与外部知识网络利用对非正式学习具有正向的交互作用，假设 6.3 得到支持。

假设 6.4 预测自组织团队网络去中心化与外部知识网络利用对互惠替代学习具有正向的交互作用。为检验假设 6.4，本研究采用层次回归分析方法进行分析，首先纳入控制变量构建回归模型 M15，在回归模型 M15 的基础上依次加入网络去中心化、外部知识网络利用、网络去中心化与外部知识网络利用的乘积项构建回归模型 M19，回归分析结果如表 6-14 所示，网络

表 6-14 网络去中心化、外部知识网络利用对非正式学习、互惠替代学习的交互作用回归分析结果

	非正式学习					互惠替代学习				
	M10	M11	M12	M13	M14	M15	M16	M17	M18	M19
女性百分比	0.073 (0.167)	0.070 (0.160)	0.088 (0.162)	0.084 (0.157)	0.070 (0.154)	0.045 (0.047)	0.041 (0.043)	0.058 (0.046)	0.052 (0.042)	0.036 (0.041)
平均年龄	0.074 (0.010)	0.079 (0.010)	0.050 (0.010)	0.058 (0.009)	0.013 (0.009)	0.104 (0.003)	0.112 (0.003)	0.084 (0.003)	0.095 (0.003)	0.042 (0.003)
平均受教育程度	0.197 (0.069)	0.128 (0.067)	0.192 (0.067)	0.128 (0.066)	0.097 (0.065)	0.125 (0.019)	0.027 (0.018)	0.121 (0.019)	0.027 (0.018)	-0.009 (0.017)
平均团队任期	-0.040 (0.002)	0.005 (0.001)	-0.024 (0.001)	0.016 (0.001)	0.021 (0.001)	0.024 (0.000)	0.088 (0.000)	0.038 (0.000)	0.097 (0.000)	0.103 (0.000)
团队规模	0.001 0.045 ( )	0.007 (0.043)	0.034 (0.044)	0.036 (0.043)	0.031 (0.042)	-0.021 (0.013)	-0.013 (0.012)	0.007 (0.013)	0.010 (0.012)	0.004 (0.011)
团队学习规范	0.196* (0.162)	0.162 (0.157)	0.176 (0.158)	0.147 (0.153)	0.150 (0.151)	-0.086 (0.045)	-0.133 (0.042)	-0.103 (0.045)	-0.145 (0.042)	-0.141 (0.040)
网络去中心化		0.302** (0.432)		0.280** (0.424)	0.285** (0.416)		0.426*** (0.116)		0.409*** (0.115)	0.415*** (0.111)
外部知识网络利用			0.248* (0.074)	0.222* (0.072)	0.171 (0.073)			0.211* (0.021)	0.174 (0.019)	0.115 (0.020)
网络去中心化 × 外部知识网络利用					0.208* (0.052)					0.243* (0.014)
R^2	0.091	0.172	0.150	0.219	0.256	0.036	0.198	0.079	0.227	0.277
调整后的 R^2	0.034	0.111	0.087	0.153	0.184	-0.024	0.139	0.011	0.161	0.207
F	1.606	2.823*	2.396*	3.296**	3.561**	0.601	3.352**	1.165	3.448**	3.967***

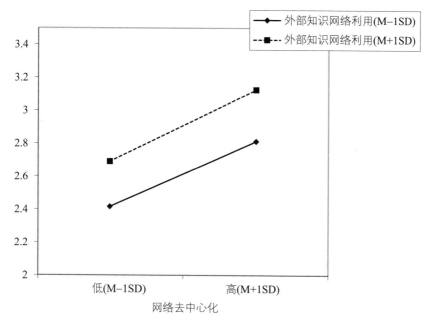

图 6-2　网络去中心化与外部知识网络利用对非正式学习的交互作用简单斜率分析

去中心化与外部知识网络利用的乘积项与互惠替代学习间的回归系数显著（β=0.243，P<0.05；F=3.967，P<0.01），回归模型 M19 调整后的 R^2 值为 0.207，大于回归模型 M18 调整后的 R^2 值，表明在加入网络去中心化与外部知识网络利用的乘积项后，回归模型对非正式学习的解释力度提高。通过简单斜率分析发现，当外部知识网络利用水平较高（M+1SD）时，网络去中心化对互惠替代学习的正向影响显著（b=0.659，t=5.125，P<0.001）；当外部知识网络利用水平较低（M–1SD）时，网络去中心化对互惠替代学习的正向影响不显著（b=0.608，t=5.092，P<0.001），如图 6-4 所示。当网络去中心化水平较高（M+1SD）时，外部知识网络利用对互惠替代学习的正向影响显著（b=0.053，t=2.658，P<0.01）；当网络去中心化水平较低（M–1SD）时，外部知识网络利用对互惠替代学习的正向影响显著

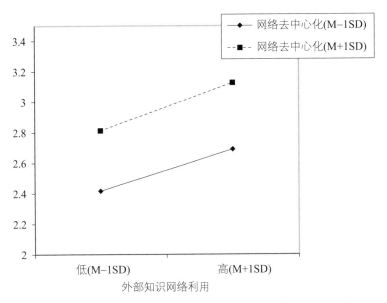

图 6-3　外部知识网络利用与网络去中心化对非正式学习的交互作用简单斜率分析

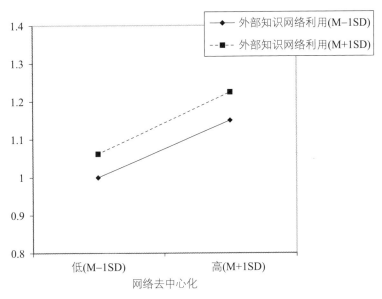

图 6-4　网络去中心化与外部知识网络利用对互惠替代学习的交互作用简单斜率分析

（ b=0.044， t=2.309， P<0.05），如图 6-5 所示。综上可知，网络去中心化与外部知识网络利用对互惠替代学习具有正向的交互作用，假设 6.4 得到了支持。

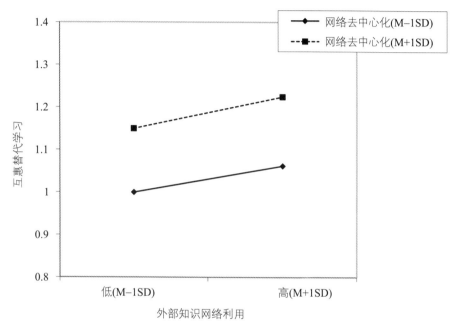

图 6-5　外部知识网络利用与网络去中心化对互惠替代学习的交互作用简单斜率分析

3. 中介效应检验

假设 6.5 提出网络去中心化与外部知识网络利用通过非正式学习对团队创造力产生正向交互作用。为检验假设 6.5，本研究采用 Bootstrap 方法进行检验。具体操作在 SPSS 软件与 PROCESS 宏程序（Hayes，2013）中进行，分析模型选择 M7，采用 1000 次重复抽样，纳入分析的控制变量同上。本研究分析了对称的互动效应，在具体分析时，先后将两个变量（网络去中心化与外部知识网络利用）分别作为自变量或调节变量。分析结果如表 6-15 所示，被调节的中介效应模型拟合度较佳，95% 置信区间不包括 0〔网络去中心化作为自变量且外部知识网络利用作为调节变量时，置信区间为（0.060，1.750）；外部知识网络利用作为自变量且网络去中心化作为调节变量时，置信区间为（0.016，1.803）〕。具体来说，当外部知识网络利用水平较高时，网络去中心化通过非正式学习对团队创造力产生显著的正向间接作用；当外部知识网络利用水平较低时，网络去中心化通过非正式学习对团队创造力产生的间接作用并不显著。当网络去中心化水平较高时，外部知识网络利用通过非正式学习对团队创造力产生显著的正向间接作用；当网络去中心化水平较低时，外部知识网络利用通过非正式学习对团队创造力产生的间接作用并不显著。综上，假设 6.5 得到支持。

假设 6.6 提出网络去中心化与外部知识网络利用通过互惠替代学习对团队创造力产生正向交互作用。为检验假设 6.6，本研究采用 Bootstrap 方法进行检验。具体操作在 SPSS 软件与 PROCESS 宏程序（Hayes，2013）中进行，分析模型选择 M7，采用 1000 次重复抽样，纳入分析的控制变量同上。本研究分析了对称的互动效应，在具体分析时，先后将两个变量（网络去中心化与外部知识网络利用）分别作为自变量或调节变量。分析结果如表 6-16 所示，95% 置信区间均包括 0〔网络去中心化作为自变量且外部知识网络利用作为调节变量时，置信区间为（0.066，1.728）；外部知识网络利用作为自变量且网络去中心化作为调节变量时，置信区间为（−0.150，1.817）〕。因此，假设 6.6 并未得到支持。

表6-15 网络去中心化与外部知识网络利用通过非正式学习对团队创造力的直接作用与间接作用分析结果

网络去中心化对团队创造力的直接作用

效应值	SE	t	p	LLCI	ULCI
2.385	0.648	3.679	0.000	1.098	3.673

外部知识网络利用对团队创造力的直接作用

效应值	SE	t	p	LLCI	ULCI
0.3017	0.112	2.698	0.008	0.080	0.524

被调节的中介型指数

中介变量	INDEX	SE（Boot）	BootLLCI	BootULCI
非正式学习	0.632	0.391	0.060	1.750

被调节的中介模型指数

中介变量	INDEX	SE（Boot）	BootLLCI	BootULCI
非正式学习	0.709	0.447	0.016	1.803

外部知识网络利用不同水平下被调节的中介效应

中介变量	Value of EKNU	Effect	Boot SE	BootLLCI	BootULCI
非正式学习	-0.699	0.159	0.402	-0.461	1.121
	0	0.601	0.358	0.099	1.570
	0.699	1.044	0.495	0.318	2.324

网络去中心化不同水平下被调节的中介效应

中介变量	Value of II	Effect	Boot SE	BootLLCI	BootULCI
非正式学习	-0.123	-0.016	0.077	-0.178	0.136
	0	0.071	0.055	-0.012	0.215
	0.123	0.159	0.078	0.058	0.382

注：非正式学习作为中介变量。

表6-16 网络去中心化与外部知识网络利用通过互惠替代学习对团队创造力的直接与间接作用分析结果

网络去中心化对团队创造力的直接作用

效应值	SE	t	p	LLCI	ULCI
2.074	0.676	3.070	0.003	0.733	3.415

被调节的中介模型指数

中介变量	INDEX	SE（Boot）	BootLLCI	BootULCI
互惠替代学习	0.776	0.446	0.066	1.728

外部知识网络利用不同水平下被调节的中介效应

中介变量	Value of EKNU	Effect	Boot SE	BootLLCI	BootULCI
互惠替代学习	-0.699	0.381	0.428	-0.383	1.382
	0	0.923	0.344	0.369	1.784
	0.699	1.466	0.498	0.672	2.677

外部知识网络利用对团队创造力的直接作用

效应值	SE	t	p	LLCI	ULCI
0.305	0.104	2.947	0.004	0.100	0.511

被调节的中介模型指数

中介变量	INDEX	SE（Boot）	BootLLCI	BootULCI
互惠替代学习	0.933	0.531	-0.150	1.817

网络去中心化不同水平下被调节的中介效应

中介变量	Value of II	Effect	Boot SE	BootLLCI	BootULCI
互惠替代学习	-0.123	-0.061	0.107	-0.251	0.160
	0	0.054	0.055	-0.034	0.191
	0.123	0.169	0.057	0.068	0.289

注：*互惠替代学习做中介变量。*

6.5　结果讨论

聚焦于自组织团队内外部多重网络交互影响下的自组织团队创造力形成机制这一研究问题，本子研究模型引入了自组织团队网络去中心化与外部知识网络利用作为自变量，非正式学习、互惠替代学习作为中介变量，自组织团队创造力作为因变量，构建了一个概念模型。本研究基于 3 个时点收集的 103 套自组织团队成员与自组织团队上一级的领导配对问卷数据分析得出以下结论。

首先，自组织团队网络去中心化对其团队创造力产生正向影响。已有的相关研究主要考察了正式任命的领导、权力分化等正式权力结构的影响（He et al.，2020），并指出团队成员间的正式权力差异是影响创意贡献的主要因素。随着研究的深入，网络学者指出团队中对团队决策及行为起决定性作用的往往是正式权力的"下游效应"——影响力。正如马吉和加林斯基（Magee & Galinsky，2008）指出的，任何权力和地位指标与组织内部实际影响力之间的关系都不是完美匹配的，影响力受到正式权力与个体气质的多重影响。然而，对自组织团队影响力分布如何作用于自组织团队创造力这一问题的现有研究却并不清晰。本研究通过探究自组织团队网络去中心化对团队创造力的影响作用对此问题的研究做出了有益补充。

其次，外部知识网络利用对自组织团队创造力产生正向影响。过往研究更多考察的是企业知识网络和个人知识网络对创新的影响（倪旭东、薛宪方，2014），而较少关注外部知识网络利用，现有关于外部知识网络对于团队创造力的影响的研究成果屈指可数（黄同飞、彭灿，2015）。本研究的研究结果表明，外部知识网络利用能够促进自组织团队创造力的提升。此外，关于外部知识网络的相关研究大多从外部知识的获取可能性或获取机会入手，来探讨知识网络结构洞、中心性等对绩效结果的影响作用（Shi，Zhang & Zheng，2019）。需要谨慎思考的是，有机会或潜力获得外部知识并不代表自组织团队能够有效地利用知识，或者说获取知识本身并不能保证更好的绩效结果。鉴于此，本研究采用外部知识网络利用这一构念，更进一步地测量自组织团队对外部知识的运用水平。可以说，本研究更为真实地反映了外部知识网络对自组织团队学习及自组织团队创造力的影响作用。

再次，自组织团队网络去中心化与外部知识网络利用对非正式学习、互惠替代学习均具有正向交互作用。这一发现对多重网络交互作用理论的构建具有重要意义。考虑到自组织团队并非存在于真空之中，在运作过程中会同时受到自组织团队内外部因素的影响，只探讨自组织团队内部网络或外部网络等单一网络对自组织团队学习的独特影响可能无法全面捕捉自组织团队输入因素对自组织团队过程的复杂性影响。不同于以往研究仅从单一网络视角探究网络输入变量与绩效结果间的关系，本研究分析了自组织团队内外部双重网络对自组织团队学习的交互效应，更为全面地揭示了自组织团队内外部输入因素对自组织团队过程的复杂影响。

最后，非正式学习是网络去中心化与外部知识网络利用对自组织团队创造力发挥交互影响作用的关键路径。虽然现有研究基于调节匹配理论及社会信息处理理论等广泛探究了团队学习作为团队过程在多种团队输入因素（如团队监管焦点及授权领导等）与团队创造力间的中介机制（Li，Lin & Liu，2019；Zhang，2016），但对非正式学习的中介作用的认识却微乎其微。本研究也发现，通过自组织团队成员在工作场域中积极主动的非正式学习，自组织团队内外部的知识资源被转化为团队创造力，进一步补充了团队创造力的形成机制。同时，本研究也发现，网络去中心化与外部知识网络利用并不能通过互惠替代学习对自组织团队创造力发挥交互影响作用，其中的原因可能在于互惠替代学习更关注的是成员之间的相互学习，更多的是彼此所掌握知识与信息的传递，故而网络去中心化与外部知识网络利用的协同作用无法得以体现。

第 7 章

团队成员互动对自组织团队创造力的影响

7.1 成员互动与团队创造力

团队创造力是在集体信息加工过程中产生的，不同团队成员拥有的不同知识在团队互动过程中整合，属于集体信息加工，因而团队成员间的互动会影响团队创造力。团队成员通过互动合作可以获得更丰富的视角和思想交流，有望产生更多新颖的想法并取得创造性的成果（Perry-Smith & Shalley，2003；Tesluk，Farr & Klein，1997）。鉴于在团队互动过程中，团队以及成员间的网络联结对团队产生具有创新性和实用性的创造性成果有重要作用（王磊、付鹏翔，2018），故而从社会网络中团队成员互动来研究团队创造力是一个重要的视角。

正如先前研究所指出的那样，个人之间的知识流动往往是员工个人主动性的结果，而不是正式组织结构的结果（Allen，James & Gamlen，2007）。特别是在自组织团队中，根据自组织理论，成员间所进行的频繁而丰富的互动使得不同的知识得以在彼此之间快速传播与转移，形成各种要素的非线性交互作用，将启发新的知识的产生，促使团队涌现出更多的智力资源（陈辛，2011），最终表现为团队创造力。借鉴已有研究成果并结合自组织团队的特征，本研究引入互动强度这一变量来测量由团队成员自发产生的通过各类活动进行的互动的频率。不同于网络关系中的情感因素，互动强度更加关注一定时间内个体在人际活动中与他人进行交流的频率。先前的研究表明，高互动频率有助于领域相关知识和创造力相关技能的转移（Daft & Lengel，1986），从而能够促使团队成员更大概率地提出创造性解决方案。

与此同时，团队创造力不仅由成员个体创造力所决定，还与成员间以及成员与团队外部人员之间的人际关系有关（彭灿，2013）。虽然成员间的互动有助于促进信息及知识的传播，但团队成员可能并不总是拥有完成团队创造性任务所需的所有技能和信息，他们仍然需要依赖外部信息（Faraj & Sproull，2000）。当团队对外部知识网络利用的程度较高时，将能够获取更多与原有知识不同的具有差异性的知识。与处理内部信息的能力类似，积极吸收和整合外部信息源的团队提供了一个鼓励个体及团队学习的环境，有益于激活团队创造力。隋硕（2019）在研究企业创新团队的自组织演化过程时，发现团队成员之间的交互作用及其与外部环境进行信息、物质等的交换是自组织演化的主要动力，是团队能否顺利进行创新活动的关键所在。团队成员拥有各种各样的知识和想法，通过团队学习，成员能够交流并整合多样化、异质性的观点，从而有助于团队创造力的提升（Parayitam，Olson & Bao，2010；Simons & Peterson，2000）。更有学者认为，团队学习是将个体知识转化为团队创造力的关键催化剂。自组织团队往往呈现出自我学习、自我适应的特征。基于此，本研究拟引入可以表示团队成员自主学习的非正式学习及表示团队成员间互动学习的互惠替代学习分别作为中介变量，以探究团队互动强度及外部知识网络利用如何通过影响团队学习进而提升团队创造力。

综上，本研究将基于社会认知和社会学习理论，探讨自组织团队内外部网络对于团队创造力的交互作用，研究模型如图 7-1 所示。本研究的主要贡献体现在如下方面：（1）考察自组织团队的互动强度对团队创造力的影响及其作用路径，本研究可以纵向拓展团队创造力的研究视野，同时可以丰富自组织团队创造力的研究。（2）通过对自组织团队内部网络的互动强度与团队外部知识利用的交互效应的分析，本研究将充实团队内部网络的具体结构特征与团队外部知识利用双重网络对自组织团队创造力影响的研究。（3）以非正式学习和互惠替代学习为中介。团队学习是将团队输入元素（知识）转化为团队输出结果（团队创造力）的重要团队过程。团队所拥有的内部社会网络和外部知识网络共同构成了团队学习的内外空间，团队学习能够推动知识与信息在成员间流动，使得团队成员能够获取到丰富而又新颖的知识、信息并提高能力，进而增强团队创造力（韵江、王玲、张金莲，2015）。本研究将丰富自组织团队内外部双重网络的作用研究，进一步明确在自组织团队内部网络中起作用的具体要素以及自组织团队内外部双重网络影响团队创造力的具体作用路径。

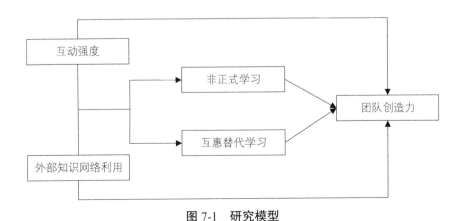

图 7-1　研究模型

7.2 互动强度影响自组织团队创造力的机理

7.2.1 互动强度与团队创造力

在社交网络中，参与者可以获得与他人频繁深入互动的机会，这是创意过程中共同开发创意、减少不确定性和提高团队契合度所必需的。在知识型团队进行创造的过程中，成员需要借助广泛而深刻的互动来交流彼此之间不同的想法，理解具有异质性的知识（吕洁、张钢，2015）。有学者提出，成员互动可以增强团队的创造力（Shin et al.，2012；Zhang & Zhou，2014）。具体而言，成员之间的高频率互动能够促进知识与信息的传播与共享，进而有助于团队创造力的提升（Reagans & McEvily，2003）。在自组织团队中，通过互动交流，信息与知识得以在成员间流动，从而启发新知识的形成，使得自组织团队具有超出原有知识简单加总所具备的功能与特性。

团队成员间的互动频率越高，意味着团队成员间的信息交流越频繁。高频率的互动能够为团队成员提供更多的资源交换机会，这不仅有助于团队成员熟悉彼此之间的工作能力与专业技能，还能够帮助团队成员之间进行精细化、复杂知识的分享。社会网络中的成员间互动强度越高，成员越能够及时地获取所需信息，也越容易传递隐性知识和私密性信息。对彼此知识与技能的了解、广泛且深入的知识交流为团队创新方案的提出提供了有利条件。此外，团队成员通过各类互动活动，分享自身看法与经验并进一步深入探讨，这在一定程度上有助于提升团队创新想法的质量。例如，哈加登和贝奇基（2006）在其研究中展示了创造性洞察力是如何在多个参与者之间的互动中产生的。他们的团队创造力模型表明，一些创造性解决方案可以看作集体互动过程的结果。

对于自组织团队，成员拥有互补而异质的知识，即团队成员的认知具有分布性。从前述的团队网络去中心化也可以看出，自组织团队成员之间的影响力是分布式的，一方面来源于权力的自主与相对平等，另一方面也来源于认知的分布性。分布式认知互动理论强调认知的分布性和认知过程的互动性（吕洁、张刚，2013），团队内部存在互动关系的成员互为彼此的认知来源。戴维·H.乔纳森（2002）更是提出互动交流是分布式认知的必备条件，个体只有将其所拥有的知识可视化并与团队成员进行共享，才能成为团队可用的知识。认知的互动性过程是成员间的信息交互和加工过程（莫申江、谢小云，2009）。分布式认知互动理论认为，团队认知是由团队成员通过沟通、协调形成相互关联的关系，并形成认知交互的系统（Cooke et al.，2012）。而内在认知与动机的交互促使创造性想法最终得以形成，团队内的互动交流在此过程中起到促进作用（Mumford & Gustafson，1988）。

综上，本研究认为自组织团队成员间的互动强度对团队创造力具有促进作用。因此，本研究提出如下假设。

假设 7.1：自组织团队互动强度能够正向促进团队创造力。

7.2.2 互动强度、外部知识网络利用对非正式学习与互惠替代学习的交互效应

在团队学习过程中，团队内部与外部的人际关系网络有助于团队成员接触和学习不同的知识与方法。从互动认知视角，个体及其所处环境共同构成了一个认知加工系统（Cooke et al.，2012）。外部知识网络利用有助于自组织团队成员获取分布在团队之外的新的知识与信息，但这些异质性知识也需要通过团队内部的互动交流才可能真正在团队成员间流动。因此，

如果说外部知识网络利用是为自组织团队成员学习和创新找到了"外部知识源"，那么自组织团队内部的互动不仅是团队学习和创新的"内部知识源"，还为团队内外知识的流动提供了渠道。互动强度、外部知识网络利用将共同作用于自组织团队的团队学习。然而，现有研究大多单独探究团队内外部社会网络对团队行为及绩效结果的影响，却忽略了没有一个团队是在无外部力量的真空中运行的，同时也没有一个团队不保持其边界就存在。也就是说，每个团队均会进行边界内外部活动。

从社会网络视角来看，团队边界内外的社会网络同时发挥着不可小觑的影响作用。郝敬习、王黎萤和王佳敏（2015）发现组织内外空间的互动与协同能够极大地推动企业创新。就知识学习活动来说，周长辉和曹英慧（2011）在其研究中指出，团队内外部社会网络共同构成了学习空间。一方面，团队外部社会网络提供了新颖的信息、知识及技能等资源（Ahuja，2000）；另一方面，团队内部社会网络为信息、知识技能等资源的互动与交换、吸收、加工、整合、转化及创新等提供了有利空间。社会学习理论强调了个体在学习资源及学习机会丰富的环境下学习效果最佳。具体来说，当团队互动强度水平较高时，团队成员间的互动关系更紧密，团队内部学习资源的交流及分享更密集且顺畅，学习机会也更丰富（Reagans & McEvily，2003）。查希尔、麦克维利和佩龙（Zaheer，McEvily & Perrone，1998）也曾指出，在互动强度高的紧密型网络中，成员之间更容易建立起规范，从而促进彼此间通过深度沟通进行相互学习。切拉索利等学者的研究（Cerasoli et al.，2018）和其他元分析研究的结果也表明，与同事的互动会对学习产生积极影响。而且，保持较高水平互动的团队成员间往往彼此信任，而信任可以帮助彼此更加毫无保留地分享学习资源，也有助于促进团队成员接受彼此分享的学习资源。与此同时，较高水平的外部知识网络利用则意味着团队成员能够获得并利用丰富的外部知识资源，外部知识资源的导入会引发团队的学习与知识吸收，而在外部知识资源丰富的条件下，团队成员的互动关系在影响团队学习方面更为凸显，也就是说团队外部知识资源若能与团队内部成员的高度互动产生交互作用，知识资源的学习转化吸收将更为充分。因此，本研究认为，互动强度与外部知识网络利用水平较高时，更有助于自组织团队内部个体的非正式学习与成员之间的互惠替代学习。相比之下，较低水平的互动强度与外部知识网络利用无法为团队学习提供丰富的学习资源及条件。当团队互动强度水平较低时，员工之间的学习资源分享匮乏，而较低水平的外部知识网络利用则意味着团队成员难以获得并利用外部知识资源。因此，本研究提出以下假设。

假设 7.2：自组织团队互动强度与外部知识网络利用对非正式学习具有正向的交互作用，即当互动强度水平较高时，外部知识网络利用与非正式学习间的正向关系更强。当外部知识网络利用水平较高时，互动强度与非正式学习间的正向关系更强。

假设 7.3：自组织团队互动强度与外部知识网络利用对互惠替代学习具有正向的交互作用，即当互动强度水平较高时，外部知识网络利用与互惠替代学习间的正向关系更强。当外部知识网络利用水平较高时，互动强度与互惠替代学习间的正向关系更强。

7.2.3　非正式学习、互惠替代学习的中介作用

团队创造力不仅由成员个体创造力所决定，还与成员间以及成员与团队外部人员之间的人际关系有关（彭灿，2013）。社会认知理论认为，人类活动是由个体所处的外部环境、个体心理与认知过程、个体行为这 3 种

因素交互决定的（Bandura，2001）。根据 IPO 模型提出的团队创造力模型，团队输入因素需要经过特定的团队过程方可转化为团队输出结果，其中，认知过程、社会过程是连接团队输入因素和团队输出结果的重要团队过程（Paulus & Dzindolet，2008）。工作中的社会互动有助于员工的学习（Eraut，2000）。例如，班杜拉（Bandura，2001）在其研究中指出与他人的互动可以带来强大的学习资源。通过团队学习，知识与信息得以在成员间流动，团队成员能够获取丰富而又新颖的知识、信息并提高能力，进而增强团队创造力（韵江、王玲、张金莲，2015）。自组织团队成员之间互动强度很高，成员间互动形成系统的演化，团队不断将内部成员拥有的知识加以吸收，以调节团队内部各成员间的联系，同时，根据环境的变化来调整团队同外界的关系，使得团队系统内部诸要素不断地进行自我调整。一方面，团队成员可以借助团队内部社会网络进行广泛而深刻的互动交流，分享彼此的经验和心得体会，形成互信互助的团队氛围，进而提升团队凝聚力和创造力；另一方面，团队成员可以借助团队外部知识网络与外部关键信息拥有者进行良好的互动交流，从而使得团队能够及时获取存在于外部的关键知识与信息（黄同飞、彭灿，2015）。而创造力往往涌现于多样化知识的交汇处，自组织团队内外知识的汇集与学习碰撞，构成了团队创造力涌现的基础。

哈里森和劳斯（2015）在研究中曾指出，创新工作者能够在反馈交流和互动过程中拓展创新问题的解决空间。皮罗拉 – 梅洛和曼（2004）的研究也表明，团队成员的个人创造力能够通过团队互动和过程转化为团队创造力。除了通过工作实践（边做边学），工作场所互动（向他人学习）也是团队成员进行非正式学习的主要形式（Battistelli et al.，2019；Noe，Tews & Michel，2017）。根据社会认知理论，人们可以通过观察他人的行为来间接地学习（Bandura，1997；Wood & Bandura，1989）。团队成员通过与他人的互动过程进行非正式学习，获得广泛的知识及信息来源，这不仅有助于发展及深化其能力，还能够帮助其学习新的知识及技能，知识的深化与积累有助于团队成员产生更多新颖、独特的想法及创新工作行为（Gerken，Beausaert & Segers，2016）。团队也能够从通过知识更新和技能升级以应对外部变化、提出创新解决方案的团队成员中获益（Noe，Tews & Marand，2013）。在团队成员的互动过程中，除了增量知识的积极作用，团队成员非正式学习的反思反馈活动也有助于通过提高其想法的质量来激发团队创造力（Hoch，2013）。自组织团队成员通过对自身想法进行反思、寻求反馈等行为，能够修正不足，提升想法的可行性及创新性。由此，本研究认为非正式学习是自组织团队成员将其拥有的知识转化为团队创造力的关键路径。

同时，互惠替代学习是一种通过工作中成员间的话语互动而产生的共同建构人际学习关系的过程。互惠替代学习的理论模型强调人际互动是替代学习的关键场所，关注个体（即学习者和示范者）之间经验的互动交流与学习。一方面，团队成员间的互动往往是基于共同的兴趣、价值观及彼此的需求而产生的，在互动过程中每个人都倾向于尊重并认真考虑对方的观点，此时他们很容易对一个物体或经验的意义形成一种突发的、共同的理解，并相应地形成对行动的共同期望（Dionysiou & Tsoukas，2013），这有助于激发团队成员间的互惠替代学习；另一方面，在互动过程中，团队成员可能会表达对失败或成功经验的情感支持，这不仅有助于培养团队成员间的信任感，促使他们互相寻求帮助、分享更多的隐性知识，还能够促进更开放、更彻底的讨论，并对经验进行更深刻的分析（Roberts，2000；Uzzi，1997；Uzzi & Lancaster，2003），进而促进互惠替代学习。而二元互惠学习关系中经验和知识的相互分享不仅能够增加彼此的领域相关知识、提升创造力相关技能，还能提高有限创意元素重复组合的效率及对潜在相互联系的深刻理解（Katila & Ahuja，2002），进而通过提高团队中共享想法的质量来激发团队创造力（Hoch，2013）。因此，本研究提出如下假设。

假设 7.4：自组织团队互动强度与外部知识网络利用通过非正式学习对团队创造力产生正向交互作用，即当互动强度水平较高时，外部知识网络利用通过非正式学习对团队创造力产生的积极作用更强。当外部知识网络利用水平较高时，互动强度通过非正式学习对团队创造力产生的积极作用更强。

假设 7.5：自组织团队互动强度与外部知识网络利用通过互惠替代学习对团队创造力产生正向交互作用，即当互动强度水平较高时，外部知识网络利用通过互惠替代学习对团队创造力产生的积极作用更强。当外部知识网络利用水平较高时，互动强度通过互惠替代学习对团队创造力产生的积极作用更强。

7.3 研究方法

7.3.1 数据收集

问卷设计详情如第 6 章 6.3.1 数据收集，此处不再赘述。被调研人员于第一时点评价自组织团队互动强度情况。

7.3.2 变量与测量

为保证测量工具的信效度，本研究所涉及的变量均采用源自权威期刊已发表文献中使用的成熟量表，其中互动强度采用柯江林等学者（2007）开发的量表，由团队成员进行评价。其他变量的测量详见第 6 章 6.3.2，此处不再赘述。

互动强度量表共包含 4 个题项，代表性题项如"团队会举办聚餐、联谊等非正式活动"等（见表 7-1）。采用 Likert 五点评分法（1=从不，3=有时，5=非常频繁）进行测量。其他变量的测量详见第 6 章 6.3.2，此处不再赘述。组内一致性检验结果显示，互动强度的组内评分者信度平均值为 0.78，高于临界值 0.7。组内信度检验结果显示，互动强度的 ICC（1）系数为 0.55，高于临界值 0.12；ICC（2）系数为 0.83，高于临界值 0.47；相应 F 统计值也均显著。

表 7-1　互动强度量表

题项	题项内容	量表来源
II1	团队会举办聚餐、联谊等非正式活动	
II2	团队会开一些讨论会	柯江林等学者
II3	成员会通过电话、电子邮件、聊天软件等进行讨论	（2007）
II4	团队成员会在公司食堂、休息室、走廊等非正式场合交谈	

7.4 研究结果

7.4.1 信效度检验

1. 信度检验

本研究采用软件 SPSS25.0 对互动强度进行信度检验，结果如表 7-2 所示，各题项的 CITC 值均大于 0.5，量表的总克隆巴赫系数为 0.849，大于 0.8。此外，题项删除后的克隆巴赫系数均小于该项所属量表的总克隆巴赫系数值，可见互动强度量表具有良好的一致性、可靠性和稳定性。此外，互动强度量表的组合信度为 0.890（见表 7-3），说明互动强度的组合信度满足要求。其他量表的信度检验详情见第 6 章 6.4.1，此处不再赘述。

表 7-2　互动强度量表信度检验结果

量表名称	题项	CITC 值	题项删除后的克隆巴赫系数	总克隆巴赫系数
互动强度	II1	0.685	0.809	0.849
	II2	0.718	0.795	
	II3	0.711	0.798	
	II4	0.639	0.830	

表 7-3　各变量的平均抽取方差变异量（AVE）和组合信度

量表名称	平均抽取方差变异量	平均抽取方差变异量的平方根	组合信度
互动强度	0.690	0.831	0.890

2. 效度检验

（1）内容效度

内容效度详见第 6 章相应内容，此处不再赘述。

（2）结构效度

互动强度的 KMO 度量为 0.794，表明适合进行因子分析（见表 7-4）。其他变量的结构效度详见第 6 章相应内容，此处不再赘述。

表 7-4　互动强度的 KMO 度量和巴特利特的球形度检验结果

量表名称	KMO 度量和巴特利特的球形度检验结果		
	KMO 度量		0.794
互动强度	巴特利特的球形度检验	χ^2	686.310
		df	6
		Sig.	0.000

进一步借助主成分分析法及方差最大正交旋转进行探索性因子分析，如表 7-5 所示，互动强度量表各题项因子载荷均大于 0.5，表明量表具有良好的结构效度。

表 7-5　探索性因子分析结果

量表名称	题项	因子载荷
	II1	0.827
互动强度	II2	0.854
	II3	0.849
	II4	0.792

（3）聚合效度和区分效度

互动强度的平均抽取方差变异量大于 0.5（见表 7-3），这表明各变量具备良好的聚合效度。验证性因子分析检验结果如表 7-6 所示。其中，五因素模型的模型拟合度最好，卡方自由度比小于 3，RMSEA 为 0.069（小于 0.08）；TLI、CFI 分别为 0.915 和 0.924（均大于 0.9）。由此，本研究所涉及核心变量具有良好的区分效度。

表 7-6　验证性因子分析检验结果

模型	χ^2	df	χ^2/df	IFI	TLI	CFI	RMSEA
单因素模型	1556.929	350	4.448	0.447	0.394	0.439	0.184
二因素模型 1	1287.109	346	3.723	0.569	0.522	0.562	0.163
二因素模型 2	1392.944	346	4.026	0.521	0.469	0.514	0.172
三因素模型 1	720.257	343	2.100	0.828	0.807	0.825	0.104
三因素模型 2	1229.735	343	3.585	0.595	0.546	0.588	0.159
四因素模型 1	552.252	341	1.620	0.904	0.891	0.902	0.078
四因素模型 2	660.405	341	1.937	0.854	0.836	0.852	0.096
五因素模型	504.645	340	1.500	0.925	0.915	0.924	0.069

①单因素模型：团队学习规范＋非正式学习＋互动强度＋外部知识网络利用＋团队创造力
②二因素模型 1：团队学习规范、非正式学习＋互动强度＋外部知识网络利用＋团队创造力
③二因素模型 2：团队学习规范＋非正式学习＋互动强度＋外部知识网络利用、团队创造力
④三因素模型 1：团队学习规范、非正式学习＋外部知识网络利用＋团队创造力、互动强度
⑤三因素模型 2：团队学习规范、非正式学习＋互动强度＋团队创造力、外部知识网络利用
⑥四因素模型 1：团队学习规范、非正式学习＋外部知识网络利用、互动强度＋团队创造力
⑦四因素模型 2：团队学习规范、非正式学习＋团队创造力、互动强度、外部知识网络利用
⑧五因素模型：团队学习规范、非正式学习、互动强度、外部知识网络利用、团队创造力

7.4.2　共同方法偏差

为了尽可能降低共同方法偏差的影响，本研究主要采用了两类控制方法：程序控制和统计控制。程序控制措施如下：（1）本研究先后在 3 个时

点收集数据；（2）本研究的结果变量由团队领导进行评价，其他变量由团队成员进行评价。统计控制措施如下：（1）研究进行了赫尔曼单因子检验，即对调查问卷中的所有条目进行因子分析，第一主成分占 31.168%（小于40% 的判定标准）；（2）本研究采用控制未测量潜在方法因子的方法对共同方法偏差进行检验。将验证性因子分析模型拟合指标与包含方法因子的模型拟合指标进行比较，结果表明，控制了方法因子的模型拟合指标并未显著改善（$\Delta\chi^2/df$=0.066；ΔCFI=0.013；ΔTLI=0.009；ΔRMSEA=0.004；ΔSRMR=0）。综上可知，本研究不存在严重的共同方法偏差。

7.4.3　描述性统计与相关性分析

如表 7-7 所示，互动强度、外部知识网络利用、非正式学习、互惠替代学习与团队创造力显著正相关（r=0.414、0.318、0.410、0.433，$P<0.01$）；互动强度、外部知识网络利用与非正式学习显示出相关作用（r=0.361、0.269，$P<0.01$）；互动强度、外部知识网络利用与互惠替代学习显示出相关作用（r=0.432、0.213，$P<0.01$）。

7.4.4　假设检验

在进行层次回归分析时还要注意是否存在严重的多重共线性问题。吴明隆（2010）指出，如相关系数绝对值大于 0.75，则表明变量间可能存在多重共线性问题。根据相关性分析结果可知，本研究中各变量的相关系数均在合理范围内。此外，本研究中的方差膨胀因子均低于临界值 10。综上，本研究并不存在严重的多重共线性问题。

表 7-7 各变量均值、标准差和相关性分析结果

	1	2	3	4	5	6	7	8	9	10	11
1. 女性	1										
2. 平均年龄	-0.165	1									
3. 平均受教育程度	-.327**	0.171	1								
4. 平均团队任期	-0.070	.343**	-.226*	1							
5. 团队规模	0.101	-0.038	-0.003	-0.111	1						
6. 团队学习规范	0.059	-0.065	0.058	-0.105	-0.002	1					
7. 互动强度	-0.134	0.087	0.142	-0.091	-0.059	0.103	1				
8. 外部知识网络利用	-0.087	0.086	0.076	-0.027	-0.134	0.079	0.193	1			
9. 非正式学习	0.011	0.069	.206*	-0.085	0.009	.211*	.361**	.269**	1		
10. 互惠替代学习	-0.022	0.132	0.117	0.040	-0.023	-0.085	.432**	.213*	.421**	1	
11. 团队创造力	0.135	-0.007	0.044	-0.142	0.093	0.048	.414**	.318**	.410**	.433**	1
平均值	0.545	33.879	2.441	46.172	3.903	4.301	3.662	3.905	3.857	0.804	3.648
标准差	0.339	5.840	0.861	38.783	1.167	0.325	0.710	0.699	0.538	0.146	0.835

1. 主效应检验

假设 7.1 预测自组织团队互动强度对团队创造力有正向影响。为检验此假设，本研究采用层次回归分析方法进行分析，首先纳入控制变量构建回归模型 M1，在回归模型 M1 的基础上加入互动强度构建回归模型 M2，回归分析结果如表 7-8 所示，互动强度与团队创造力间的回归系数显著（$\beta=0.435$，$P<0.001$），且回归模型 M2 显著（$F=3.954$，$P<0.01$），说明自组织团队互动强度对团队创造力具有显著的正向作用，假设 7.1 得到支持。此外，回归模型 M2 调整后的 R^2 值为 0.169，大于回归模型 M1 调整后的 R^2 值，表明在加入互动强度后，回归模型对团队创造力的解释力度提高。

2. 交互效应检验

假设 7.2 预测自组织团队互动强度与外部知识网络利用对非正式学习具有正向的交互作用。为检验此假设，本研究采用层次回归分析法进行分析，首先纳入控制变量构建回归模型 M10，在回归模型 M10 的基础上依次加入互动强度、外部知识网络利用、互动强度与外部知识网络利用的乘积项构建回归模型 M14，回归分析结果如表 7-9 所示，互动强度与外部知识网络利用的乘积项与非正式学习间的回归系数显著（$\beta=0.402$，$P<0.001$；$F=6.567$，$P<0.01$），回归模型 M14 调整后的 R^2 值为 0.329，表明在加入互动强度与外部知识网络利用的乘积项后，回归模型对非正式学习的解释力度提高。通过简单斜率分析发现，当外部知识网络利用水平较高（M+1SD）时，互动强度对团队非正式学习的正向影响显著（$b=1.345$，$t=5.338$，$P<0.001$）；当外部知识网络利用水平较低（M–1SD）时，互动强度对团队非正式学习的正向影响不显著（$b=0.991$，$t=5.553$，$P<0.001$），如图 7-2 所示。当互动强度水平较高（M+1SD）时，外部知识网络利用对团队非正式学习的正向影响显著（$b=1.279$，$t=5.077$，$P<0.001$）；当互动强度水平较

表 7-8　互动强度与团队创造力的回归分析结果

	团队创造力								
	M1	M2	M3	M4	M5	M6	M7	M8	M9
女性百分比	0.144 (0.265)	0.190 (0.242)	0.158 (0.233)	0.160 (0.231)	0.144 (0.228)	0.164 (0.251)	0.133 (0.238)	0.141 (0.231)	0.127 (0.227)
平均年龄	0.058 (0.016)	0.012 (0.014)	0.000 (0.014)	-0.006 (0.014)	-0.010 (0.013)	0.025 (0.015)	0.008 (0.014)	-0.008 (0.014)	-0.012 (0.014)
平均受教育程度	0.050 (0.109)	0.026 (0.099)	-0.028 (0.096)	-0.006 (0.095)	-0.038 (0.094)	0.044 (0.103)	-0.023 (0.099)	-0.004 (0.095)	-0.036 (0.095)
平均团队任期	-0.130 (0.002)	-0.079 (0.002)	-0.079 (0.002)	-0.104 (0.002)	-0.098 (0.002)	-0.108 (0.002)	-0.100 (0.002)	-0.123 (0.002)	-0.115 (0.002)
团队规模	0.066 (0.072)	0.091 (0.065)	0.085 (0.063)	0.090 (0.062)	0.085 (0.061)	0.111 (0.069)	0.099 (0.065)	0.108 (0.063)	0.101 (0.062)
团队学习规范	0.027 (0.258)	-0.017 (0.235)	-0.065 (0.229)	0.025 (0.226)	-0.020 (0.228)	0.000 (0.245)	-0.061 (0.235)	0.040 (0.226)	-0.007 (0.228)
互动强度		0.435*** (0.109)	0.336** (0.111)	0.292** (0.116)	0.253* (0.116)				
外部知识网络利用			0.299** (0.150)			0.339** (0.115)	0.253** (0.112)	0.256** (0.108)	0.219* (0.107)
非正式学习					0.218* (0.155)		0.349*** (0.149)		0.219* (0.156)
互惠替代学习				0.320** (0.558)	0.245* (0.581)			0.394*** (0.514)	0.309*** (0.551)
R^2	0.047	0.226	0.298	0.305	0.339	0.157	0.261	0.300	0.334
调整后的 R^2	-0.012	0.169	0.238	0.246	0.275	0.095	0.198	0.241	0.270
F	0.793	3.954***	4.981***	5.163***	5.300***	2.535*	4.415***	5.045***	5.192***

低（M–1SD）时，外部知识网络利用对团队非正式学习的正向影响不显著（$b=0.921$，$t=5.184$，$P<0.001$），如图 7-3 所示。综上可知，自组织团队互动强度与外部知识网络利用对非正式学习具有正向的交互作用，假设 7.2 得到支持。

假设 7.3 预测自组织团队互动强度与外部知识网络利用对互惠替代学习具有正向的交互作用。为检验此假设，本研究采用层次回归分析方法进行分析，在回归模型 M10 的基础上依次加入互动强度、外部知识网络利用、互动强度与外部知识网络利用的乘积项构建回归模型 M19，回归分析结果如表 7-9 所示，互动强度与外部知识网络利用的乘积项与互惠替代学习间的回归系数显著（$\beta=0.183$，$P<0.05$；$F=3.933$，$P<0.01$），回归模型 M19 调整后的 R^2 值为 0.206，表明在加入互动强度与外部知识网络利用的乘积项后，回归模型对非正式学习的解释力度提高。通过简单斜率分析发现，当外部知识网络利用水平较高（M+1SD）时，互动强度对互惠替代学习的正向影响显著（$b=0.225$，$t=3.187$，$P<0.01$）；当外部知识网络利用水平较低（M–1SD）时，互动强度对互惠替代学习的正向影响不显著（$b=0.181$，$t=3.614$，$P<0.001$），如图 7-4 所示。当互动强度水平较高（M+1SD）时，外部知识网络利用对互惠替代学习的正向影响显著（$b=0.169$，$t=2.377$，$P<0.05$）；当互动强度水平较低（M–1SD）时，外部知识网络利用对互惠替代学习的正向影响不显著（$b=0.125$，$t=2.475$，$P<0.05$），如图 7-5 所示。综上可知，自组织团队互动强度与外部知识网络利用对互惠替代学习具有正向的交互作用，假设 7.3 得到支持。

3. 中介效应检验

假设 7.4 预测自组织团队互动强度与外部知识网络利用通过非正式学习对团队创造力产生正向交互作用。为检验此假设，本研究采用 Bootstrap 方

表 7-9 互动强度、外部知识网络利用对非正式学习、互惠替代学习的交互作用回归分析结果

	非正式学习					互惠替代学习				
	M10	M11	M12	M13	M14	M15	M16	M17	M18	M19
女性百分比	0.073 (0.167)	0.109 (0.159)	0.088 (0.162)	0.117 (0.156)	0.084 (0.140)	0.045 (0.047)	0.093 (0.042)	0.058 (0.046)	0.099 (0.042)	0.084 (0.042)
平均年龄	0.074 (0.010)	0.039 (0.009)	0.050 (0.010)	0.023 (0.009)	0.029 (0.008)	0.104 (0.003)	0.057 (0.003)	0.084 (0.003)	0.046 (0.003)	0.048 (0.002)
平均受教育程度	0.197 (0.069)	0.178 (0.065)	0.192 (0.067)	0.176 (0.064)	0.160 (0.057)	0.125 (0.019)	0.100 (0.017)	0.121 (0.019)	0.098 (0.017)	0.091 (0.017)
平均团队任期	-0.040 (0.002)	-0.001 (0.001)	-0.024 (0.001)	0.008 (0.001)	0.014 (0.001)	0.024 (0.000)	0.077 (0.000)	0.038 (0.000)	0.084 (0.000)	0.086 (0.000)
团队规模	0.001 (0.045)	0.020 (0.043)	0.034 (0.044)	0.045 (0.042)	0.025 (0.038)	-0.021 (0.013)	0.004 (0.011)	0.007 (0.013)	0.022 (0.011)	0.013 (0.011)
团队学习规范	0.196* (0.162)	0.162 (0.154)	0.176 (0.158)	0.150 (0.152)	0.182* (0.137)	-0.086 (0.045)	-0.131 (0.041)	-0.103 (0.045)	-0.140 (0.041)	-0.125 (0.040)
互动强度		0.331** (0.072)		0.299** (0.071)	0.244** (0.065)		0.446** (0.019)		0.423** (0.019)	0.397** (0.019)
外部知识网络利用			0.248* (0.074)	0.200* (0.072)	0.230** (0.065)			0.211* (0.021)	0.145 (0.019)	0.158 (0.019)
互动强度 × 外部 知识网络利用					0.402*** (0.052)					0.183* (0.015)
R^2	0.091	0.195	0.150	0.232	0.386	0.036	0.224	0.079	0.243	0.276
调整后的 R^2	0.034	0.136	0.087	0.167	0.329	-0.024	0.167	0.011	0.179	0.206
F	1.606	3.286**	2.396*	3.558**	6.567***	0.601	3.914**	1.165	3.781**	3.933**

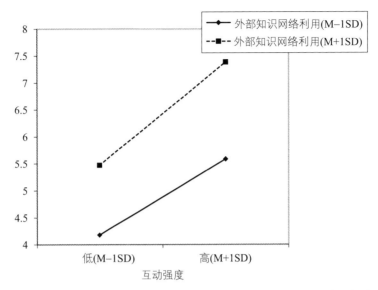

图 7-2　互动强度与外部知识网络利用对非正式学习的交互作用简单斜率分析

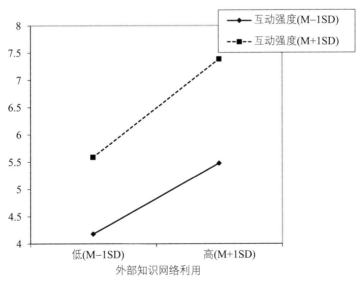

图 7-3　外部知识网络利用与互动强度对非正式学习的交互作用简单斜率分析

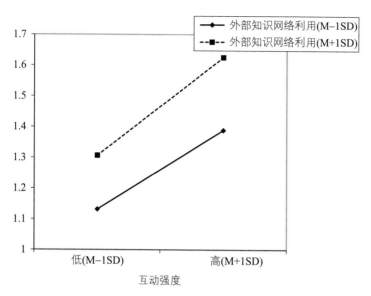

图 7-4　互动强度与外部知识网络利用对互惠替代学习的交互作用简单斜率分析

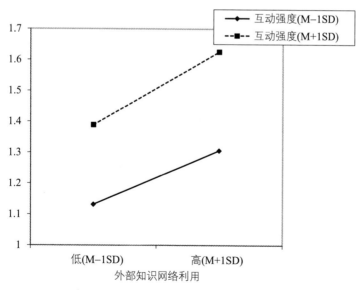

图 7-5　外部知识网络利用与互动强度对互惠替代学习的交互作用简单斜率分析

法进行检验。具体操作在 SPSS 软件与 PROCESS 宏程序（Hayes，2013）中进行，分析模型选择 M7，采用 1000 次重复抽样，纳入分析的控制变量同前述。本研究分析了对称的互动效应，在具体分析时，先后将两个变量（互动强度与外部知识网络利用）分别作为自变量或调节变量。分析结果如表 7-10 所示，被调节的中介效应模型拟合度较佳，95% 置信区间不包括 0 [互动强度作为自变量且外部知识网络利用作为调节变量时，置信区间为（0.027，0.545）；外部知识网络利用作为自变量且互动强度作为调节变量时，置信区间为（0.076，0.564）]。具体来说，当外部知识网络利用水平较高时，互动强度通过非正式学习对团队创造力产生显著的正向间接作用；当外部知识网络利用水平中等及较低时，互动强度通过非正式学习对团队创造力产生的间接作用并不显著。当互动强度水平中等及较高时，外部知识网络利用通过非正式学习对团队创造力产生显著的正向间接作用；当互动强度水平中等及较低时，外部知识网络利用通过非正式学习对团队创造力产生的间接作用并不显著。综上，假设 7.4 得到支持。

假设 7.5 预测自组织团队互动强度与外部知识网络利用通过互惠替代学习对团队创造力产生正向交互作用。为检验此假设，本研究采用 Bootstrap 方法进行检验。具体操作在 SPSS 软件与 PROCESS 宏程序（Hayes，2013）中进行，分析模型选择 M7，采用 1000 次重复抽样，纳入分析的控制变量同前述。本研究分析了对称的互动效应，在具体分析时，先后将两个变量（互动强度与外部知识网络利用）分别作为自变量或调节变量。分析结果如表 7-11 所示，95% 置信区间均包括 0 [互动强度作为自变量且外部知识网络利用作为调节变量时，置信区间为（−0.037，0.539）；外部知识网络利用作为自变量且互动强度作为调节变量时，置信区间为（−0.080，0.447）]。因此，假设 7.5 并未得到支持。

表 7-10 互动强度与外部知识网络利用对团队创造力的直接与间接作用分析结果

互动强度对团队创造力的直接作用

效应值	SE	t	p	LLCI	ULCI
0.3950	0.175	2.262	0.026	0.048	0.742

外部知识网络利用对团队创造力的直接作用

效应值	SE	t	p	LLCI	ULCI
0.302	0.115	2.627	0.010	0.074	0.530

被调节的中介模型指数

中介变量	INDEX	SE（Boot）	BootLLCI	BootULCI
非正式学习	0.236	0.133	0.027	0.545

被调节的中介模型指数

中介变量	INDEX	SE（Boot）	BootLLCI	BootULCI
非正式学习	0.275	0.122	0.076	0.564

外部知识网络利用不同水平下被调节的中介效应

中介变量	Value of EKNU	Effect	Boot SE	BootLLCI	BootULCI
非正式学习	-0.699	-0.079	0.095	-0.329	0.048
	0	0.086	0.067	-0.004	0.285
	0.699	0.251	0.132	0.036	0.580

互动强度不同水平下被调节的中介效应

中介变量	Value of II	Effect	Boot SE	BootLLCI	BootULCI
非正式学习	-0.710	-0.100	0.074	-0.281	0.000
	0	0.096	0.051	0.013	0.233
	0.710	0.291	0.121	0.089	0.599

注：非正式学习作为中介变量。

表 7-11 互动强度与外部知识网络利用对团队创造力的直接与间接作用分析结果

互动强度对团队创造力的直接作用

效应值	SE	t	p	LLCI	ULCI
0.344	0.225	1.527	0.130	-0.103	0.790

被调节的中介模型指数

中介变量	INDEX	SE（Boot）	BootLLCI	BootULCI
互惠替代学习	0.115	0.136	-0.037	0.539

外部知识网络利用不同水平下被调节的中介效应

中介变量	Value of EKNU	Effect	Boot SE	BootLLCI	BootULCI
互惠替代学习	-0.699	0.070	0.097	-0.105	0.254
	0	0.150	0.075	0.038	0.354
	0.699	0.230	0.140	0.031	0.626

外部知识网络利用对团队创造力的直接作用

效应值	SE	t	p	LLCI	ULCI
0.305	0.104	2.947	0.0047	0.100	0.511

被调节的中介模型指数

中介变量	INDEX	SE（Boot）	BootLLCI	BootULCI
互惠替代学习	0.141	0.137	-0.080	0.447

互动强度不同水平下被调节的中介效应

中介变量	Value of II	Effect	Boot SE	BootLLCI	BootULCI
互惠替代学习	-0.710	-0.026	0.125	-0.341	0.155
	0	0.074	0.067	-0.040	0.225
	0.710	0.175	0.111	-0.002	0.431

注：互惠替代学习作为中介变量。

7.5 结果讨论

在 VUCA 时代，自组织团队作为创新的主要载体已经受到了诸多关注，而创新是各类知识的重新组合，因此，团队外部知识的获取与内部知识的聚合均会影响自组织团队创造力。本研究的重点在于探讨自组织团队内部网络的互动强度与外部知识网络利用如何通过影响团队学习进而提升团队创造力。本研究的研究结果发现：

首先，自组织团队互动强度对团队创造力有积极影响。这一研究结果与前人研究结果相一致，例如，里根斯和麦克维利（2003）认为，成员之间的高频率互动能够促进知识与信息的传播与共享，进而有助于创造力的提升。但是，现有研究大多聚焦于团队正式的工作交流与知识共享对团队创造力的影响机制，忽略了团队内部社会网络中的互动结构为提高团队创造力带来的积极影响。本研究聚焦团队内部社会网络中的互动强度对团队创造力的影响，纵向拓展团队内部社会网络对团队创造力产生影响的具体要素，同时丰富了自组织团队创造力的研究。

其次，外部知识网络利用对团队创造力有正向影响。过往研究更多考察的是企业知识网络和个人知识网络对创新的影响（倪旭东、薛宪方，2014），而较少关注外部知识网络利用，现有关于外部网络对团队创造力影响的研究成果屈指可数（黄同飞、彭灿，2015）。本研究的研究结果表明，外部知识网络利用能够促进团队创造力的提升。

再次，自组织团队互动强度和外部知识网络利用对于非正式学习和互惠替代学习均有正向交互作用。互动认知理论认为个体及其环境共同构成了一个认知加工系统（Cooke et al., 2012）。外部知识网络利用为自组织团队成员学习和创新找到了"外部知识源",自组织团队内部的互动则提供了"内部知识源",还为团队内外知识的流动提供了渠道,即团队内外网络共同构成了自组织团队学习的空间(周长辉、曹英慧,2011)。本研究的研究成果进一步表明,团队内外部网络是团队学习的重要前因变量。

最后,非正式学习是自组织互动强度和外部知识网络利用对团队创造力发挥交互作用的关键路径。工作中的社会互动有助于员工的学习(Eraut,2000)。通过非正式学习,蕴藏在团队内外部网络中的异质性知识能够得以传播、交流并重新组合,从而提升团队创造力。但本研究的结果并不支持互惠替代学习作为自组织互动强度和外部知识网络利用对团队创造力发挥交互作用的路径。究其原因在于,团队成员通过自主学习而非彼此之间的经验学习,即通过有意识的、自我主导的单向、独立的观察及模仿更有助于将团队内外部网络中蕴藏的知识转化为团队创造力。

第 8 章

信任网络对自组织团队创造力的影响

8.1 信任网络与团队创造力

在团队环境中，团队内部信任作为创造力的主要预测因素得到了广泛关注，学者们从社会交换理论（Lenka & Gupta，2020）及信息处理理论（Khan et al.，2015）等不同视角对二者间的关系及作用机制进行了探究。然而，现有研究仅关注了团队内部信任对团队创造力的影响作用，却忽略了团队外部因素可能发挥的共同作用。事实上，团队并非封闭单元，团队开放性特征意味着团队与外部进行了广泛且密切的联系（郝丽风、李晓庆，2012）。由于技术和市场环境快速变化，研发团队难以仅凭借其知识存量提出关于新产品和服务的突破性想法，而积极参与外部沟通以及从各种外部来源积累先进信息和知识已被证明是研发团队取得成功的最佳途径（Chuang，Jackson & Jiang，2016；Zhou & Li，2012）。就自组织团队而言，其团队成员往往是自发组建或自愿参与的，成员之间天然就有一定的信任基础，同时，自组织团队成员之间的地位平等和高强度的坦诚互动使得内部成员之间的信任高于一般团队（郝丽风、李晓庆，2012）。因此，本研究选择代表团队内部社会网络关系质量的信任作为研究的自变量，并在同一框架中考察自组织团队内外部因素（团队内部信任网络与团队外部知识网络）对团队过程及团队创造力的共同影响作用。

团队输入转化为团队创造力需要经过特定的团队过程。作为激发团队创造力的一种重要的知识处理过程，团队学习活动通常涉及团队成员通过协调和整合个人认知进行的社会认知和人际互动过程，这是因为学习既离不开学习者个体的自主学习，也需要社会性的合作学习（邵朝友、韩文杰，2020）。因此，本研究引入表示团队成员自主学习的非正式学习与表示团队成员间双向互惠学习的互惠替代学习分别作为中介变量。社会认知理论的观点认为，认知、情感和其他个人因素及环境因素是人类行为的交互决定因素（Bandura，1986；2001）。社会系统（如团队）的基本分析单位通常是个体行为（Gong et al.，2013；Morgeson & Hofmann，1999），个体行为在空间和时间上相遇，导致社会互动，进而产生了诸如团队学习等集体现象（Morgeson & Hofmann，1999）。已有研究指出，团队学习过程受到团队内外部多种因素的影响，外部环境（如外部知识网络）可以为团队学习提供有关技术和市场的最新信息，团队内部因素（如团队内部网络结构）会影响知识的交流与整合（Bresman & Zellmer-Bruhn，2013）。基于上述理论可知，同时考察自组织团队内部信任网络和外部知识网络对于理解团队学习这一过程至关重要。就自组织团队内部来说，团队成员间的信任通常被划分为认知维度和情感维度（McAllister，1995）。团队成员之间的认知信任基于他们对团队成功完成任务的能力和专业性的信念，对团队的高水平认知信任将激励团队成员在团队中工作时进行更多合作（Lyndon，Pandey & Navare，2020；Chou et al.，2013）。团队成员间的情感信任则基于他们对团队提供的情感支持和对自身福利的真正关心。高水平的情感信任可以带来心理安全氛围，团队成员间彼此尊重且愿意表达观点或表现出弱点（Barczak，Lassk & Mulki，2010）。就自组织团队外部来说，外部知识网络利用意味着团队能够获得更为丰富的知识资源和新鲜思想，为团队活动提供更多的异质性知识（黄琼雅，2015）。综上，本研究认为自组织团队内部的认知信任、情感信任与外部知识网络利用分别为团队学习提供了良好的互动氛围及异质性的知识资源，对团队学习产生交互影响作用。

基于团队创造力模型与社会认知理论，本研究进一步提出团队学习（非正式学习、互惠替代学习）是一个重要的中介过程，以自组织团队区别于一般团队的团队人际信任（认知信任、情感信任）与外部知识网络利用作为团队输入因素，其交互作用将通过团队学习（非正式学习、互惠替代学习）这一团队过程影响团队创造力。在这一问题的引导下，本研究构建了一个关于团队内部信任网络、团队外部知识网络、团队学习（非正式学习、互惠替代学习）和团队创造力的理论模型，研究模型如图 8-1 所示。在这个模型中，本研究整合了两类重要但以往常被孤立探讨的团队输入因素，推动了自组织团队内外部网络交互作用下的团队创造力研究。此外，本研究结合认知过程与社交过程着重探究了团队成员自主学习与团队成员间双向互惠学习在团队输入因素与团队创造力间的中介作用，有助于从微观层面理解自组织团队创造力的具体生成机制。

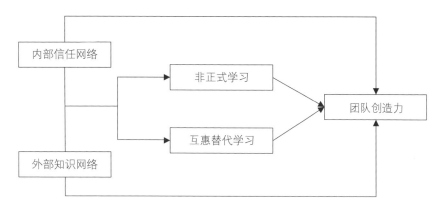

图 8-1　研究模型

8.2　信任网络影响自组织团队创造力的机理

8.2.1　信任网络与团队创造力

　　人际信任可以定义为个体基于对他人意图或行为的积极预期而接受脆弱性的意愿（Rousseau et al.，1998）。团队中的人际信任需要考虑两个角色（委托人和受托人）及两个层面（个体和团队）。在个体层面上，无论是委托人还是受托人产生的信任均具有基于社会交换互动的理性选择特征（Rousseau et al.，1998）。当委托人意识到受托人打算执行对自身有益的行为时，信任便会产生，反之亦然。随着委托人和受托人之间的反复互动，团队人际信任逐渐建立起来，形成团队内部信任网络（Gupta et al.，2016）。自组织团队因其自发性和自主性使得团队成员在目标和利益上的一致性更高，成员之间的互动更为频繁，因而内部信任网络更为凸显。在已有文献中，应用最普遍的分类之一便是麦卡利斯特（McAllister，1995）将信任划分为情感维度和认知维度。情感信任强调情感纽带，是个体在与他人互动过程中基于自身情感参与感和他人对自身福利的真正关心而建立的，侧重于关系、宽恕、移情，甚至利他主义；而认知信任是个体在与他人互动过程中基于对他人的可靠性和能力的认知评估而建立的（Schaubroeck，Lam & Peng，2011；Zhu et al.，2013）。情感信任和认知信任是团队信任发展的两种主要形式。从定义和来源来看，团队情感信任是个体基于同事所表现出的关心和关怀的感觉而对团队成员的信任，团队认知信任则是基于个体愿意依赖团队成员的专业知识和可靠性而产生的（McAllister，1995；De Jong，Dirks & Gillespie，2016）。二者在对团队绩效结果产生影响作用方面存在共同之处，但也具有差异化的功能，会对团队绩效结果做出独特的贡献（Schaubroeck，Lam & Peng，2011）。在具体测量上，以往学者多采用团队成员给出团队信任得分并计算平均值的方式来测量团队信任，然而这种处理方式在一定程度上导致了团队信任的内涵与测量之间的脱节。团队信任来源于团队成员之间的相互信任从而形成团队整体信任。根据社会网络理论的观点，信任网络二元连带的强度越大，成员之间越倾向于相互信任（Scott，2005）。因此，本研究采用社会网络方法来测量自组织团队的情感信任与认知信任。

在自组织团队内部，对团队人际信任的信心一方面使得个体能够放心地将自身精力及资源更多地贡献于实现团队目标，另一方面促使团队成员开展有效合作，分享及交换各种资源，而团队成员的积极参与及团队内部的合作交流对提升团队创造力来说大有裨益（Liu，2020）。如果团队人际信任缺失，团队成员为了保护自身利益更倾向于采取防御行为。防御行为不仅会消耗自身精力及资源，还会阻碍团队成员间的协作及交流（McAllister，1995）。作为人际信任的两种形式，情感信任与认知信任均会对团队创造力产生独特的影响。具体来说,当团队成员认为团队真正关心他们的福利时(基于情感的团队信任),他们将拥有较高水平的心理安全感,能够无负担地提出敏感问题和披露个人信息,并积极参与团队内部协作。高水平的团队凝聚力和积极氛围将有助于团队富有创造性地解决任务问题(Marks,Mathieu & Zaccaro,2001;Schaubroeck,Lam & Peng,2011)。而当团队成员将团队视为有能力和胜任力的团队时(即基于认知的团队信任),能够增强自身对团队成功实现其创新目标的能力的信念。一方面,团队成员间对彼此能力的相互依赖有助于推动自有知识资源毫无保留的分享及交流,进而找到基于共同理解的创新性解决方案;另一方面,认知信任有助于团队成员积极地朝着团队创新目标开展面向任务的团队合作行为,专注于核心任务,从而提高团队创新效率(Marks,Mathieu & Zaccaro,2001;Schaubroeck,Lam & Peng,2011)。综上,提出以下假设。

假设 8.1: 自组织团队认知信任能够正向促进团队创造力。

假设 8.2: 自组织团队情感信任能够正向促进团队创造力。

8.2.2 信任网络、外部知识网络对非正式学习与互惠替代学习的交互效应

人际信任被认为是创造强大的社会互动、合作、团结和团队精神的最重要因素(Erdem & Ozen,2003),它能够降低互动的感知风险和不确定性,并通过协调、整合个人认知和人际互动促进团队学习(Van den Bossch et al.,2006)。具体来说,在自组织团队中,人际信任一方面有利于团队成员在寻求知识时减少顾虑,降低无能感及尴尬感,另一方面有助于打消团队成员对放弃知识所有权或者无法获得回报的顾虑(Tu et al.,2020)。除了

上述共同影响，情感信任与认知信任还会对团队学习产生独特的推动作用。

在自组织团队中，情感信任能够通过提升知识分享的心理安全感，促进团队成员广泛分享私有知识，并获得情感支持来促进团队学习。具体而言，在具有高度情感信任的团队中，团队成员真诚地关心同事的福祉（Chen et al.，2014；Chua，Ingram & Morris，2008），并倾向于自发地做出贡献和相互帮助。在这样的安全氛围中，团队成员将毫无恐惧地分享信息，这有助于团队成员更好地获取其他团队成员的经验及知识（Schaubroeck，Lam & Peng，2011），为团队成员进行非正式学习及互惠替代学习提供丰富的材料。此外，团队成员彼此将更倾向于表达对失败或是成功经验的情感支持，在互动关系中建立友谊感。这将促使他们互相寻求帮助，分享更多的隐性私人知识，还能够促进更开放、更彻底的讨论，并对经验进行更深刻的自我反思与共同分析（Ingram & Roberts，2000），进而促进非正式学习与互惠替代学习。

自组织团队认知信任能够通过提升知识分享与接受水平、降低因监控与防御而产生的资源耗费、强化对彼此观点的尊重与深刻交流来促进团队学习。具体来说，在团队中工作，如果个体对自己的专业知识充满信心，而团队中其他人亦信任其专业能力，那么该个体将更加乐于向其他团队成员分享自有知识资源。如果个体对其团队成员在知识和技能方面的能力有信心，该个体也会更加愿意寻求并接受来自其他成员的知识分享。与此同时，高水平的团队认知信任减少了监控和防御行为的需要（McAllister，1995），这意味着团队成员不需要花费额外的资源来规避被剥削的恐惧，从而有助于激励团队成员进行高效率的交流及更多的合作（Khan et al.，2015）。综上可知，在不需要考虑潜在风险的条件下，团队认知信任有助于团队成员保存较多的认知资源及精力进行知识资源的分享与接受（Mayer &

Gavin，2005），这无疑为非正式学习与互惠替代学习提供了资源及条件。此外，当团队成员彼此认可各自的知识和能力时，在互动过程中会倾向于尊重并认真考虑对方的观点，此时他们很容易对某个物体或某种经验的意义形成一种突发的、共同的理解，并相应地产生对行动的共同期望（Dionysiou & Tsoukas，2013），从而激发互惠替代学习。

在团队内部信任网络促进团队学习的同时，外部知识网络能够通过提供新颖、异质性的信息及知识推动团队学习。具体来说，外部知识网络利用有助于团队成员接触新的想法及知识，为团队成员参与非正式学习与互惠替代学习提供了必要的学习资料。外部市场环境与技术的快速变化可能使得团队已有的知识库很快过时（Chuang，Jackson & Jiang，2016；Zhou & Li，2012），而团队成员通过积极参与外部知识的自由交流，不仅能够获得新的信息和知识，还能接触到不同的思维方式与问题解决路径，促使团队及其成员不断审视自身既有知识及相关不足，并主动进行学习（Luan et al.，2016；Katila & Ahuja，2002）。更为重要的是，外部知识网络往往可以为团队提供更多的异质性知识，这些异质性知识可以增加团队的认知柔性，避免团队的惯例化思维陷阱。经常暴露在不同观点和方法中的团队成员有了额外的经验，用以挑战或补充团队已有经验，并获得更多新的经验（如以前不知道的经验），从而为团队成员的学习互动提供更多的材料，促进新知识（可能是细微差别）的发展（Luan et al.，2016；Katila & Ahuja，2002）。正如贝克、格林斯坦和哈曼奇奥卢（Baker，Grinstein & Harmancioglu，2016）在其研究中指出的，更多的感知机会和替代方案增强和加速了与学习相关的解释过程，为团队成员在话语互动中共同构建理解提供了条件。

考虑到自组织团队虽然自主性较高，但并非存在于真空中，团队学习活动可能同时受到团队内部情感及认知因素与团队外部环境的共同影响。

基于社会认知理论，本研究认为自组织团队情感及认知因素（团队内部情感信任网络、团队内部认知信任网络）与自组织团队外部环境因素（外部知识网络利用）对团队学习活动（团队非正式学习、互惠替代学习）具有交互作用。在情感信任水平高的团队互动中，团队成员更倾向于毫无保留地分享自己的想法及知识，专注于任务、探索各种想法的可能性，此时外部知识网络利用为团队学习提供的知识资源显得更为有用，这是因为新颖的知识资源在情感支持的互动环境中能够得到更好的利用。因此，本研究认为情感信任与外部知识网络利用水平较高的团队有资源且有条件开展团队学习活动。

与情感信任提供心理安全感不同，认知信任为团队成员在互动过程中积极参与认知活动提供了有利条件。当团队认知信任水平高时，团队成员对自己的专业知识及知识和技能方面的能力有十足的信心，倾向于向其他团队成员分享知识及接收来自其他团队成员的知识，并愿意尊重各自的观点且能够进行深刻的交流，知识整合能力得到强化。此时外部知识网络利用提供的打破团队惯例的异质性知识资源可以为团队提供更多的材料进行反思。当团队认知信任与外部知识网络利用同时保持较高水平时，团队认知信任带来的团队成员对彼此能力的认可及尊重态度为外部知识的内化及利用提供了温床，而外部知识网络利用有助于更新自组织团队既有的知识资源池，促进团队成员及时调整自组织团队知识及技术以适应外部环境的动态变化。因此，本研究认为认知信任与外部知识网络利用水平较高的团队更有资源且有条件开展团队学习活动。

假设 8.3：自组织团队的情感信任与外部知识网络利用对非正式学习具有正向的交互作用，即当情感信任水平较高时，外部知识网络利用与非正式学习间的正向关系更强。当外部知识网络利用水平较高时，情感信任与非正式学习间的正向关系更强。

假设 8.4：自组织团队的情感信任与外部知识网络利用对互惠替代学习具有正向的交互作用，即当情感信任水平较高时，外部知识网络利用与互惠替代学习间的正向关系更强。当外部知识网络利用水平较高时，情感信任与互惠替代学习间的正向关系更强。

假设 8.5：自组织团队的认知信任与外部知识网络利用对非正式学习具有正向的交互作用，即当认知信任水平较高时，外部知识网络利用与非正式学习间的正向关系更强。当外部知识网络利用水平较高时，认知信任与非正式学习间的正向关系更强。

假设 8.6：自组织团队的认知信任与外部知识网络利用对互惠替代学习具有正向的交互作用，即当认知信任水平较高时，外部知识网络利用与互惠替代学习间的正向关系更强。当外部知识网络利用水平较高时，认知信任与互惠替代学习间的正向关系更强。

8.2.3　非正式学习、互惠替代学习的中介作用

上文分析了自组织团队情感信任、自组织团队认知信任与外部知识网络利用对非正式学习、互惠替代学习的交互作用。团队内部信任网络作为团队因素为团队发展认知及互动过程提供了良好氛围，外部知识网络利用作为环境因素提供了新颖、异质性的知识。而非正式学习、互惠替代学习主要涉及协调和整合个人认知的社会认知和人际互动过程，是促进团队创造力产生的重要团队过程。

以往的研究指出，非正式学习一方面有助于增加及深化团队成员的知识、提高其能力，另一方面还能够帮助团队成员学习新的知识及技能，知

识的深化与积累有助于团队成员产生更多新颖、独特的想法（Wolfson et al.，2018）。哈里森和劳斯（2015）在其研究中指出，创新工作者能够在反馈交流互动过程中拓展创新问题的解决空间。团队能够从通过知识更新和技能升级以应对外部变化、提出创新解决方案的团队成员中获益（Noe，Tews & Marand，2013）。除了增量知识的积极作用，团队成员非正式学习的反思反馈活动也有助于通过提高其想法的质量来激发团队创造力（Hoch，2013）。与非正式学习通过知识的深化与积累来提升团队创造力不同，互惠替代学习则通过发展团队共同理解来促进团队创造力。一方面，互惠替代学习聚焦于每个个体在相互替代学习中理解他人的知识及经验的过程。高水平的互惠替代学习意味着团队成员进行着深度学习互动，这有助于团队成员熟知彼此的知识技能及工作经验，进而更有效地整合创新所需知识（Myers，2018；2021）。另一方面，二元互惠学习关系中经验和知识的相互分享不仅能够提升彼此的领域相关知识和创造力相关技能，还能提高有限创意元素重复组合的效率及对潜在相互联系的深刻理解（Katila & Ahuja，2002），进而通过提高团队中共享想法的质量从而激发团队创造力（Hoch，2013）。此外，互惠替代学习过程中相互激发反思重构的过程也能够带来创新性想法的进一步循环，从而提升团队创造力。

结合前文论述，本研究认为团队内部人际信任（团队内部情感信任、团队内部认知信任）与外部知识网络利用作为输入因素，能够通过对团队学习（非正式学习、互惠替代学习）这一过程产生交互影响作用，进而提升团队创造力。团队内部人际信任及外部知识网络带来的团队心理安全氛围、团队合作互助氛围及新颖、异质性的知识有助于团队成员进行自主学习及互惠替代学习，有效整合和利用团队内外部知识，进而提出创造性的解决方案。综上，提出以下假设。

假设 8.7：情感信任与外部知识网络利用通过非正式学习对团队创造力产生正向交互作用，即当情感信任水平较高时，外部知识网络利用通过非正式学习对团队创造力产生的积极作用更强。当外部知识网络利用水平较高时，情感信任通过非正式学习对团队创造力产生的积极作用更强。

假设 8.8：情感信任与外部知识网络利用通过互惠替代学习对团队创造力产生正向交互作用，即当情感信任水平较高时，外部知识网络利用通过互惠替代学习对团队创造力产生的积极作用更强。当外部知识网络利用水平较高时，情感信任通过互惠替代学习对团队创造力产生的积极作用更强。

假设 8.9：认知信任与外部知识网络利用通过非正式学习对团队创造力产生正向交互作用，即当认知信任水平较高时，外部知识网络利用通过非正式学习对团队创造力产生的积极作用更强。当外部知识网络利用水平较高时，认知信任通过非正式学习对团队创造力产生的积极作用更强。

假设 8.10：认知信任与外部知识网络利用通过互惠替代学习对团队创造力产生正向交互作用，即当认知信任水平较高时，外部知识网络利用通过互惠替代学习对团队创造力产生的积极作用更强。当外部知识网络利用水平较高时，认知信任通过互惠替代学习对团队创造力产生的积极作用更强。

8.3　研究方法

8.3.1　数据收集

问卷设计详情如第 6 章 6.3.1 数据收集，此处不再赘述。被调研人员于第一时点评价自组织团队情感信任网络与认知信任网络情况。

8.3.2 变量与测量

为保证测量工具的信效度，本研究所涉及的变量均采用源自权威期刊已发表文献中使用的成熟量表，其中团队认知信任、团队情感信任采用社会网络方法进行测量。其他变量的测量详见第 6 章 6.3.2，此处不再赘述。

人际信任采用麦卡利斯特（1995）的人际信任问卷。借鉴古普塔等学者（Gupta et al.，2016）以及周密、赵西萍和司训练（2009）的做法，采用花名册方法，由团队成员之间两两进行相互评价，根据评价得分建立信任网络关系矩阵，并使用式（8-1）计算自组织团队信任水平。人际信任共包括两个维度：（1）情感信任，共包含 5 个题项，代表性题项如"我与他 /她（姓名）关系良好"等；（2）认知信任，共包含 6 个题项，代表性题项如"看到他 / 她（姓名）工作之后，我会毫不怀疑他 / 她对工作所付出的努力"等（见表 8-1）。

$$T= \frac{(\sum_{a=1,n} \sum_{b=1,n} f_{ab})}{n(n-1)} \quad (a \neq b) \qquad (8\text{-}1)$$

注：T 表示自组织团队信任水平，f_{ab} 表示二元信任关系得分，n 表示自组织团队网络中节点数量。

表 8-1　人际信任量表的测量题项

量表名称	题项	题项内容	量表来源
情感信任	EBT1	我与他 / 她（姓名）关系良好	麦卡利斯特（1995）
	EBT2	他 / 她（姓名）愿意倾听我向他 / 她诉说我的困难	
	EBT3	如果他 / 她（姓名）离开了公司，我会感觉很失落	
	EBT4	他 / 她（姓名）经常能够给我提供建设性（有帮助）的意见	
	EBT5	我会花很多时间维系自己和他 / 她（姓名）之间的感情	

（续表）

量表名称	题项	题项内容	量表来源
认知信任	CBT1	他 / 她（姓名）工作十分专业与敬业	麦卡利斯特（1995）
	CBT2	看到他 / 她（姓名）工作之后，我会毫不怀疑他 / 她对工作所付出的努力	
	CBT3	他 / 她（姓名）会在我的工作遇到困难时给我提供帮助	
	CBT4	我和他 / 她（姓名）是很好的合作伙伴，我们相互信任	
	CBT5	和他 / 她（姓名）接触时，我认为他 / 她是可信的	
	CBT6	他 / 她（姓名）越了解我，越会主动关心我的工作情况	

8.4 研究结果

8.4.1 信度和效度检验

信效度检验见第 6 章相应章节内容，此处不再赘述。

8.4.2 共同方法偏差分析

共同方法偏差检验见第 6 章相应章节内容，此处不再赘述。

8.4.3 描述性统计与相关性分析

如表 8-2 所示，外部知识网络利用、情感信任、认知信任、非正式学习、互惠替代学习与团队创造力显著正相关（r=0.318、0.533、0.558、0.410、0.433，P<0.01）；外部知识网络利用、情感信任、认知信任与非正

表 8-2　各变量均值、标准差和相关性分析结果

	1	2	3	4	5	6	7	8	9	10	11	12
1. 女性百分比	1											
2. 平均年龄	-0.165	1										
3. 平均受教育程度	-.327**	0.171	1									
4. 平均团队任期	-0.070	.343**	-.226*	1								
5. 团队规模	0.101	-0.038	-0.003	-0.111	1							
6. 团队学习规范	0.059	-0.065	0.058	-0.105	-0.002	1						
7. 外部知识网络利用	-0.087	0.086	0.076	-0.027	-0.134	0.079	1					
8. 情感信任	0.111	-0.067	-0.005	-0.012	-0.118	0.023	0.117	1				
9. 认知信任	0.001	-0.034	0.081	0.033	0.054	0.113	0.087	.567**	1			
10. 非正式学习	0.011	0.069	.206*	-0.085	0.009	.211*	.269**	.300**	.306**	1		
11. 互惠替代学习	-0.022	0.132	0.117	0.040	-0.023	-0.085	.213*	.351**	.343**	.421**	1	
12. 团队创造力	0.135	-0.007	0.044	-0.142	0.093	0.048	.318**	.533**	.558**	.410**	.433**	1
平均值	0.545	33.879	2.441	46.172	3.903	4.301	3.905	3.902	4.058	3.857	0.804	3.648
标准差	0.339	5.840	0.861	38.783	1.167	0.325	0.699	0.682	0.686	0.538	0.146	0.835

式学习显著正相关（ r=0.269、0.300、0.306， P<0.01 ），外部知识网络利用、情感信任、认知信任与互惠替代学习显著正相关（ r=0.213、0.351、0.343， P<0.05 ）。

8.4.4　假设检验

在进行分层回归分析时还要注意是否存在严重的多重共线性问题。吴明隆（2010）指出，如相关系数绝对值大于 0.75 则表明变量间可能存在多重共线性问题。根据相关性分析结果可知，本研究中各变量的相关系数均在合理范围内。此外，本研究中的方差膨胀因子均小于 5，低于临界值 10。综上，本研究并不存在严重的多重共线性问题。

1. 主效应检验

假设 8.1 预测自组织团队认知信任对团队创造力有正向影响。为检验此假设，本研究采用层次回归分析方法进行分析，首先纳入控制变量构建回归模型 M1，在回归模型 M1 的基础上加入情感信任构建回归模型 M2，回归分析结果如表 8-3 所示，情感信任与团队创造力间的回归系数显著（ β=0.545， P<0.001 ），且回归模型 M2 显著（ F=6.819， P<0.01 ）。此外，回归模型 M2 调整后的 R^2 为 0.285，表明在加入情感信任后，回归模型对团队创造力的解释力度提高。综上，认知信任对团队创造力具有显著的正向作用，假设 8.1 得到支持。

假设 8.2 预测自组织团队情感信任对团队创造力有正向影响。为检验此假设，本研究采用层次回归分析方法进行分析，首先纳入控制变量构建回归模型 M10，并在回归模型 M10 的基础上加入认知信任构建回归模型 M11，回归分析结果如表 8-4 所示，认知信任与团队创造力间的回归系数显

表 8-3　情感信任、外部知识网络利用与团队创造力的回归分析结果

	团队创造力								
	M1	M2	M3	M4	M5	M6	M7	M8	M9
女性百分比	0.144 (0.265)	0.072 (0.225)	0.063 (0.216)	0.073 (0.214)	0.067 (0.211)	0.164 (0.251)	0.133 (0.238)	0.141 (0.231)	0.127 (0.227)
平均年龄	0.058 (0.016)	0.093 (0.013)	0.068 (0.013)	0.056 (0.013)	0.048 (0.013)	0.025 (0.015)	0.008 (0.014)	-0.008 (0.014)	-0.012 (0.014)
平均受教育程度	0.050 (0.109)	0.022 (0.092)	-0.026 (0.090)	-0.009 (0.088)	-0.035 (0.088)	0.044 (0.103)	-0.023 (0.099)	-0.004 (0.095)	-0.036 (0.095)
平均团队任期	-0.130 (0.002)	-0.140 (0.002)	-0.128 (0.002)	-0.145 (0.002)	-0.136 (0.002)	-0.108 (0.002)	-0.100 (0.002)	-0.123 (0.002)	-0.115 (0.002)
团队规模	0.066 (0.072)	0.138 (0.061)	0.127 (0.059)	0.130 (0.058)	0.124 (0.057)	0.111 (0.069)	0.099 (0.065)	0.108 (0.063)	0.101 (0.062)
团队学习规范	0.027 (0.258)	0.022 (0.217)	-0.029 (0.213)	0.047 (0.208)	0.006 (0.211)	0.000 (0.245)	-0.061 (0.235)	0.040 (0.226)	-0.007 (0.228)
情感信任		0.545*** (0.104)	0.465*** (0.106)	0.441*** (0.107)	0.409*** (0.107)				
外部知识网络利用						0.339** (0.115)	0.253** (0.112)	0.256** (0.108)	0.219* (0.107)
非正式学习			0.265** (0.138)		0.184 (0.145)		0.349*** (0.149)		0.219* (0.156)
互惠替代学习				0.286** (0.499)	0.220* (0.527)			0.394*** (0.514)	0.309** (0.551)
R^2	0.047	0.334	0.392	0.403	0.427	0.157	0.261	0.300	0.334
调整后的 R^2	-0.012	0.285	0.340	0.352	0.372	0.095	0.198	0.241	0.270
F	0.793	6.819**	7.547***	7.929***	7.702***	2.535*	4.415***	5.045***	5.192***

表 8-4 认知信任、外部知识网络利用与团队创造力的回归分析结果

	团队创造力								
	M10	M11	M12	M13	M14	M15	M16	M17	M18
女性百分比	0.144 (0.265)	0.131 (0.218)	0.113 (0.209)	0.121 (0.208)	0.111 (0.205)	0.164 (0.251)	0.133 (0.238)	0.141 (0.231)	0.127 (0.227)
平均年龄	0.058 (0.016)	0.102 (0.013)	0.077 (0.013)	0.066 (0.013)	0.057 (0.012)	0.025 (0.015)	0.008 (0.014)	-0.008 (0.014)	-0.012 (0.014)
平均受教育程度	0.050 (0.109)	-0.018 (0.090)	-0.062 (0.088)	-0.041 (0.086)	-0.066 (0.086)	0.044 (0.103)	-0.023 (0.099)	-0.004 (0.095)	-0.036 (0.095)
平均团队任期	-0.130 (0.002)	-0.191* (0.002)	-0.173 (0.002)	-0.188* (0.002)	-0.175* (0.002)	-0.108 (0.002)	-0.100 (0.002)	-0.123 (0.002)	-0.115 (0.002)
团队规模	0.066 (0.072)	0.031 (0.059)	0.036 (0.057)	0.043 (0.057)	0.043 (0.056)	0.111 (0.069)	0.099 (0.065)	0.108 (0.063)	0.101 (0.062)
团队学习规范	0.027 (0.258)	-0.036 (0.213)	-0.080 (0.208)	-0.001 (0.205)	-0.041 (0.207)	0.000 (0.245)	-0.061 (0.235)	0.040 (0.226)	-0.007 (0.228)
认知信任		0.572*** (0.101)	0.497*** (0.101)	0.472*** (0.103)	0.444*** (0.103)				
外部知识网络利用						0.339** (0.115)	0.253** (0.112)	0.256** (0.108)	0.219* (0.107)
非正式学习			0.266** (0.133)		0.189* (0.140)		0.349*** (0.149)		0.219* (0.156)
互惠替代学习				0.278** (0.486)	0.208* (0.515)			0.394*** (0.514)	0.309** (0.551)
R^2	0.047	0.364	0.423	0.429	0.454	0.157	0.261	0.300	0.334
调整后的 R^2	-0.012	0.317	0.374	0.380	0.401	0.095	0.198	0.241	0.270
F	0.793	7.759**	8.609***	8.816***	8.601***	2.535*	4.415***	5.045***	5.192***

著（$\beta=0.572$，$P<0.001$），且回归模型 M11 显著（$F=7.759$，$P<0.01$）。此外，回归模型 M11 调整后的 R^2 值为 0.317，大于回归模型 M11 调整后的 R^2 值，表明在加入认知信任后，回归模型对团队创造力的解释力度提高。综上，情感信任对团队创造力具有显著的正向作用，假设 8.2 得到支持。

2. 交互效应检验

假设 8.3 预测自组织团队的情感信任与外部知识网络利用对非正式学习具有正向的交互作用。为检验此假设，本研究采用层次回归分析方法进行分析，首先纳入控制变量构建回归模型 M19，并在此基础上依次加入情感信任、外部知识网络利用、情感信任与外部知识网络利用的乘积项构建回归模型 M23，回归分析结果如表 8-5 所示，情感信任与外部知识网络利用的乘积项与非正式学习间的回归系数显著（$\beta=0.269$，$P<0.01$；$F=4.288$，$P<0.01$），回归模型 M23 调整后的 R^2 值为 0.225，表明在加入情感信任与外部知识网络利用的乘积项后，回归模型对非正式学习的解释力度提高。通过简单斜率分析发现，当外部知识网络利用水平较高（M+1SD）时，情感信任对团队非正式学习的正向影响显著（$b=1.193$，$t=3.711$，$P<0.001$）；当外部知识网络利用水平较低（M−1SD）时，情感信任对团队非正式学习的正向影响不显著（$b=0.887$，$t=3.925$，$P<0.001$），如图 8-2 所示。当情感信任水平较高（M+1SD）时，外部知识网络利用对团队非正式学习的正向影响显著（$b=1.179$，$t=3.521$，$P<0.01$）；当情感信任水平较低（M−1SD）时，外部知识网络利用对团队非正式学习的正向影响不显著（$b=0.880$，$t=-3.645$，$P<0.001$），如图 8-3 所示。综上可知，情感信任与外部知识网络利用对非正式学习具有正向的交互作用，假设 8.3 得到支持。

假设 8.4 预测自组织团队的情感信任与外部知识网络利用对互惠替代学习具有正向的交互作用。为检验此假设，本研究采用层次回归分析方法

表 8-5 情感信任、外部知识网络利用对非正式学习与互惠替代学习的交互作用回归分析结果

	非正式学习						互惠替代学习			
	M19	M20	M21	M22	M23	M24	M25	M26	M27	M28
女性百分比	0.073 （0.167）	0.033 （0.160）	0.088 （0.162）	0.050 （0.157）	0.053 （0.151）	0.045 （0.047）	-0.003 （0.044）	0.058 （0.046）	0.010 （0.044）	0.010 （0.044）
平均年龄	0.074 （0.010）	0.093 （0.010）	0.050 （0.010）	0.071 （0.009）	0.085 （0.009）	0.104 （0.003）	0.128 （0.003）	0.084 （0.003）	0.110 （0.003）	0.111 （0.003）
平均受教育程度	0.197 （0.069）	0.181 （0.066）	0.192 （0.067）	0.178 （0.064）	0.176 （0.062）	0.125 （0.019）	0.106 （0.018）	0.121 （0.019）	0.103 （0.018）	0.103 （0.018）
平均团队任期	-0.04 （0.002）	-0.046 （0.001）	-0.024 （0.001）	-0.031 （0.001）	-0.041 （0.001）	0.024 （0.000）	0.018 （0.000）	0.038 （0.000）	0.030 （0.000）	0.029 （0.000）
团队规模	0.001 （0.045）	0.041 （0.044）	0.034 （0.044）	0.066 （0.043）	0.039 （0.041）	-0.021 （0.013）	0.027 （0.012）	0.007 （0.013）	0.047 （0.012）	0.044 （0.012）
团队学习规范	0.196* （0.162）	0.193* （0.155）	0.176 （0.158）	0.176 （0.152）	0.185* （0.146）	-0.086 （0.045）	-0.089 （0.043）	-0.103 （0.045）	-0.103 （0.042）	-0.102 （0.042）
情感信任		0.303** （0.075）		0.278** （0.073）	0.235* （0.071）		0.366*** （0.020）		0.346*** （0.020）	0.341** （0.021）
外部知识网络利用			0.248* （0.074）	0.215* （0.072）	0.227* （0.069）			0.211* （0.021）	0.171 （0.020）	0.172 （0.020）
情感信任 × 外部知识网络利用					0.269** （0.073）					0.027 （0.021）
R^2	0.091	0.180	0.150	0.224	0.293	0.036	0.165	0.079	0.193	0.194
调整后的 R^2	0.034	0.120	0.087	0.158	0.225	-0.024	0.104	0.011	0.124	0.116
F	1.606	2.981**	2.396*	3.388**	4.288**	0.601	2.687*	1.165	2.809**	2.481*

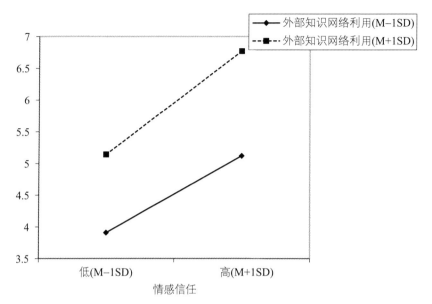

图 8-2　情感信任与外部知识网络利用对团队非正式学习的交互作用简单斜率分析

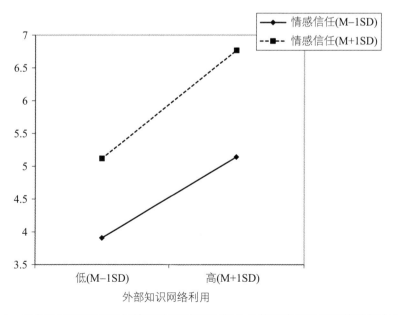

图 8-3　外部知识网络利用与情感信任对团队非正式学习的交互作用简单斜率分析

进行分析，首先纳入控制变量构建回归模型 M24，并在此基础上依次加入情感信任、外部知识网络利用、情感信任与外部知识网络利用的乘积项构建回归模型 M28，回归分析结果如表 8-5 所示，情感信任与外部知识网络利用的乘积项与互惠替代学习间的回归系数不显著（$\beta=0.027$，$P>0.05$；$F=2.481$，$P<0.05$），表明情感信任与外部知识网络利用对互惠替代学习的交互作用并不显著，假设 8.4 未得到支持。

假设 8.5 预测自组织团队的认知信任与外部知识网络利用对非正式学习具有正向的交互作用。为检验此假设，本研究采用层次回归分析方法进行分析，首先纳入控制变量构建回归模型 M29，在此基础上依次加入认知信任、外部知识网络利用、认知信任与外部知识网络利用的乘积项构建回归模型 M33，回归分析结果如表 8-6 所示，认知信任与外部知识网络利用的乘积项与非正式学习间的回归系数显著（$\beta=0.253$，$P<0.001$；$F=3.892$，$P<0.01$），回归模型 M33 调整后的 R^2 值为 0.203，表明在加入认知信任与外部知识网络利用的乘积项后，回归模型对非正式学习的解释力度提高。通过简单斜率分析发现，当外部知识网络利用水平较高（M+1SD）时，认知信任对团队非正式学习的正向影响显著（$b=1.038$，$t=3.238$，$P<0.01$）；当外部知识网络利用水平较低（M–1SD）时，认知信任对团队非正式学习的正向影响不显著（$b=0.774$，$t=3.438$，$P<0.01$），如图 8-4 所示。当认知信任水平较高（M+1SD）时，外部知识网络利用对团队非正式学习的正向影响显著（$b=1.069$，$t=3.115$，$P<0.01$）；当认知信任水平较低（M–1SD）时，外部知识网络利用对团队非正式学习的正向影响不显著（$b=0.809$，$t=3.252$，$P<0.01$），如图 8-5 所示。综上可知，认知信任与外部知识网络利用对非正式学习具有正向交互作用，假设 8.5 得到支持。

表 8-6　认知信任、外部知识网络利用对非正式学习、互惠替代学习的交互作用回归分析结果

| | 非正式学习 | | | | | | 互惠替代学习 | | | |
	M29	M30	M31	M32	M33	M34	M35	M36	M37	M38
女性百分比	0.073 (0.167)	0.067 (0.161)	0.088 (0.162)	0.081 (0.157)	0.047 (0.153)	0.045 (0.047)	0.037 (0.044)	0.058 (0.046)	0.048 (0.043)	0.037 (0.044)
平均年龄	0.074 (0.010)	0.096 (0.010)	0.050 (0.010)	0.073 (0.009)	0.064 (0.009)	0.104 (0.003)	0.132 (0.003)	0.084 (0.003)	0.113 (0.003)	0.110 (0.003)
平均受教育程度	0.197 (0.069)	0.164 (0.067)	0.192 (0.067)	0.162 (0.065)	0.116 (0.064)	0.125 (0.019)	0.082 (0.018)	0.121 (0.019)	0.081 (0.018)	0.065 (0.018)
平均团队任期	-0.04 (0.002)	-0.070 (0.001)	-0.024 (0.001)	-0.053 (0.001)	-0.055 (0.001)	0.024 (0.000)	-0.014 (0.000)	0.038 (0.000)	0.000 (0.000)	-0.001 (0.000)
团队规模	0.001 (0.045)	-0.016 (0.044)	0.034 (0.044)	0.015 (0.043)	-0.003 (0.042)	-0.021 (0.013)	-0.043 (0.012)	0.007 (0.013)	-0.018 (0.012)	-0.024 (0.012)
团队学习规范	0.196* (0.162)	0.165 (0.157)	0.176 (0.158)	0.149 (0.154)	0.148 (0.149)	-0.086 (0.045)	-0.125 (0.043)	-0.103 (0.045)	-0.138 (0.042)	-0.138 (0.042)
认知信任		0.280** (0.075)		0.260** (0.073)	0.214* (0.072)		0.358*** (0.020)		0.341*** (0.020)	0.326** (0.021)
外部知识网络利用			0.248* (0.074)	0.224* (0.072)	0.224* (0.070)			0.211* (0.021)	0.180 (0.020)	0.180 (0.020)
认知信任 × 外部知识网络利用					0.253** (0.069)					0.087 (0.020)
R^2	0.091	0.167	0.150	0.215	0.274	0.036	0.160	0.079	0.191	0.198
调整后的 R^2	0.034	0.106	0.087	0.148	0.203	-0.024	0.098	0.011	0.122	0.120
F	1.606	2.724*	2.396*	3.213**	3.892**	0.601	2.589*	1.165	2.774**	2.551*

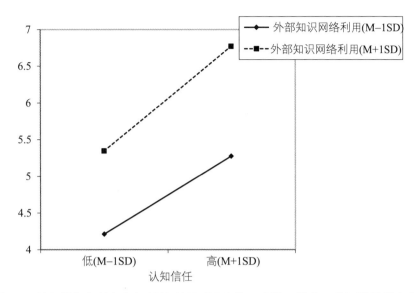

图 8-4　认知信任与外部知识网络利用对团队非正式学习的交互作用简单斜率分析

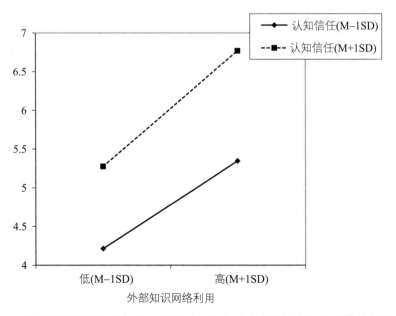

图 8-5　外部知识网络利用与认知信任对团队非正式学习的交互作用简单斜率分析

假设 8.6 预测自组织团队的认知信任与外部知识网络利用对互惠替代学习具有正向的交互作用。为检验此假设，本研究采用层次回归分析方法进行分析，首先纳入控制变量构建回归模型 M34，并在此基础上依次加入认知信任、外部知识网络利用、认知信任与外部知识网络利用的乘积项构建回归模型 M38，回归分析结果显示，认知信任与外部知识网络利用的乘积项与互惠替代学习间的回归系数不显著（$\beta=0.087$，$P>0.05$；$F=2.551$，$P>0.05$），表明认知信任与外部知识网络利用对互惠替代学习不具有正向交互作用，假设 8.6 未得到支持。

3. 中介效应检验

假设 8.7 预测情感信任与外部知识网络利用通过非正式学习对团队创造力产生正向交互作用。为检验此假设，本研究采用 Bootstrap 方法进行检验。具体操作在 SPSS 软件与 PROCESS 宏程序（Hayes，2013）中进行，分析模型选择 M7，采用 1000 次重复抽样，纳入分析的控制变量同上（女性百分比、平均年龄、平均受教育程度、平均团队任期、团队规模及团队学习规范）。本研究分析了对称的互动效应，在具体分析时，先后将两个变量（情感信任与外部知识网络利用）分别作为自变量或调节变量。分析结果如表 8-7 所示，被调节的中介效应模型拟合度较佳，95% 置信区间不包括 0〔情感信任作为自变量且外部知识网络利用作为调节变量时，置信区间为（0.027，0.494）；外部知识网络利用作为自变量且情感信任作为调节变量时，置信区间为（0.059，0.570）〕。具体来说，当外部知识网络利用水平较高时，情感信任通过非正式学习对团队创造力产生显著的正向间接作用；当外部知识网络利用水平较低时，情感信任通过非正式学习对团队创造力产生的间接作用并不显著。当情感信任水平较高时，外部知识网络利用通过非正式学习对团队创造力产生显著的正向间接作用；当情感信任水平较

表 8-7 情感信任与外部知识网络利用对团队创造力的直接与间接作用分析结果

情感信任对团队创造力的直接作用

效应值	SE	t	p	LLCI	ULCI
0.570	0.158	3.603	0.001	0.256	0.883

被调节的中介模型指数

中介变量	INDEX	SE（Boot）	BootLLCI	BootULCI
非正式学习	0.189	0.111	0.027	0.494

外部知识网络利用不同水平下被调节的中介效应

中介变量	Value of EKNU	Effect	Boot SE	BootLLCI	BootULCI
非正式学习	-0.699	-0.056	0.074	-0.247	0.051
	0	0.076	0.057	0.001	0.236
	0.699	0.209	0.114	0.024	0.469

外部知识网络利用对团队创造力的直接作用

效应值	SE	t	p	LLCI	ULCI
0.302	0.115	2.627	0.010	0.074	0.530

被调节的中介模型指数

中介变量	INDEX	SE（Boot）	BootLLCI	BootULCI
非正式学习	0.249	0.119	0.059	0.570

情感信任不同水平下被调节的中介效应

中介变量	Value of EBT	Effect	Boot SE	BootLLCI	BootULCI
非正式学习	-0.682	-0.075	0.083	-0.291	0.032
	0	0.095	0.056	0.008	0.226
	0.682	0.265	0.112	0.092	0.556

（非正式学习作为中介变量）

低时，外部知识网络利用通过非正式学习对团队创造力产生的间接作用并不显著。综上，假设 8.7 得到支持。

假设 8.9 预测认知信任与外部知识网络利用通过非正式学习对团队创造力产生正向交互作用。为检验此假设，本研究采用 Bootstrap 方法进行检验。具体操作在 SPSS 软件与 PROCESS 宏程序（Hayes，2013）中进行，分析模型选择 M7，采用 1000 次重复抽样，纳入分析的控制变量同上（女性百分比、平均年龄、平均受教育程度、平均团队任期、团队规模及团队学习规范）。本研究分析了对称的互动效应，在具体分析时，先后将两个变量（认知信任与外部知识网络利用）分别作为自变量或调节变量。分析结果如表 8-8 所示，被调节的中介效应模型拟合度较佳，95% 置信区间包括 0 [认知信任作为自变量且外部知识网络利用作为调节变量时，置信区间为（0.031，0.336）；外部知识网络利用作为自变量且认知信任作为调节变量时，置信区间为（0.037，0.457）]。具体来说，当外部知识网络利用水平较高时，认知信任通过非正式学习对团队创造力产生显著的正向间接作用；当外部知识网络利用水平较低时，认知信任通过非正式学习对团队创造力产生的间接作用并不显著。当认知信任水平较高时，外部知识网络利用通过非正式学习对团队创造力产生显著的正向间接作用；当认知信任水平较低时，外部知识网络利用通过非正式学习对团队创造力产生的间接作用并不显著。综上，假设 8.9 得到支持。

此外，鉴于情感信任 / 认知信任、外部知识网络利用对互惠替代学习的交互影响并不成立，故情感信任 / 认知信任、外部知识网络利用也无法通过互惠替代学习对团队创造力产生交互影响。因此，假设 8.8、假设 8.10 并不成立。

表 8-8 认知信任与外部知识网络利用对团队创造力的直接与间接效应分析结果

认知信任对团队创造力的直接作用

效应值	SE	t	p	LLCI	ULCI
0.606	0.101	5.977	0.000	0.405	0.807

被调节的中介模型指数

中介变量	INDEX	SE（Boot）	BootLLCI	BootULCI
非正式学习	0.164	0.078	0.031	0.336

外部知识网络利用不同水平下被调节的中介效应

中介变量	Value of EKNU	Effect	Boot SE	BootLLCI	BootULCI
非正式学习	-0.699	-0.045	0.066	-0.189	0.072
	0	0.070	0.050	0.003	0.226
	0.699	0.184	0.081	0.043	0.356

外部知识网络利用对团队创造力的直接作用

效应值	SE	t	p	LLCI	ULCI
0.302	0.112	2.698	0.008	0.080	0.524

被调节的中介模型指数

中介变量	INDEX	SE（Boot）	BootLLCI	BootULCI
非正式学习	0.214	0.106	0.037	0.457

认知信任不同水平下被调节的中介效应

中介变量	Value of II	Effect	Boot SE	BootLLCI	BootULCI
非正式学习	-0.686	-0.053	0.090	-0.256	0.125
	0	0.093	0.054	0.011	0.229
	0.686	0.240	0.090	0.070	0.428

（非正式学习作为中介变量）

8.5 结果讨论

聚焦于自组织团队内外部多重网络交互影响下的自组织团队创造力形成机制这一研究问题，本子研究模型引入自组织团队认知信任和情感信任与外部知识网络利用作为自变量，非正式学习、互惠替代学习作为中介变量，自组织团队创造力作为因变量，构建了一个概念模型。本研究对基于3个时点收集的103套自组织团队成员与自组织团队上一级领导的配对问卷进行数据分析发现：

首先，自组织团队情感信任、认知信任对自组织团队创造力具有正向作用。已有大量研究探讨了团队信任对团队创造力的影响作用，然而，现有研究忽略了人际信任的细分维度对团队创造力的差异化影响机制。麦卡利斯特（1995）将信任进一步划分为情感信任与认知信任。在自组织团队中，团队成员间的高度情感信任有助于彼此分享私密信息及隐性知识，而团队成员间的高度认知信任将激励自组织团队成员在工作时进行更多合作（Chou et al.，2013）。本研究通过探究自组织团队情感信任与认知信任对团队创造力的影响作用，进一步补充了自组织团队的团队信任细分维度对自组织团队创造力的影响作用研究。

其次，自组织团队情感信任、认知信任与外部知识网络利用对非正式学习均具有正向交互作用。自组织团队学习可能同时受到团队内部心理及认知与团队外部环境的共同影响。自组织团队人际信任网络有助于激活自组织团队内部知识的交流与互动从而促进团队学习，而外部知识网络则能够通过提供新颖、异质性的信息及知识推动自组织团队学习。本研究发现，团队情感信任（团队认知信任）与外部知识网络利用水平较高的自组织团队有资源且有条件开展自组织团队学习活动。

最后，本研究发现自组织团队情感信任（自组织团队认知信任）与外部知识网络利用通过非正式学习均对自组织团队创造力具有正向交互作用。非正式学习是自组织团队情感信任（自组织团队认知信任）与外部知识网络利用对自组织团队创造力发挥交互影响作用的关键路径。外部知识网络利用作为环境因素提供了新颖、异质性的知识，自组织团队内部信任网络作为自组织团队因素为自组织团队发展认知及互动过程提供了良好氛围。而非正式学习主要涉及协调和整合个人认知的社会认知和人际互动过程，是促进自组织团队创造力形成的重要自组织团队过程。

自组织团队情感信任（自组织团队认知信任）与外部知识网络利用对互惠替代学习具有正向交互作用这一假设并未得到数据支持。可能的原因在于互惠替代学习强调自组织团队成员从吸收和解释他人知识与经验的过程中学习，反映了个人如何分享、接受知识和经验，并将其整合到各自与自组织团队中其他人的关系网络中。可以看出，在互惠替代学习中，他人经验是最主要、最直接的学习资料，而外部知识网络资源需要自组织团队成员进行自主学习，将其转化为个人经验后才会成为互惠替代学习的学习资源，是间接且耗时的。由此，外部知识网络利用水平可能无法有效地与自组织团队内部信任网络交互影响互惠替代学习，也无法通过互惠替代学习交互影响自组织团队创造力。

第 9 章

自组织团队的持续创造力研究

9.1　团队网络的动态演化与团队创造力

作为一种关系结构主义方法，社会网络分析能够将结果和绩效理解为组织结构所规定的关系的函数，它试图捕捉行动者（如个人、团体、组织等）之间关系的实际模式，为有效理解团队或组织成员间的关系、互动和感知模式提供了一种有力工具，得到了众多学者的广泛应用（Rizova et al.，2018；Soltis，Brass & Lepak，2018）。运用社会网络分析时，大量学者倾向于将网络视为静态的，并不认为其随时间的推移而变化（如Carson，Tesluk & Marrone，2007；Chiu，Owens & Tesluk，2016；Ensley，Hmieleski & Pearce，2006）。在网络静态观下，社会网络研究多采用结构主义观点，假定网络结构是一种稳定的"节点间关系的持续秩序或模式"（Laumann & Pappi，1976：213）。借鉴上述做法，前文研究直接选用成熟阶段的自组织团队作为研究对象，将自组织团队网络视为稳定结构，运用社会网络分析方法，基于3个时点收集了103套自组织团队成员与自组织团队上一级领导的配对问卷数据，发现自组织团队网络去中心化、互动强度、网络关系质量（认知信任、情感信任）与外部知识网络利用对团队创造力有积极影响。然而研究小组成员在持续的观察研究中，发现自组织团队网络具有一定的动态性，仅进行静态考察在一定程度上可能会妨碍对自组织团队网络影响下团队创造力形成机制的全面理解。

与团队本身具有动态性一致，团队社会网络也并非始终保持静态，往往伴随着团队的进化及调整而不断演化（Jiang，Zhang & Zhou，2018）。不仅如此，相比于一般团队，自组织团队更具适应性及动态性，这也使得自组织团队网络能够随着新问题或新机会的出现而不断演化。有学者呼吁，研究人员在考虑他们的研究问题时应该考虑时间方面的影响，网络方法的预测能力可能基于团队生命周期阶段而不同（Lin et al.，2005）。目前已有少量研究回应了这一呼吁，如有学者分析了不同团队发展阶段创意互动网络与团队创造力间的关系（Jiang，Zhang & Zhou，2018）。遗憾的是，相关研究并未提供不同团队发展阶段下自组织团队内部网络的演化及其对团队创造力带来的差异化影响作用。有学者也指出，若不了解底层网络结构的起源与演化，便无法对网络结果有较为完整的理解（Ahuja，Soda & Zaheer，2012）。鉴于此，本研究认为有必要在明晰静态网络视角下自组织团队网络去中心化、互动强度、认知信任与情感信任对团队创造力的影响机制的基础上，进一步采用动态网络视角探索不同团队生命周期阶段自组织团队社会网络的演化及其对团队创造力的影响作用。

根据团队生命周期理论可知，团队发展是指"一个团队在其生命周期内完成其主要任务的过程"（Gersick，1988；1989），主要包括形成阶段、成长阶段、成熟阶段及重启阶段。在团队的整个生命周期中，网络联系可能会发展或磨损（Wellman et al.，1997）。依据现有研究可知，自组织团队在发展过程中，团队网络随团队任务阶段及核心任务内容的变化而不断演化，其动态性表现在 3 个层面：节点层面（在团队网络中，每一个成员即为一个节点）、二元连带层面（两个节点之间的连边即二元连带）、网络结构层面（网络中所有节点与二元连带连接的模式）（Ahuja，Soda & Zaheer，2012）。其中，节点层面的变化是指团队中现有团队成员的退出、新成员的加入或在保持团队规模不变的情况下替换团队成员等；二元连带层面的变化一方面与节点层面变化类似，表现为团队成员间通过创建或者删除彼此之间的网络关系使得二元连带数量发生改变，另一方面表现为二元连带强度及信任水平等的变化，如二元连带由弱变强、由低水平信任转向高水平信任；网络结构层面的变化是指节点间二元连带连接模式的变化，如网络结构由稀疏变密集、由分散变集中等（Ahuja，Soda & Zaheer，2012；Goh & Pentland，2019）。

团队网络的动态调整会影响团队面对机会和挑战时进行迅速决策、高效配置资源的能力，影响团队成员内部资源的流动及信息对称性等，而信息、资源的传播及交流会影响团队创造力的产生。根据自组织理论，自组织团队作为复杂的自适应系统，相比于一般团队，具有更强的适应性及动态性，在不同发展阶段具有不同的特征，其团队网络也会随团队发展过程演变、固化、转化和消散。自组织团队网络的动态性可能为明晰自组织团队创造力形成机制提供关键突破口。为了剖析自组织团队网络动态变化对团队创造力的影响，本研究拟进行纵向案例研究，对一家内部创业孵化公司的 13 个团队进行跟踪调研，基于自组织团队网络演化的一手资料，探究自组织团队不同发展阶段的团队内部社会网络特征对团队创造力的可能影响，从而初步揭示并回答动态网络视角下自组织团队网络影响团队创造力的演化机制，以丰富现有研究对自组织团队创造力的认识，为管理者从团队内部网络入手采取管理措施提升团队创造力提供对策及建议。

9.2 网络演化下自组织团队持续创造力

为了探究自组织团队不同发展阶段下的网络演化及其对团队创造力的可能影响，本部分从网络动态性、团队生命周期理论与自组织团队网络演化及自组织团队网络演化下的团队创造力 3 个方面展开论述。

9.2.1 网络动态性

虽然早期的社会网络研究多采用结构主义观点，假定网络结构是一种稳定的关系模式（Laumann & Pappi，1976），但随着社会网络学者们对网络动力学认识的加深，他们开始关注个体能动性在塑造社会网络结构中的积极作用，运用个人主义观点的研究逐渐增多。个人主义观点侧重于探究个体为实现目标，如何有选择地参与社会互动、调整社会资本（Sasovova et al.，2010），这意味着网络似乎天生具有动态性。近年来，组织管理领域的学者也逐渐认识到，若不了解网络结构的起源与演变，可能会导致无法有效理解网络带来的影响作用，如网络为参与者提供社会资源及利益这一优势取决于网络结构随时间的演变，若网络结构不具备稳定性，那么网络优势位置带来的好处可能只是暂时的（Ahuja，Soda & Zheer，2012）。实际上，由于多种驱动因素，网络并非静止不变的，而是持续变化的。其一，网络参与者作为具有能动性的个体，其实施的一些有意识的修正行为可能会对网络结构产生影响（Sasovova et al.，2010；Cannella Jr & McFadyen，2016）。不仅如此，在一个群体环境中，参与者倾向于更多地在群体内部而非群体外部不断建立联系，这反映了网络环境的影响（Li & Rowley，2002）。其二，网络参与者的行为往往会受到规范和制度压力的约束及指导，这可能也会影响网络结构的持久性及过程性，例如网络参与者的退出、新参与者的加入均可能导致节点的变化（Ahuja，Soda & Zaheer，2012）。其三，网络并非处于真空中，外部环境可能也会影响网络的演化（Mizruchi，1989）。综上，仅从静态视角主张网络具有稳定的结构是不恰当的，在静态研究的基础上应当采用动态视角通过持续观测网络的节点、关系及结构的动态变化来评估其可能的影响作用。

越来越多的证据也表明，组织现象本质上是动态的，个体嵌入社会关系中，社会关系通过约束个体并为其提供机会发挥影响作用，而个体属性又会影响他们如何"塑造"社会关系，节点、二元连带及网络结构也将随着时间不断演化（Kalish et al.，2015；Landis，2016；Kalish，2020；Chen et al.，2022）。对自组织团队来说，在节点层面，节点的变化会带来自组织团队网络规模的变化，例如团队成员的退出及新成员的加入。在二元连带层面，两个网络成员之间的关系纽带构成了二元连带，任何二元连带均是自组织团队成员的共有财产。一方面，网络成员间的二元连带随着时间的推移会发生维持、删除或者增加等变化；二元连带的增加意味着网络成员构建新的网络关系；二元连带的删除意味着网络成员间结束网络关系，二元连带的维持表示网络成员在一段时间内维持网络关系；另一方面，网络成员间二元连带的强度及信任水平也会随着时间的推移发生变化。如随着团队成员逐渐熟悉，团队成员间进行频繁的交流，形成强关系并产生高水平信任。或者团队成员间由于对某一问题的看法出现不可调节的分歧减少交流次数，形成弱关系并保持低水平信任。网络资源来源于网络中各成员之间的二元连带。通常情况下，二元连带的增加意味着网络成员获取网络资源的能力增加，删除意味着网络成员获取资源的渠道减少，维持意味着网络资源保持不变。二元连带的质量也会影响团队成员间资源的交流与交换，相比于关系疏远且低水平信任的双方，二元连带紧密且保持高水平信任的团队成员更倾向于交流彼此的知识及经验。在网络结构层面，网络中每个成员通常会参与多个二元连带，这些关系聚集在一起形成一个复杂结构。随着互不相连的网络成员间逐渐构建并维持二元连带，网络连通性提高，随着网络关系强度的提升，整体网络互动强度增加。此外，网络关系不再集中于少数团队成员中，而是形成去中心化的网络结构，这些有利的网络变化均有助于团队内部知识资源的交流及互动。

值得关注的是，节点、二元连带及网络结构这 3 个层面间存在较为复杂的关系。节点的减少或增加可能会影响二元连带的减少或增加以及网络结构的变化。如法拉塔（Fallatah，2020）研究发现，网络资源是知识型员工在人际网络中流动的部分原因，当网络中的知识工作者没有充分利用他们的知识时，其网络结构会发生节点变化。此外，网络成员间二元连带的变化可能导致整体网络结构特征的变化，如有研究证实，网络成员所持有的二元连带的连通性能够预测新网络成员的增加，而二元连带的互动强度能够预测现有网络成员的减少（Cannella Jr & McFadyen，2016）。此外，一项对公司研发人员网络的研究发现，公司研发预算分配的变化创造了机会和激励，研发人员开始与更多不同的同事联系以执行项目（Argyres，Rios & Silverman，2020），使得网络中二元连带的数量逐渐增多，从而导致了整个网络模式的变化。当然，二元连带的变化并不一定能够带来网络结构的变化，但网络结构发生变化时，二元连带肯定发生了变化（Chen et al.，2022）。

9.2.2 团队生命周期理论与自组织团队网络演化

团队生命周期理论从生物学领域的生命周期理论发展而来，借鉴生物进化论，组织管理领域的学者们通过将团队视为一个不断发展的生命体，提出了团队生命周期理论。作为一个描述团队发展过程的理论，团队生命周期理论根据团队发展特征将团队划分为多个阶段，如团队生命周期理论的奠基人塔克曼（Tuckman，1965）将小群体的发展阶段划分为：形成期、动荡期、规范期与发挥期4个阶段。之后，塔克曼和詹森（Tuckman & Jensen，1977）进一步修正了上述划分方式，并在其新的群体发展阶段模型中添加了第五阶段"结束期"，以适应不同的群体环境。随后，盖尔西克（Gersick，1988）提出了一种新的团队发展模式，包括3个阶段：第一次会面、过渡期和完成期。康和莫（Khang & Moe，2008）提出了国际项目的动态生命周期模型，包括概念化阶段、规划期、实施期和结束/完成阶段。此外，还有如奥什里、科特拉斯基和威尔科克斯（Oshri，Kotlarsky & Willcocks，2007）等学者将研发团队划分为前、中、后3个阶段，并分析了各阶段团队间的关系。国内学者也就团队生命周期理论进行了诸多探讨。例如，孙崇正和张亚红（2011）结合团队发展理论与生命周期理论，将科研创新团队的生命周期分为5个阶段：酝酿、组建、生长、成熟、解体。井润田、王蕊和周家贵（2011）把科研团队的生命周期划分为初创期、成长期、成熟期、衰退期或蜕变期4个阶段，并运用案例研究方法探讨了科研团队不同生命阶段的特点。而危怀安和胡艳辉（2012）则将以国家重点实验室为代表的科研创新团队的演化周期划分为"组建期、成长期、成熟期、变异期"4个阶段。

结合自组织团队的动态性这一特征，根据现有研究成果，本研究采用

4 阶段观点，将自组织团队发展过程划分为：形成阶段、成长阶段、成熟阶段及蜕变阶段。依据现有研究可知，在团队的整个生命周期中，网络联系可能不断发生变化（Wellman et al., 1997）。第一，根据自组织团队的定义可知，自组织团队的形成有两种方式：一种是自组织团队形成过程是自发的与自愿的，不受外力干预；另一种是自组织团队在形成过程中受到外力特定干扰。无论是自发形成还是在外力干扰下形成，自组织团队的运作过程都是自发的、不受外力干扰的。在形成阶段，自组织团队成员之间往往不熟悉，倾向于相互独立，需要磨合才能走向自组织。第二，在自组织团队成长阶段，团队规模趋于稳定，团队成员之间开始逐渐熟悉，表现出一定的凝聚力，团队工作规范已经建立，团队成员对自身角色职责具有清晰的认识，团队建立了一定的沟通机制，成员间关系以工作流程关系为主。第三，在自组织团队的成熟阶段，团队成员彼此熟悉，彼此之间的互动较为频繁，表现出较强的凝聚力，团队成员在网络结构中的嵌入程度得到增强，团队成员间具有较高的信任水平及关系强度。第四，在自组织团队的蜕变阶段，自组织团队网络由平衡状态走向不平衡状态，开始走向新一轮循环。综上，考虑到团队在形成阶段无论是以自组织方式还是以他组织方式，成为自组织团队均无法一蹴而就，都需要经过一定的磨合过程。可以说自组织团队在形成阶段往往还不能真正地自组织运作。而蜕变阶段的自组织团队走向不平衡状态，可能会出现不稳定因素（如人员调整）。综上考虑，形成阶段与蜕变阶段不适合探究团队规模稳定下自组织团队网络的动态演化。本研究仅探讨自组织团队在成长阶段、成熟阶段的网络特征的演化及其对团队创造力的影响，研究模型如图 9-1 所示。

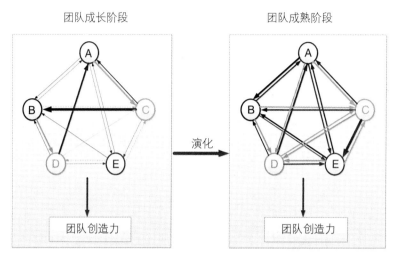

图 9-1　研究模型

注：概念模型图中以某一自组织团队社会网络示意图为例，字母代表节点，字母之间的连线代表节点间的二元连带，此处二元连带为有向关系，连线粗细代表关系的强弱，节点与二元连带共同构成网络结构。

9.2.3　自组织团队网络演化下的团队创造力

1. 自组织团队发展过程中的网络演化

前述研究重点探讨了静态网络视角下自组织团队内部网络结构特征（去中心化、互动强度）与网络关系质量（情感信任与认知信任）对团队创造力的影响作用。事实上，在自组织团队从成长阶段发展到成熟阶段的过程中，其内部社会网络关系与网络结构也是在动态变化的。以往大量实证研究指出，团队构成（如团队成员多样性等）对团队创造力具有显著影响作用（Van Knippenberg，De Dreu & Homan，2004）。鉴于此，本研究仅选取团队成员在团队成长阶段向团队成熟阶段发展的过程中未发生改变（即节点未发生变化）的自组织团队作为研究对象，以尽可能地控制团队构成对团队创造力可能带来的显著影响。下文主要介绍自组织团队网络二元连带层面与网络结构层面的演化。

首先是二元连带层面的演化。由于自组织团队成员往往具备异质性的知识及经验，在团队形成初期，团队成员各自的知识及技能还无法完全表现出来，且自组织团队没有指定领导人，因此在团队形成之初，团队成员对自身的角色定位并不明确。经过一段时间的磨合，在团队成长阶段，团队成员间开始有一定的熟悉度，在任务合作的过程中不断摸索自己在团队中的角色和位置，不断评估各团队成员的能力、可信任及可依赖程度，团队成员不断努力塑造与团队成员之间的网络关系并尝试主张自己在团队中的权力，此阶段团队成员间的二元连带基本定型，但缺乏稳固性及互惠性，多为涉及相对不频繁的互动和单向交流等特征的弱关系。当团队发展到成熟阶段时，团队成员经过长时间的相处及磨合已经非常熟悉彼此，在合作完成任务的过程中对彼此的知识、经验及能力也非常了解，团队成员在团队中的角色也具有了较高的清晰度，团队成员对各自的能力、可依赖及可信任程度也有了定论，此阶段团队成员之间的二元连带更加稳固且紧密，多为涉及相对频繁的互动及互惠交流等特征的强关系。由于自组织团队具有高度的协同性，团队成员间的二元连带在构建之后将得以保持，删除现象将很少发生。此外，自组织团队网络二元连带在自组织团队形成阶段构建之后，经历团队成长阶段及团队成熟阶段的不断磨合及深化，其强度将不断加强。因此，本研究认为成长阶段与成熟阶段的自组织团队社会网络在二元连带的数量方面相差不大，但成熟阶段自组织团队社会网络强关系的数量要高于成长阶段自组织团队社会网络强关系的数量。综上，本研究提出以下假设。

假设 9.1：成长阶段与成熟阶段的自组织团队社会网络二元连带数量相近，但成熟阶段的自组织团队社会网络强关系的数量要多于成长阶段的自组织团队社会网络强关系的数量。

其次是强关系会带来网络关系质量中信任水平的提升。信任是理性思维和情感体验的混合体，从一种谨慎、理性的思维模式（基于认知）演变而来，再加上对一个人的感觉、本能和直觉的检查（基于情感）（Lewis & Weigert，1985）。由于在二元连带建立之初，团队成员之间接触较少，彼此之间并不熟悉，理性思维及情感体验无法获得足够的机会得以演变及检验，使得二元连带的信任水平在二元连带建立之初往往处于不存在或者少量存在的状态。从自组织团队的成长阶段到成熟阶段，经过共同完成多种任务的合作与磨合，团队成员间的默契度不断提升，在任务合作的过程中不断认识及评估各团队成员的能力、责任、可靠性及可依赖程度，自组织团队的认知信任水平随着关系强度的增加得以提升。同样地，合作经验及默契的长期积累将使得情感信任在自组织团队由成长阶段发展到成熟阶段的过程中更加突出。一方面，在自组织团队协同性的加持下，团队成员在不断增加的团队合作过程中会积累深厚的互动体验，对彼此需求更加清晰且敏感，并自发地做出贡献且相互帮助，这种关心及关切的体验会提升二元连带中的情感信任水平，相关研究也指出，情感信任是在认知信任的基础上发展起来的（Schaubroeck，Lam & Peng，2011）；另一方面，如前文所述，在自组织团队成长阶段向成熟阶段的发展过程中，团队成员的关系强度提升，彼此间除进行工作交流外还会不断深化工作之外的交流及互动，如进行聊家常及爱好等情感交流。相关研究也指出，情感信任随着关系开始涉及社会情感交流而加深（McAllister，1995）。从二元连带层面来看，二元连带的认知信任及情感信任水平在自组织团队从成长阶段发展到成熟阶段的过程中不断提升。二元连带作为整体网络结构的基础，从整体网络结构层面来看，成熟阶段自组织团队社会网络的认知信任水平及情感信任水平要高于成长阶段自组织团队社会网络的认知信任水平及情感信任水平。综上，本研究提出以下假设。

假设 9.2：与成长阶段相比，成熟阶段自组织团队社会网络高水平情感信任连带及高水平认知信任连带的数量更多，成熟阶段自组织团队社会网络的情感信任及认知信任水平也更高。

最后是网络结构层面的变化。作为社会网络整体结构的属性，互动强度与知识等资源的交换机会紧密相关。互动强度代表参与者间的普遍接触程度及互动频率，代表网络成员间的整体关系强度，低互动强度代表网络成员间的网络关系普遍较为薄弱且互惠程度不高，而高互动强度表示网络成员间的网络关系较为紧密且互惠程度较高。在多值有向网络中，互动强度是"实际关系强度之和"除以"理论上的最大关系数"。正如前面所探究的那样，当自组织团队从成长阶段走向成熟阶段时，二元连带的数量基本保持稳定，但二元连带中强关系比例的增加会带来团队网络互动强度的增强。具体来说，自组织团队处于成长阶段时，团队成员间在工作任务中经过一段时间的磨合，彼此之间有了初步了解，此阶段团队成员间由于合作执行团队任务已经有了一定的熟悉度，彼此建立了较为薄弱的、互惠程度不高的网络关系；当自组织团队发展到成熟阶段时，团队成员间十分熟悉，在日常工作中互动频率较高且关系十分紧密。因此，本研究认为成熟阶段的自组织团队互动强度有所提升，但这种提升主要源于团队成员间二元连带中强关系比例的增加而非二元连带数量的增加。综上，本研究提出以下假设。

假设 9.3：成熟阶段自组织团队社会网络互动强度要高于成长阶段自组织团队社会网络互动强度。

此外，中心势与去中心化反映了整体网络结构层次及紧密程度。中心势表示网络关系在多大程度上集中于少数参与者，而不是分散在他们之间（Scott，2005；Knoke & Yang，2008），如技术咨询网络的高度集中意味着围绕寻求或就技术问题提供建议的关系以一个或两个关键参与者为中心。计算中心势通常需要首先计算最大节点的中心度与网络内其他节点中心度的差值总和，然后除以理论上最大可能的差值总和，其中节点中心度是与特定行动者直接相连的其他行动者的数量。而去中心化则反映了网络结构的扁平程度及紧密程度，如层次结构少、联系强度高的知识网络意味着知识互动关系平均分布在所有参与者之间且十分紧密。计算去中心化需要兼顾节点中心度的差异及关系强度，详见第 6 章 6.3.2 中关于网络去中心化的具体计算方法。如前文所述，自组织团队规模较小且具有高度的协同性，因此在团队成长阶段，团队成员之间所有可能的互动关系基本建立且成型，在团队由成长阶段向成熟阶段发展的过程中，关系数量基本保持稳定，即节点的中心度基本无变化，因此，本研究认为自组织团队在由成长阶段向成熟阶段发展的过程中，中心势保持低水平且变化微小。但考虑到自组织团队成员具备差异性的知识及经验，在不同的工作任务执行过程中，团队成员发挥着差异化的作用。当自组织团队处于成长阶段时，由于执行的团队任务有限，团队成员对彼此的能力及知识资源尚未完全了解，此时虽然团队成员间大多已建立网络关系，但较为紧密的网络互动可能集中于那些在工作任务完成过程中表现突出的成员。在自组织团队成熟阶段，随着协作次数的增加，团队成员已经合作完成了大量的工作任务，且在不同的工作任务中，具有差异化知识及能力的成员均做出了独特的贡献。此时，团队成员之间对彼此的能力、知识、可信任程度也有了清晰的认识及认可，团队成员之间的紧密互动分散在团队大部分团队成员之间。因此，本研究认为成熟阶段的自组织团队社会网络的去中心化要低于成长阶段的自组织团队社会网络的去中心化。综上，本研究提出以下假设。

假设 9.4：成长阶段与成熟阶段自组织团队中心势均保持较低水平且变化微小，但成熟阶段自组织团队社会网络的去中心化低于成长阶段自组织团队社会网络的去中心化。

2. 自组织团队网络演化与团队创造力

第 6 ~ 8 章的研究，已经探究了静态视角下自组织团队社会网络结构特征（去中心化、互动强度）与网络关系质量（情感信任、认知信任）对团队创造力的影响。从资源的视角来看，一方面，自组织团队社会网络为团队成员带来了内在动机资源。去中心化的自组织团队社会网络为团队成员塑造了自主的团队环境，使得团队成员共享领导力与控制权，有效地激发了团队成员的内在动机。不仅如此，互动强度及信任水平较高的社会网络为任务相关的交流和信息交换提供了机会（Rulke & Galaskiewicz，2000），为盘活自组织团队自有知识资源提供了有利温床。另一方面，自组织团队社会网络在团队创造力产生过程中提供了丰富的认知资源与情感资源。在互动强度、去中心化及信任水平较高的团队中，团队成员能够传递与工作相关的认知资源，如与工作有关的信息、知识、援助和指导，也有助于团队成员间情感资源的交换，提高任务协调和信息共享水平，有助于谈判并促进隐性知识和信息的转移（Hansen，1999）。认知资源会通过提升知识分享与接受水平、降低因监控与防御而产生的资源耗费、强化对彼此观点的尊重与深刻交流来激活自有知识资源，而情感资源则通过提升知识分享的心理安全感、促进团队成员广泛分享自有知识及情感支持。正如前文探讨的那样，随着自组织团队由成长阶段向成熟阶段发展，自组织团队网络发生有利演化（信任、互动强度及去中心化均有所提升），这种有利演化不仅为团队创造力的产生提供了越来越多的内在动机资源、认知资源及情感资源，还为团队成员进行创造性互动提供了越来越便利的条件，团队成员间的深入互动会影响团队创造性过程的各个方面，在团队成员互动过程中，不仅有资源的交换，还会通过反思性重构、强化等过程带来的资源融合及扩展等，为创意的产生、完善及实施提供有力支持（Perry-Smith & Mannucci，2017）。

具体来说，自组织团队网络提供的多样化资源及互动便利性在团队创造力产生的每个阶段都发挥着重要的作用。首先是创造力的产生阶段，认知资源、内在动机资源在团队创造力的产生过程中起着核心作用。团队想要提出创造性的想法或解决方案，团队成员首先要有强烈的内在动机，必须参与团队的认知互动过程，在工作互动过程中激发大量多样的思想和观点，通过互动过程共同理解与整合这些知识和观点，在看似不连贯的想法间建立联系，产生跨越各种类别及视角的想法，形成创造性解决方案（Amabile & Pratt，2016）。同时，团队成员间要相互支持，并认可与过去经验存在差异的新想法，在此过程中，情感资源的交换对新颖想法的产生起到了保驾护航的作用。其次是创造力的精化阶段，具有创造性的想法在产生之时往往是比较简单且粗糙的，需要团队成员进行系统的评估并给予适当的支持。一方面，由于任何人都不具备构建创造性解决方案所需的所有知识，因此创造性解决方案的构建需要多个参与者积极交流各自的相关知识及经验等认知资源；另一方面，团队成员在互动频繁、彼此信任的情况下，会对"彼此的知识库"有清晰的了解，团队成员间可以进行深入细致的知识交流、整合差异化的观点。情感支持使得团队成员能够大胆地分享各自的创造性想法，并积极地参与讨论，以获得成熟的高质量解决方案。

最后是创意的实施阶段，将创意转化为可执行的创造性解决方案需要团队成员享有共同愿景且对创造性解决方案有共同的理解。由于与已有解决方案存在较大差异，新的解决方案往往具有较大的不确定性及模糊性，需要团队成员相互给予情感支持形式的鼓励，使得彼此具有落地实施创意的动力及热情。除了情感支持，团队成员还需要不断高效互动以交换建设性的反馈及建议，投入更多的思考以改进和扩展创意，从而保证新的创造性解决方案的落地实施。

综上，随着自组织团队由成长阶段向成熟阶段发展，团队社会网络的有利演化（网络信任水平、互动强度及去中心化程度均提高）将为自组织团队创造过程提供越来越有利的互动环境及丰富的资源，带来团队创造力的不断提升，因此，本研究提出以下假设。

假设 9.5：相比于成长阶段，成熟阶段的自组织团队社会网络（网络信任水平、互动强度及去中心化程度均有所提高）能够为团队创造力的产生提供有利的环境及更丰富的资源，进而能够使团队形成更高水平的团队创造力。

9.3　研究设计

9.3.1　案例介绍

本研究选取 M 公司（H 集团的全资子公司）进行调研，一方面是因为 M 公司在本研究小组的引领下诞生，这一密切关系有助于研究小组深入 M 公司内部获取案例所需数据。本研究小组于 2016 年作为高层管理团队的顾问开始参与辅导 H 集团（一家 A 股上市公司），当时 H 集团遇到跨界跨地区全资收购的两家子公司如何管控的难题。本研究小组深度介入两家被收购子公司的投后管理。由于投资人变更，被收购的子公司 A 的高层管理团队发生了不可调和的矛盾，最终致使两名核心成员离职。考虑到两人均是行业中不可多得的专业人才，本研究小组推荐离职的两名核心成员在集团下属另一家同行业的全资子公司 B 公司成立新部门进行内部创业，这便是 M 公司的前身。另一方面，本研究小组负责人全程辅导并见证了 M 公司的发展及壮大。研究小组结合自身已有的"自组织团队"研究成果，对该内部创业组织进行跟踪辅导。在两位创始人的努力下，该创业组织很快成立了内部创始团队，然后不断裂变，在短短一年内，团队发展到百人规模，成立了 M 公司。作为一家知识密集型企业，M 公司的业务主要涉及出版物零售，互联网文化活动，技术开发、技术咨询、技术服务，会议服务、组织文化艺术交流活动，文艺创作，教育咨询（中介服务除外）等。自创立开始，创始人便非常重视团队建设，一直设置开放式工位而非格子间，以团队为单位，整个团队成员的办公桌围成一个圆圈，中间有很低的隔板，使成员既可以相对独立地工作，又可以随时抬头进行交流，所有团队成员都在一个开放式的大平层工作，随时可以站起来跟团队其他成员进行交流。公司还设置了公共的就餐区与工间休息茶饮区，这些措施让公司员工之间有了很多非正式沟通和学习的机会。除了会议设备等常规化电子工具，办公区多处放置便利贴、白板等工具设施，以方便员工随时沟通及记录。

为了获取全面且完整的自组织团队演化数据，本研究对上述初创企业 M 公司的自组织团队进行了研究。为避免企业层面因素的影响，本研究涉及的团队均在 M 公司进行选取。为了清晰地了解 M 公司自组织团队的发展过程，我们有必要了解 M 公司的发展过程。自组织团队的发展是伴随着 M

公司的发展不断演化的，与其他创业公司的发展轨迹一致，M 公司的发展
过程可以划分为初创、成长及发展 3 个阶段，如图 9-2 所示。在 3 个阶段中，
团队不断裂变，从动荡走向稳定，最终成为合作默契、运行高效的自组织
团队。

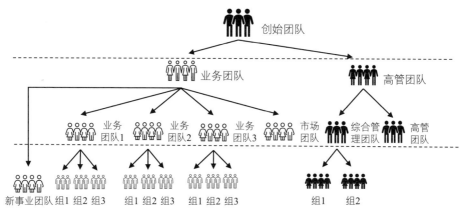

图 9-2　M 公司团队演化发展轨迹

1. 初创阶段

在加入 B 公司之后，两位创始人开始思考如何将自身专业优势与母公
司业务资源优势结合，打造新型商业模式。与此同时，二人不断吸引志同
道合的人才加入，组建了最初的内部创始团队。最初加入内部创始团队的
成员都有共同的特点：与两位创始人是原同事、以往业绩优异、有野心有
抱负。内部创始团队花了半年时间进行市场调研及学习，最初直接以结合
B 公司的优势产品深耕 A 公司原有客户资源的做法进行市场开拓，但尝试
失败。之后，他们不断反思，一方面思考用户的真正需求，另一方面借助
国家政策红利，研发新的产品，面向新的客户市场，打造新的商业模式。
经过一年的不断尝试与迭代，在市场上获得了较好的反响，有了第一批客

户，商业模式的可行性得到初步印证。此阶段核心资源及精力均在探索商业模式及开拓市场上，管理基础薄弱，全部日常管理事务依托 B 公司的管理平台得以运行。

此阶段团队运行特点：（1）团队职责划分不明确，一人身兼数职；（2）团队运作强调成员的奉献精神及团结一致；（3）团队无明确目标，但愿景一致；（4）团队善于反思，成员间沟通顺畅，执行力强。

2. 成长阶段

与最初创业求生存、求温饱的经营姿态不同，随着客户规模不断增加，内部创始团队在此阶段裂变为主打业务的业务团队及把控商业模式、运营管理的高管团队。内部创始团队在与客户的持续互动中逐渐加深对客户痛点的理解，对市场需求及公司未来发展有了更多思考，在此基础上，内部创始团队的商业模式与经营理念日渐清晰与完善。为更好地独立发展和激励团队，该内部创始团队离开 B 公司，成立 H 集团下属新的全资子公司 M 公司。脱离 B 公司成为独立企业，M 公司面临的管理挑战加大，考虑到公司未来发展及成本问题，财务、信息管理与产品研发等借用 H 集团的资源、对其他的管理架构进行重新搭建，经营管理制度得以制定及不断完善。M 公司为了满足管理及业务方面的巨大需求，主要利用内部创始团队及成员的社会网络大量吸引人才。高管团队开始制定 M 公司经营管理制度。高管团队裂变为分管人力、行政等管理职能的综合管理团队与把控商业模式及公司运营管理的高管团队。业务团队开始新一轮裂变，按照业务细分出多个小业务团队。

此阶段团队的运行特点：（1）将团队内部职责进行明确划分，团队成员对各自角色及职责具有清晰的认识；（2）各团队自主运行，并各自创建了规则及规范；（3）各团队成员对团队目标具有共同的认识；（4）团队运作强调密切协作、相互信任与及时沟通；（5）每个团队都会设置小组长，协调团队日常工作，但不享有支配及控制团队的权力，所有团队成员的待遇取决于自身的专业能力与业绩贡献。

3. 发展阶段

M 公司在脱离 B 公司后，得益于正确的经营理念与强有力的执行，业务增长较快，不断吸引越来越多的人才加入，业务团队规模逐渐扩大，对管理的要求越来越高。高管团队明确了公司愿景，为了长远发展，M 公司对已有业务继续进行拓展，按照对客户所属不同区域及不同阶段对已有发展业务团队、督导业务团队、教培业务团队进行分组，划分为小微团队，在原有业务基础上深耕细作，延伸已有商业模式，并创立新事业团队。虽然该阶段形成了大量新团队，但小组长（不属于公司管理人员）基本上由原有业务团队成员担任，原有业务团队的运作经验使得新团队得以顺利运行，并能够积极探索自治模式。在这一阶段，M 公司对行业发展的认知逐渐清晰，并致力于构建完善的管理制度，不仅为员工提供了股权分配计划，而且开始注重中层管理人员的内部培养。

此阶段团队运行特点：（1）团队成员对任务层面的工作职责具有清晰的认识，基本上做到了人岗匹配；（2）团队自治能够保证团队高效运行，不需要外部监督；（3）团队内部领导力共享，团队成员具有较大的灵活性与自主权，能够相互帮助及扶持；（4）团队内部信息透明，沟通顺畅；（5）团队合作默契，具有共同的愿景，团队成员具有较大的灵活性与自主权，能够相互帮助及扶持。

从上述 M 公司发展过程可以看到，M 公司一直采用团队运营模式。在本研究小组负责人的辅导下，M 公司团队在裂变中遵循团队成员相互选择的原则：各团队在吸引新人加入时，十分注重对潜在人选是否与现有成员技能互补、是否具有共同愿景、是否具有较强的责任心、是否具有团队合作意识及是否具有类似的工作方式等方面进行考察。每个团队新进一名员工，团队里的成员均参与考察并发表同等分量的意见，只有团队成员均同意，新人才可以加入团队。团队伴随着 M 公司的发展不断演化，从初创时团队内部职责划分不清晰，目标不明确，处于摸着石头过河的状态；到成长阶段，团队内部规则及规范开始形成；再到发展阶段，团队自治能够保障团队高效运行，自组织团队走向成熟。

9.3.2　数据收集

1. 数据收集时点的确定

为了探索不同团队发展阶段下自组织团队内部网络演化及其对团队创造力的影响作用，在对 M 公司进行全程跟踪观察的基础上，本研究小组于2019 年 8 月在各团队成员数量保持相对稳定后进入 M 公司现场进行深度调研，收集自组织团队运行模式及团队创造力的相关数据，M 公司稳定运行一年多后，2021 年 4 月再次进行数据收集。借鉴塔克曼和詹森（1977）以及井润田、王蕊和周家贵（2011）提出的团队生命周期阶段理论，本研究小组对通过观察、访谈等所得数据进行分析后发现，前后两次团队分别具有不同的特征，本研究将原因归为自组织团队的成长阶段与成熟阶段（见表 9-1）。

表 9-1　自组织团队成长阶段与团队成熟阶段的运行特征汇总表

自组织团队运行特征	自组织团队成长阶段	自组织团队成熟阶段
目标制定	高管团队制定	团队内部讨论决定
目标分配	团队内部讨论决定	团队成员自主认领

（续表）

自组织团队运行特征	自组织团队成长阶段	自组织团队成熟阶段
目标执行	团队上一级领导定期跟进	团队成员自主上报
权力分配	团队小组长负责协调团队日常事务，但不享有支配权和控制权	无正式领导职位，领导力共享
信息沟通	沟通较少	沟通透明，信息共享
对外部变化的响应	较为迟缓	灵活调整、快速响应
团队成员间关系	以正式关系（如工作流程关系）为主	非正式关系较强

资料来源：本研究整理。

成长阶段的自组织团队具有如下特征。

（1）团队总目标由高管团队制定，团队成员目标由团队内部讨论决定。

（2）团队会设置专门的周期由团队上一级领导跟进目标完成进度，相关支持资源由团队讨论分配。

（3）团队小组长协调团队日常事务，但不享有支配权和控制权。

（4）团队内部分工细化且相对固定，团队成员间沟通较少。

（5）团队运行主要遵循规范的工作流程，对外部变化反应较为迟缓。

（6）团队成员间彼此熟悉，初步形成了互动交流氛围，但关系以工作流程关系为主。

成熟阶段的自组织团队具有如下特征。

（1）在团队总目标设定方面，团队成员集体参与并讨论团队目标的制定，在明确团队目标的情况下，团队成员按照自身能力自主认领团队任务及所需资源。

（2）团队成员自主上报目标完成进度及影响目标完成的潜在风险。

（3）各团队内部充分授权，无正式领导职位，领导力共享。

（4）各团队具有保持持续透明的沟通及信息共享的惯例，如定期开晨会等。

（5）各团队设有激活应急响应机制，能够灵活调整以快速响应外部变化。

（6）各团队都拥有信任、协作的团队氛围。

（7）团队成员间形成亲密的相互依存关系，非正式互动频繁。

本研究小组在团队成长阶段与团队成熟阶段分别采用花名册方法进行网络数据收集，该方法已被证明可以获取准确可靠的数据（Marsden，1990）。在问卷正式收集过程之初，本研究小组以不同方式向调研对象介绍了研究的目的及内容，并承诺了保密性。另外，给每个调研对象分配了唯一的编号，调研对象以匿名形式进行填答，从而保证问卷填答的准确率及回收率。需要特别指出的是，本研究删除了团队成长阶段与成熟阶段团队成员发生变动（节点发生变化）的自组织团队，最终获得 13 个自组织团队的数据。

2. 测量工具

本研究借鉴罗克和加拉斯基维奇（2000）的做法，通过要求被调查团队成员报告他们对每个团队成员（实名对应）的依赖程度、每个团队成员对他们的依赖程度、他们与每个团队成员的合作频率以及他们与每个团队成员的沟通频率，以获得自组织团队网络结构数据。每个问题的评分从"一点都不（1）"到"非常多（5）"，共 5 分。此外，本研究借鉴古普塔等学者（2016）以及周密、赵西萍和司训练（2009）的做法，对网络信任进行了补充测量，通过要求被调查团队成员报告情感信任（共包含 5 个题项，代表性题项如"我与他 / 她（姓名）关系良好"等）与认知信任（共包含 6 个题项，代表性题项如"看到他 / 她（姓名）工作之后，我会毫不怀疑他 /

她对工作所付出的努力"等），以获得自组织团队网络关系质量数据。

9.4 数据分析结果

9.4.1 描述性统计分析

对来自 13 个团队的 46 份有效问卷初步进行样本分析，关于团队特征描述性统计分析结果如表 9-2 所示。表 9-2 由团队成长阶段所采集的数据整理而成。在团队规模方面，3 人团队共 8 个，4 人团队共 3 个，5 人团队共 2 个。在团队性别分布方面，大部分团队成员以女性为主，男性占比较小。团队成员平均年龄方面，多数团队成员年龄在 30 ～ 40 岁之间。在团队成员学历分布方面，在来自 13 个团队的 46 名团队成员中，2 名成员为高中学历，18 名成员为大专学历，25 名成员为本科学历，1 名成员为硕士学历。在团队类别方面，13 个团队均为业务团队。

表 9-2 团队特征描述性统计分析结果

团队编号	团队规模	团队女性成员占比	团队成员平均年龄	团队成员学历	团队成员教育背景异质性	团队类别
1	3	67%	51.67	大专及以上	100%	业务团队
2	4	75%	40.75	高中及以上	100%	业务团队
3	3	100%	33.67	大专及以上	100%	业务团队
4	3	67%	37	大专	100%	业务团队
5	3	100%	37	大专及以上	100%	业务团队
6	5	40%	33.80	大专及以上	100%	业务团队
7	5	60%	33.80	大专及以上	100%	业务团队

（续表）

团队编号	团队规模	团队女性成员占比	团队成员平均年龄	团队成员学历	团队成员教育背景异质性	团队类别
8	4	75%	32.50	本科	100%	业务团队
9	3	67%	35.33	大专及以上	100%	业务团队
10	3	100%	35.33	大专及以上	100%	业务团队
11	4	50%	28.00	本科	100%	业务团队
12	3	100%	35.33	高中及以上	100%	业务团队
13	3	67%	33.67	大专及以上	100%	业务团队

9.4.2　团队网络与团队创造力

1. 二元连带演化分析

（1）二元连带数量分析

代表两个社会网络成员之间关系的二元连带是团队互动的基石。团队成长阶段存在的二元连带但团队成熟阶段不存在的二元连带即新删除二元连带，团队成长阶段不存在但团队成熟阶段存在的二元连带即新创建二元连带，团队成长阶段与团队成熟阶段皆存在的二元连带即稳定型二元连带。二元连带的删除及创建带来了二元连带数量的变化。本研究对案例公司进行调研，分别在团队成长阶段与团队成熟阶段收集了13个自组织团队社会网络数据，通过数据分析发现，与团队成长阶段相比，团队成熟阶段的社会网络二元连带的数量并不存在显著差异，且新删除二元连带数量为0，新创建二元连带较少，稳定型二元连带居多（见图9-3）。

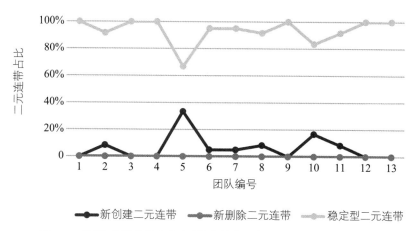

图 9-3　团队成熟阶段自组织团队社会网络二元连带占比统计图

相比于团队成长阶段，团队成熟阶段的二元连带数量有所增加（见表 9-3）。团队成长阶段每个团队成员平均持有约 2.52 个二元连带；团队成熟阶段每个团队成员平均持有约 2.70 个二元连带。随着时间推移，部分团队成员间熟悉度提高，团队成员间的二元连带数量逐渐增多，这不仅有助于团队内部认知资源的交流及互动，还有助于团队内部情感资源的交流及互动。综上可知，本案例数据结果基本支持前文提出的假设：成长阶段与成熟阶段的自组织团队社会网络二元连带数量相近。

表 9-3　自组织团队社会网络二元连带数量统计表

二元连带数量	团队发展阶段	团队编号												
		1	2	3	4	5	6	7	8	9	10	11	12	13
二元连带总数	成长阶段	6	11	6	6	4	19	19	11	6	5	11	6	6
	成熟阶段	6	12	6	6	6	20	20	12	6	6	12	6	6
新创建二元连带数量		0	1	0	0	2	1	1	1	0	1	1	0	0
新删除二元连带数量		0	0	0	0	0	0	0	0	0	0	0	0	0
稳定型二元连带数量		6	11	6	6	4	19	19	11	6	5	11	6	6

（2）关系强度分析

就关系强度来说，节点之间互动越多，关系越紧密，也就意味着二元连带越稳固。本研究参考罗克和加拉斯基维奇（2000）的做法，采用程度评分法要求团队成员对自身与其他团队成员间的关系从"一点都不（1）"到"非常多（5）"进行评价。节点 A 评价的与节点 B 之间的关系强度是 A 回答的关于 B 的 4 个问题（他们对每个团队成员的依赖程度、每个团队成员对他们的依赖程度、他们与每个团队成员的合作程度，以及他们与每个团队成员的沟通程度）的答案的算数平均数（M_{AB}），节点 B 评价的与节点 A 之间的关系强度是 B 回答的关于 A 的 4 个问题的答案的算数平均数（M_{BA}）。M_{AB} 数值越大，表示节点 A 指向节点 B 的二元连带强度越大；M_{AB} 数值越小，表示节点 A 指向节点 B 的二元连带强度越小，如图 9-4 所示。为了较为清晰地展示二元连带强度的动态变化，本研究进行了以下处理，将节点 A 与节点 B 间的方向性二元连带进行对称化处理，得到无向性二元连带强度 $M_{ab}=（M_{AB}+M_{BA}）/2$，考虑到 M_{ab} 最大值为 5，当 M_{ab} 大于 3 时，将其视为强关系。如表 9-4 及图 9-5 所示，相比于成长阶段，13 个自组织团队的强关系数量及占比在团队成熟阶段均有所提高。本案例数据结果基本支持前文提出的假设：成熟阶段的自组织团队社会网络强关系的数量要多于成长阶段的自组织团队社会网络强关系的数量。

图 9-4　关系强度示意图

表 9-4 团队成长阶段与成熟阶段自组织团队社会网络强关系系统统计

二元连带指标	统计指标	团队发展阶段	团队编号												
			1	2	3	4	5	6	7	8	9	10	11	12	13
强关系	数量	成长阶段	3	2	1	1	0	2	2	0	0	0	2	0	1
		成熟阶段	3	6	2	3	2	3	7	3	2	1	4	2	2
	占比	成长阶段	100.00%	33.33%	33.33%	33.33%	0	20.00%	20.00%	0	0	0	33.33%	0	33.33%
		成熟阶段	100.00%	100.00%	66.67%	100.00%	66.67%	30.00%	70.00%	50.00%	66.67%	33.33%	66.67%	66.67%	66.67%

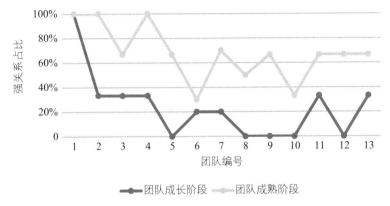

图 9-5　团队成长阶段与成熟阶段强关系占比统计图

（3）二元连带信任水平及自组织团队网络信任水平分析

关系强度的增加会带来信任的发展。随着团队成员在自组织团队成长阶段向成熟阶段的发展过程中关系强度的提升，彼此间的信任程度也不断提高。本研究参考借鉴古普塔等学者（2016）、周密等学者（2009）的做法，采用程度评分法要求团队成员对自身与其他团队成员间的信任程度从"一点都不（1）"到"非常多（5）"进行评价。节点 A 评价的与节点 B 之间的认知信任程度／情感信任程度是 A 回答的关于 B 的 6 或 5 个问题的答案的算数平均数（M_{AB}），节点 B 评价的与节点 A 之间的认知信任程度／情感信任程度是 B 回答的关于 A 的 6 或 5 个问题的答案的算数平均数（M_{BA}）。M_{AB} 数值越大，表示节点 A 指向节点 B 的二元连带信任程度越高；M_{AB} 数值越小，表示节点 A 指向节点 B 的二元连带信任程度越低。为了较为清晰地展示二元连带信任程度的动态变化，本研究进行了以下处理，将节点 A 与节点 B 间的方向性二元连带进行对称化处理得到无向性二元连带信任程度 M_{ab}［M_{ab}=（M_{AB}+M_{BA}）/2］，考虑到 M_{ab} 最大值为 5，当 M_{ab} 大于 3 时，本研究将其视为高水平信任关系。如表 9-5 及图 9-6、图 9-7 所示，相比于成长阶段，13 个自组织团队的高水平认知信任关系、情感信任关系的数量及占比在团队成熟阶段均有所提高。本案例数据结果基本支持前文提出的假设：与成长阶段相比，成熟阶段自组织团队社会网络高水平情感信任连带及高水平认知信任连带的数量更多。

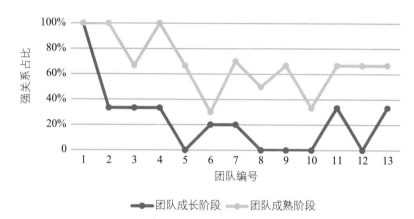

图 9-6　团队成长阶段与成熟阶段高水平认知信任二元连带占比统计图

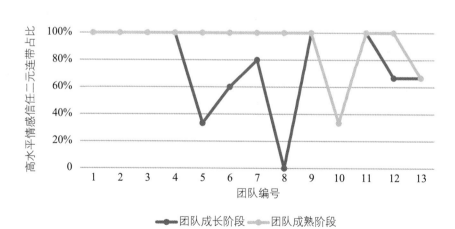

图 9-7　团队成长阶段与成熟阶段高水平情感信任二元连带占比统计图

表9-5 团队成长阶段与成熟阶段自组织团队社会网络高水平信任关系统计

二元连带	统计指标		团队发展阶段	团队编号												
				1	2	3	4	5	6	7	8	9	10	11	12	13
高水平认知信任关系	数量		成长阶段	3	6	3	3	1	6	8	0	3	1	6	2	2
			成熟阶段	3	6	3	3	3	10	10	6	3	1	6	3	2
	占比		成长阶段	100.00%	100.00%	100.00%	100.00%	33.33%	60.00%	80.00%	0	100.00%	33.33%	100.00%	66.67%	66.67%
			成熟阶段	100.00%	100.00%	100.00%	100.00%	100.00%	100.00%	100.00%	100.00%	100.00%	33.33%	100.00%	100.00%	66.67%
高水平情感信任关系	数量		成长阶段	3	6	3	2	2	2	10	4	3	1	5	1	2
			成熟阶段	3	6	3	2	2	7	10	6	3	1	6	3	2
	占比		成长阶段	100.00%	100.00%	100.00%	66.67%	66.67%	20.00%	100.00%	66.67%	100.00%	33.33%	83.33%	33.33%	66.67%
			成熟阶段	100.00%	100.00%	100.00%	66.67%	66.67%	70.00%	100.00%	100.00%	100.00%	33.33%	100.00%	100.00%	66.67%

二元连带是构成网络结构的基础，团队成员间二元连带的信任水平普遍较高意味着团队网络信任程度较高。借鉴古普塔等学者（2016）以及周密、赵西萍和司训练（2009）的做法，网络信任程度通过团队成员间互评的二元连带得分与团队网络可能的二元连带数量的比值获得［见式（8-1）］。比值越大表示网络信任程度越高，越有助于促进复杂和隐性知识的转移。绘制 13 个自组织团队在成长阶段与成熟阶段的网络信任程度，如图 9-8、图 9-9 所示，相比于团队成长阶段，13 个自组织团队网络情感信任水平与网络认知信任水平在团队成熟阶段均有所提升。本案例数据结果基本支持前文提出的假设：与成长阶段相比，成熟阶段自组织团队社会网络的情感信任及认知信任水平也更高。

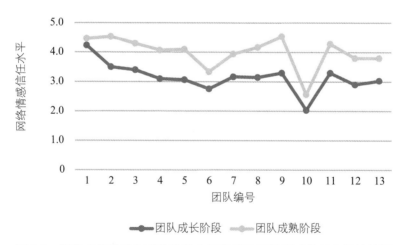

图 9-8　团队成长阶段与成熟阶段自组织团队网络情感信任水平统计图

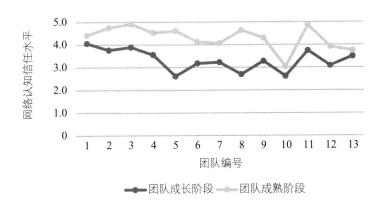

图 9-9　团队成长阶段与成熟阶段自组织团队网络认知信任水平统计图

2. 网络结构演化分析

（1）自组织团队网络互动强度变化

互动强度指的是现有关系强度之和与最大可能关系数量之和的比值。借鉴罗克和加拉斯基维奇（2000）的做法，在有向多值网络中，互动强度的计算方法如式（9-1）所示，互动强度得分越高，越有助于交流精细化和深层次的知识。绘制 13 个团队在团队成长阶段、团队成熟阶段的自组织团队社会网络互动强度统计图，如图 9-10 所示。可知，13 个团队成熟阶段的网络互动强度均高于团队成长阶段的网络互动强度，这意味着团队成员间的网络关系更为稳固，能够带来更高水平的认知资源与情感资源的交流及互动，可能有助于团队创造力的提升。本案例数据结果基本支持前文提出的假设：成熟阶段自组织团队社会网络互动强度要高于成长阶段自组织团队社会网络互动强度。

$$D=(\sum_{i=1,n}\sum_{j\neq i,}d_{ij})/n(n-1) \tag{9-1}$$

注：D 表示自组织团队互动强度，n 表示自组织团队网络中节点数量。

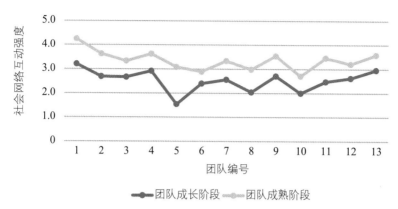

图 9-10　团队成长阶段与成熟阶段自组织团队社会网络互动强度统计图

（2）自组织团队中心势与去中心化演化

团队中心势聚焦于每个团队成员之间网络联系数量的差异，反映了网络关系集中在少数成员而不是在所有成员之间平均分布的程度，计算方法见式（6-3）。团队中心势涉及团队获取和应用相关信息以高效解决问题的能力，较高的团队中心势意味着团队以少数团队成员为中心（Scott，2005；Knoke & Yang，2008），团队具有集中性网络结构，会导致对团队内部中心成员的高度依赖，阻碍合作，损害团队凝聚力，阻碍团队内部认知资源与情感资源的交换。相反，较低水平的团队中心势意味着团队成员之间的互动平均分布，每个团队成员都有相似概率获取和使用相关资源。

绘制 13 个自组织团队在团队成长阶段、团队成熟阶段的中心势统计图，如图 9-11 所示。可以看到，团队成熟阶段的中心势与团队成长阶段的中心势相差不大，但均处于较低水平。这说明 13 个团队中团队成员间的互动分布较为平均，团队成员都有均等的机会获取网络资源，依据已有研究可知，较低水平的团队中心势有助于团队创造力的提升（Rulke & Galaskiewicz，2000）。本案例数据结果基本支持前文提出的假设：成长阶段与成熟阶段自组织团队网络中心势均保持较低水平且变化微小。

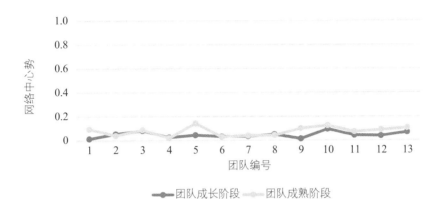

图 9-11　团队成长阶段与成熟阶段的中心势统计图

网络去中心化同时考察团队成员之间网络联系数量及强度的差异，反映了紧密的网络关系在所有成员之间平均分布而非集中在少数成员的程度，详见第 6 章 6.3.2 中网络去中心化的计算方法。网络去中心化水平越高意味着团队成员间的网络关系越紧密，关系结构越扁平，即共享影响力的程度越高。紧密的网络关系为团队成员间的资源传递及交流提供了诸多机会，扁平化的关系结构有助于团队成员在互动过程中互相考虑对方的观点及意见，从共享的知识中提炼和塑造新的见解，为团队创造力的提升带来了可能。

绘制 13 个自组织团队在团队成长阶段、团队成熟阶段的网络去中心化统计图，如图 9-12 所示。可以看到，团队成熟阶段的网络去中心化高于团队成长阶段的网络去中心化。正如前文所分析的那样，较高水平的网络去中心化有助于团队创造力的提升。本案例数据结果基本支持前文提出的假设：成熟阶段自组织团队社会网络的去中心化低于成长阶段自组织团队社会网络的去中心化。

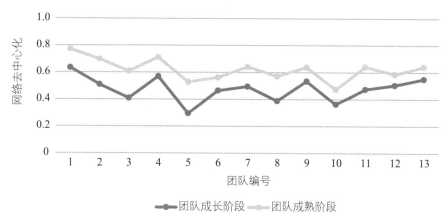

图 9-12　团队成长阶段与成熟阶段团队网络去中心化统计图

9.4.3　团队网络演化与团队创造力

社会网络研究的主要重点一直放在静态网络结构的影响作用上，忽略了网络动态性带来的差异化影响（Jiang，Zhang & Zhou，2018）。尤其在自组织团队这一复杂的自适应性系统中，网络动态性更加不容忽视。在工作环境中，网络关系不仅与权力紧密相关，还会传递与工作有关的资源，例如，信息、知识和帮助（Sparrowe & Liden，2005；Chiu，Balkundi & Weinberg，2017）。相关研究表明，网络关系会影响与工作相关的知识和自我效能感，并且可以影响对创新想法的决策和态度，其还与共享社会支持和人际信任有关（Gibbons，2004）。团队网络结构向有利方向（信任、互动强度及去中心化均有所提升）发展，不仅为团队创造力的产生提供了越来越多的内在动机资源、认知资源及情感资源，还为团队成员进行创造性互动提供了越来越便利的条件。

绘制 13 个团队在团队成长阶段与团队成熟阶段的团队创造力水平统计

图，如图9-13所示。相比于团队成长阶段，9个团队在团队成熟阶段的团队创造力均有所提升，2个团队的团队创造力保持不变，2个团队的团队创造力有略微下降。从上述分析可知，从成长阶段到成熟阶段，团队网络结构发生波动。相比于团队成长阶段，团队成熟阶段的13个自组织团队的网络信任水平、互动强度及网络去中心化均有所提升。总体来看，在团队成熟阶段，团队中大部分成员彼此间两两相连且联系紧密。社会网络理论主张，有利的网络结构能够增加团队成员对有价值资源的访问或控制（Hahl，Kacperczyk & Davis，2016），而网络关系分别为团队创意的产生、精化及实施等过程提供了动机资源、认知资源与情感资源。由此可知，当团队网络具有较高水平的网络信任水平、互动强度及去中心化时，团队内部资源以高水平交流与互动，团队创造力有所提升。本案例数据结果基本支持前文提出的假设：相比于成长阶段，成熟阶段的自组织团队社会网络（网络信任水平、互动强度及去中心化程度均有所提高）能够为团队创造力的产生提供有利的环境及更丰富的资源，进而能够带来更高水平的团队创造力。

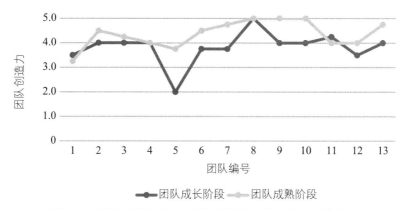

图 9-13　团队成长阶段与成熟阶段团队创造力水平统计图

9.5 结果讨论

不同于以往社会网络研究所采用的静态视角，本研究从现实观察出发，聚焦动态视角下自组织团队社会网络及其对团队创造力的影响。通过对 13 个自组织团队的跟踪观察，分别收集了 13 个自组织团队在成长阶段与成熟阶段的社会网络数据，通过对网络二元连带及网络结构的深入分析，本研究发现自组织团队社会网络确实随着自组织团队的发展而不断演化，且对团队创造力产生动态影响。

首先，本研究发现自组织团队二元连带及网络结构随自组织团队的发展而不断演化，在一定程度上肯定了网络动态视角研究的必要性。与以往研究采用静态视角将社会网络结构视为一种稳定的模式不同，本研究采用动态视角，承认并挖掘网络的动态性，通过对二元连带数量、强度及信任水平，网络结构特征（互动强度、去中心化）的跟踪调研，本研究发现自组织团队社会网络随着自组织团队从成长阶段发展到成熟阶段会不断发生有利演化，例如，网络互动强度、去中心化水平提高等。团队发展过程是团队本身进行选择和进化的过程，自组织团队也是如此。自组织团队在动态性及适应性特征上要优于一般团队，这意味着自组织团队的选择和进化可能更加高效且频繁。在自组织团队不断演化的过程中，团队成员通过沟通及互动逐渐相互熟悉，不断摸索、扮演不同的角色和职位，二元连带建立并逐渐稳固下来，其中较多的是二元连带的创建、维持，较少删除二元连带，且强关系及高水平信任关系数量不断增加，节点与二元连带连接而成的网络结构也不断稳固下来并向着紧密互动、去中心化方向发展。

其次，本研究发现自组织团队在由成长阶段向成熟阶段发展的过程中，网络关系质量（认知信任与情感信任）有所提升，网络结构（互动强度、去中心化）发生有利演化。第一个原因是认知信任与情感信任在自组织团队由成长阶段向成熟阶段发展的过程中不断深化。这种深化起源于强关系数量的增加，交流频繁且双向互惠的强关系孕育了信任并不断加深信任程度。对自组织团队中的成员来说，随着时间的推移，工作任务中的大量协作及交流不仅逐渐加深了彼此之间对各自知识及能力的认可，同时还深化了彼此之间的情感支持及关系，最终带来了自组织团队网络情感信任及认知信任水平的提升。第二个原因是在自组织团队由成长阶段向成熟阶段发展的过程中，互动强度不断增强。自组织团队经历成长阶段及成熟阶段的不断磨合及深化，团队成员间较为薄弱的、互惠程度不高的网络关系逐渐演化为互动频率较高且十分紧密的网络关系，最终带来了自组织团队网络互动强度的提升。第三个原因是自组织团队在由成长阶段向成熟阶段发展的过程中不断向去中心化方向发展。自组织团队成员具备差异化的知识及经验，团队成员在协同完成工作任务的过程中发挥着差异化的影响作用。随着自组织团队由成长阶段向成熟阶段发展，团队成员间不断加深对彼此工作能力的认识。为了更好地完成各项工作任务，团队成员之间的紧密互动将分散在大部分团队成员之间，自组织团队网络向去中心化方向发展。

最后，自组织团队内部网络演化也会对团队创造力带来差异化的影响。已有研究主张，网络可能通过参与其结构的成员之间的创造性互动在不同阶段影响自组织团队创造力（Kogut，2000）。自组织团队网络与自组织团队创造力间的关系是较为复杂的。一方面，自组织团队网络在一定程度上决定着自组织团队在创造过程获取所需资源的难易程度，即互动便利性。具体来说，去中心化及互动强度较高的网络结构、高水平信任关系有利于自组织团队内部充分交流，传递多样化的知识资源并盘活已有知识资源。就去中心化来说，高水平的中心势可能会带来信息不对称，不利于自组织团队内所有成员进行直接的交流，且占据自组织团队网络中心位置的个体面临着巨大的直接访问需求，会陷入压力之中。信息不对称、不合理的压力均不利于自组织团队创造力的提升。自组织团队在从成长阶段发展到成熟阶段的过程中，团队网络向去中心化方向发展，去中心化的网络结构有助于解决团队内部信息不对称的问题，并通过赋权提升团队成员的内在创造性动机。就互动强度来说，在自组织团队中，团队创造力包括创意产生、精化及实施等单个阶段，虽然在创意产生时特别需要多样化的知识及信息，但从整体过程来看，更加需要的是自组织团队内部的紧密及有效互动，自组织团队互动强度的提高有助于团队创造力的产生。就网络信任水平来说，情感信任和认知信任都能提高团队成员的合作能力。在高水平信任关系下，团队成员间能够更好地集中精力、相互沟通和支持，从而提高团队创造力。另一方面，自组织团队网络能够为自组织团队的创造性过程提供不同的资源。基于此，本研究探讨了自组织团队在成长阶段与自组织团队成熟阶段，网络演化及其对自组织团队创造力可能产生的影响。自组织团队社会网络能够为自组织团队创造过程提供丰富的动机资源、认知资源及情感资源等。自组织团队创造力在创意的产生、精化及实施这 3 个不同的阶段对动机资源、认知资源及情感资源的需求存在较大的差异。本研究结果表明，自组织团队网络结构上的有利演化为自组织团队内部创造力的提升带来了丰富且多样的资源，如与工作有关的信息、知识、援助和指导（Sparrowe et al., 2001），不同的技能、知识和观点，这对于找到有效的组织问题创新性解决方案至关重要，此外还有能够促进个人之间的社会支持与合作的情感资源。与自组织团队成员保持友好和支持关系的心理安全性可能会鼓励自组织团队成员表达自己的建议，以改善新想法。上述互动便利性及丰富的资源均有助于自组织团队创造过程的持续推进。

第 10 章

研究贡献与未来展望

实践先行的自组织团队与创造力有着天然的联系，而自组织团队创造力对企业获取竞争优势、团队创新及员工发展有着重要的意义。本研究以自组织理论、社会网络理论、IPO模型、社会学习理论、社会认知理论等理论为基础，从团队内外部网络视角探究自组织团队创造力的生成机制。一方面，本研究针对运行成熟的自组织团队采用实证研究方法探究团队内外部多重网络对自组织团队创造力的影响机制，将团队内部社会网络的去中心化、互动强度、情感信任、认知信任，团队外部知识网络利用以及分别代表团队成员自主学习及互动学习的非正式学习与互惠替代学习、团队创造力等理论变量整合至同一理论框架内，探讨自组织团队内外部多重网络等输入因素如何通过自组织团队学习等团队过程对团队创造力发挥作用。另一方面，本研究采用案例研究法探究自组织团队在不同发展阶段下的网络动态演化对自组织团队创造力的影响。通过上述研究得出了相关研究结论，并据此提出了相应的管理建议。

10.1　研究结论

将实证研究和纵向案例研究的验证结果汇总，如表 10-1 所示。

表 10-1　实证研究和纵向案例研究的验证结果汇总表

研究名称	假设序号	假设内容	验证结果
子研究一	6.1	自组织团队网络去中心化能够正向促进团队创造力	成立
	6.2	自组织团队外部知识网络利用能够正向促进团队创造力	成立
	6.3	自组织团队的网络去中心化与外部知识网络利用对非正式学习具有正向的交互作用，即当网络去中心化水平较高时，外部知识网络利用与非正式学习间的正向关系更强。当外部知识网络利用水平较高时，网络去中心化与非正式学习间的正向关系更强	成立
	6.4	自组织团队的网络去中心化与外部知识网络利用对互惠替代学习具有正向的交互作用，即当网络去中心化水平较高时，外部知识网络利用与互惠替代学习间的正向关系更强。当外部知识网络利用水平较高时，网络去中心化与互惠替代学习间的正向关系更强	成立
	6.5	自组织团队网络去中心化与外部知识网络利用通过非正式学习对团队创造力产生正向交互作用，即当网络去中心化水平较高时，外部知识网络利用通过非正式学习对团队创造力产生的积极作用更强。当外部知识网络利用水平较高时，网络去中心化通过非正式学习对团队创造力产生的积极作用更强	成立
	6.6	自组织团队网络去中心化与外部知识网络利用通过互惠替代学习对团队创造力产生正向交互作用，即当网络去中心化水平较高时，外部知识网络利用通过互惠替代学习对团队创造力产生的积极作用更强。当外部知识网络利用水平较高时，网络去中心化通过互惠替代学习对团队创造力产生的积极作用更强	不成立

（续表）

研究名称	假设序号	假设内容	验证结果
子研究二	7.1	自组织团队互动强度能够正向促进团队创造力	成立
	7.2	自组织团队互动强度与外部知识网络利用对非正式学习具有正向的交互作用，即当互动强度水平较高时，外部知识网络利用与非正式学习间的正向关系更强。当外部知识网络利用水平较高时，互动强度与非正式学习间的正向关系更强	成立
	7.3	自组织团队互动强度与外部知识网络利用对互惠替代学习具有正向的交互作用，即当互动强度水平较高时，外部知识网络利用与互惠替代学习间的正向关系更强。当外部知识网络利用水平较高时，互动强度与互惠替代学习间的正向关系更强	成立
	7.4	自组织团队互动强度与外部知识网络利用通过非正式学习对团队创造力产生正向交互作用，即当互动强度水平较高时，外部知识网络利用通过非正式学习对团队创造力产生的积极作用更强。当外部知识网络利用水平较高时，互动强度通过非正式学习对团队创造力产生的积极作用更强	成立
	7.5	自组织团队互动强度与外部知识网络利用通过互惠替代学习对团队创造力产生正向交互作用，即当互动强度水平较高时，外部知识网络利用通过互惠替代学习对团队创造力产生的积极作用更强。当外部知识网络利用水平较高时，互动强度通过互惠替代学习对团队创造力产生的积极作用更强	不成立
子研究三	8.1	自组织团队认知信任能够正向促进团队创造力	成立
	8.2	自组织团队情感信任能够正向促进团队创造力	成立
	8.3	自组织团队的情感信任与外部知识网络利用对非正式学习具有正向的交互作用，即当情感信任水平较高时，外部知识网络利用与非正式学习间的正向关系更强。当外部知识网络利用水平较高时，情感信任与非正式学习间的正向关系更强	成立
	8.4	自组织团队的情感信任与外部知识网络利用对互惠替代学习具有正向的交互作用，即当情感信任水平较高时，外部知识网络利用与互惠替代学习间的正向关系更强。当外部知识网络利用水平较高时，情感信任与互惠替代学习间的正向关系更强	不成立

（续表）

研究名称	假设序号	假设内容	验证结果
	8.5	自组织团队的认知信任与外部知识网络利用对非正式学习具有正向的交互作用，即当认知信任水平较高时，外部知识网络利用与非正式学习间的正向关系更强。当外部知识网络利用水平较高时，认知信任与非正式学习间的正向关系更强	成立
	8.6	自组织团队的认知信任与外部知识网络利用对互惠替代学习具有正向的交互作用，即当认知信任水平较高时，外部知识网络利用与互惠替代学习间的正向关系更强。当外部知识网络利用水平较高时，认知信任与互惠替代学习间的正向关系更强	不成立
	8.7	情感信任与外部知识网络利用通过非正式学习对团队创造力产生正向交互作用，即当情感信任水平较高时，外部知识网络利用通过非正式学习对团队创造力产生的积极作用更强。当外部知识网络利用水平较高时，情感信任通过非正式学习对团队创造力产生的积极作用更强	成立
子研究三	8.8	情感信任与外部知识网络利用通过互惠替代学习对团队创造力产生正向交互作用，即当情感信任水平较高时，外部知识网络利用通过互惠替代学习对团队创造力产生的积极作用更强。当外部知识网络利用水平较高时，情感信任通过互惠替代学习对团队创造力产生的积极作用更强	不成立
	8.9	认知信任与外部知识网络利用通过非正式学习对团队创造力产生正向交互作用，即当认知信任水平较高时，外部知识网络利用通过非正式学习对团队创造力产生的积极作用更强。当外部知识网络利用水平较高时，认知信任通过非正式学习对团队创造力产生的积极作用更强	成立
	8.10	认知信任与外部知识网络利用通过互惠替代学习对团队创造力产生正向交互作用，即当认知信任水平较高时，外部知识网络利用通过互惠替代学习对团队创造力产生的积极作用更强。当外部知识网络利用水平较高时，认知信任通过互惠替代学习对团队创造力产生的积极作用更强	不成立

（续表）

研究名称	假设序号	假设内容	验证结果
	9.1	成长阶段与成熟阶段的自组织团队社会网络二元连带数量相近，但成熟阶段的自组织团队社会网络强关系的数量要多于成长阶段的自组织团队社会网络强关系的数量	成立
	9.2	与成长阶段相比，成熟阶段自组织团队社会网络高水平情感信任连带及高水平认知信任连带的数量更多，成熟阶段自组织团队社会网络的情感信任及认知信任水平也更高	成立
研究四	9.3	成熟阶段自组织团队社会网络互动强度要高于成长阶段自组织团队社会网络互动强度	成立
	9.4	成长阶段与成熟阶段自组织团队中心势均保持较低水平且变化微小，但成熟阶段自组织团队社会网络的去中心化低于成长阶段自组织团队社会网络的去中心化	成立
	9.5	相比于成长阶段，成熟阶段的自组织团队社会网络（网络信任水平、互动强度及去中心化程度均有所提高）能够为团队创造力的产生提供有利的环境及更丰富的资源，进而能够使团队形成更高水平的团队创造力	成立

结合自组织团队的特征、管理实践以及文献梳理，本研究选取了自组织团队网络去中心化、自组织团队互动强度、自组织团队情感信任及认知信任这 4 个自组织团队网络特征作为团队内部网络的主要变量，选取了外部知识网络利用作为自组织团队外部网络的主要变量。研究发现，无论是团队内部网络还是团队外部网络均有助于提升团队创造力。根据以上研究结果，本研究主要得出以下结论。

1.自组织团队作为一种分权式网络组织，具有典型的去中心化特征，本研究的子研究一重点考察了自组织团队的网络去中心化对团队创造力的影响。研究发现：自组织团队网络去中心化对团队创造力产生正向影响作用；自组织团队内部网络的去中心化与外部知识网络利用的交互效应对非正式学习、互惠替代学习均具有正向影响作用；非正式学习是自组织团队内部网络去中心化与外部知识网络利用对团队创造力发挥交互影响作用的关键路径。

2. 结合自组织团队的特征及现实洞察，可以看出与一般团队相比较，成员之间更为平等，坦诚性更高，互动也更频繁，因此，本研究的子研究二重点考察了团队内部网络中的互动强度与外部网络利用的交互作用对团队创造力的影响。研究发现：自组织团队内部互动强度对团队创造力有正向影响作用；自组织团队内部互动强度和外部知识网络利用的交互效应对于团队非正式学习和互惠替代学习均有正向影响；非正式学习在团队内部互动强度和外部知识网络利用对团队创造力发挥交互作用的路径中起中介作用。

3. 相比于一般团队，自组织团队成员在目标和利益上的一致性更高，彼此的亲密度也更高，这使得自组织团队内部网络的信任关系更为凸显。因此，本研究的子研究三重点考察了自组织团队内部信任与团队外部知识网络交互影响下团队创造力的形成机制这一研究主题。研究发现：自组织团队的认知信任、情感信任对团队创造力均有正向影响；自组织团队认知信任与外部知识网络利用对非正式学习具有正向交互作用；自组织团队情感信任与外部知识网络利用对非正式学习具有正向交互作用；自组织团队认知信任与外部知识网络利用的交互作用能够通过非正式学习正向影响团队创造力；自组织团队情感信任与外部知识网络利用的交互作用能够通过非正式学习正向影响团队创造力。

4. 通过对一个案例企业的多个自组织团队的纵向跟踪研究，本研究探讨了自组织团队从成长阶段到成熟阶段，团队网络的动态演化及其对自组织团队创造力的影响。研究发现：在团队成长阶段向团队成熟阶段发展的过程中，自组织团队网络发生有利演化（强关系及高水平信任关系增多，网络互动强度、网络信任程度及网络去中心化程度提高），自组织团队网络的有利演化为团队创造力带来了有益的资源条件，有助于团队创造力的提升。

10.2 理论贡献

本研究借鉴以往团队创造力的研究观点与研究成果，在理论层面上探究了自组织团队创造力的生成机理与路径。主要理论贡献如下。

其一，本研究以自组织团队为研究对象，较为系统地研究了实践先行的"自组织团队"，丰富了自组织团队的理论研究。自组织团队在目标、动力及团队结构上较其他团队而言更具创造力。伴随 VUCA 时代的到来以及员工追求的变化，将组织中传统形式的团队变革为自组织团队这种形式，可以帮助企业降低风险，提高适应能力与创新能力。然而，目前对自组织团队的理论研究非常缺乏，纵观国内外现有研究，并没有系统的关于自组织团队的研究成果和理论，更多的是基于时代背景和组织内外部需求而产生的实践活动（贾迎亚、胡君辰，2016），亟待从实践中提炼出相应的理论进而用于指导实践。因此，本研究以自组织团队为研究对象，系统研究自组织团队及其创造力的形成机制，在丰富自组织团队相关研究上有一定的理论贡献。

其二，本研究在借鉴团队创造力相关研究的基础上，深化与丰富了多重网络视角下的自组织团队创造力研究。多数团队创造力研究采用 IPO 模型探究团队内部输入因素与团队外部输入因素分别对团队过程及结果的显著影响，例如，有学者主张内部网络有助于增强团队成员分享知识及帮助他人的动机，外部网络有助于提供外部新颖知识（Tang，Zhang & Reiter-Palmon，2020）。遗憾的是，多数研究聚焦于团队内部输入因素或团队外部输入因素对团队过程及团队创造力的单一作用，至今鲜有研究从内外部网络交互视角探讨团队运作过程及结果，忽略了团队作为一个开放系统受到团队内外部因素的共同影响这一事实。本研究兼顾了自组织团队内外部因素对团队过程及团队创造力的共同影响，展示了自组织团队内部社会网络以及与自组织团队外部知识网络的结合是如何产生协同效应的，这对团队创造力的研究是一个有益的补充，且在一定程度上证实了崔（Choi，2002）的建议，团队内外部因素不一定是补充的，可能是协同的。

其三，本研究运用社会网络分析技术，厘清了自组织团队网络去中心化对团队创造力的影响作用，补充了权力结构视角下的团队创造力研究。以往研究多关注垂直领导等正式权力结构对团队创造力的影响作用（He et al.，2020）。本研究基于对自组织团队的跟踪调研，发现自组织团队往往去中心化，团队成员间相互影响、接受和鼓励，这为团队创造力的提升提供了十分有利的环境。鉴于此，不同于以往研究强调垂直领导与扁平化管理等正式权力结构的重要作用，本研究直接聚焦于自组织团队网络去中心化，通过测量团队成员间的紧密程度及扁平化水平，为权力结构视角下的团队创造力研究提供了更加贴近实际情景且更具解释力的认识。

其四，本研究对自组织团队学习过程进行了微观透视，拓宽了现有研究对自组织团队学习及其过程的理解与认识。相关研究普遍认为团队学习来源于个体直觉，通过解释和整合被放大，并通过集体认知和行动的编码在团队层面表现出来。在对团队学习的测量方面，学者们大多通过聚合个人感知来创建一个团队层面的平均分数，倾向于将团队学习视为一个单层构念。实际上，正如科斯托普洛斯、斯帕诺斯和普拉斯塔科斯

（Kostopoulos，Spanos & Prastacos，2013）在其研究中所指出的那样，团队学习不只包含个体成员的自主学习，即主动在自身的实践、反馈、反思及其他成员的经验与他们自己的经验中学习，还包括团队成员间对共享经验的联合互动处理并构建新的共同理解。已有研究将学习简单地描述为个体单向的观察和模仿过程，忽视了人际互动的重要作用。鉴于此，本研究引入非正式学习及互惠替代学习，分别测量团队成员的自主学习及团队成员间的互动学习，从而更为全面地探究了自组织团队学习过程及其在自组织团队内部网络（去中心化、互动强度、情感信任、认知信任）及外部知识网络利用对自组织团队创造力产生影响过程中的作用。

其五，基于自组织团队创造力模型与社会认知理论，本研究发现，自组织团队学习（非正式学习）是团队内部网络（去中心化、互动强度、情感信任、认知信任）与外部知识网络利用通向团队创造力的重要中介。该结果有助于解释自组织团队内外部网络交互影响下自组织团队创造力的产生机制。虽然以往研究采用社会学习理论等探究了团队学习在共享领导等团队内部因素与团队创造力间的中介机制（Lyndon，Pandey & Navare，2020），但对团队内外部因素交互效应下团队学习的中介作用认识不足，本研究补充了从自组织团队内部输入因素与自组织团队外部输入因素到自组织团队创造力的复杂中介机制。

其六，聚焦于动态视角下自组织团队发展过程中自组织团队网络的演化这一研究问题，本研究从二元连带层面到整体网络结构层面探究了自组织团队网络在自组织团队成长阶段及自组织团队成熟阶段的演化。本研究结果显示，网络确确实实是在不断演化的，某一时点截取的网络结构特征在时间上不具有可持续性，网络的价值及意义必须考虑网络结构随时间的演变。虽然学者从理论层面上认识到团队作为动态系统，其概念中隐含着连续性、非线性和结构内反馈的特性，有必要对团队随时间的变化进行更为细致的研究，但现有实证研究对团队内部社会网络随团队发展的演化进程却知之甚少。本研究采用在团队成长阶段和团队成熟阶段分别截取自组织团队网络横截面的做法，探讨了网络演化对团队创造力的影响作用。该研究发现不仅为学者们更好地理解自组织团队各发展阶段网络视角下团队创造力的产生机制提供了支持，还有助于丰富现有研究对自组织团队网络动态性的理解，同时对弥合团队发展的理论研究与实证研究之间的脱节做出了尝试。

10.3　对企业管理的启示

本研究采用社会网络视角探究自组织团队创造力的形成机制，不仅产生了一定的理论贡献，还对实践中的自组织团队管理带来如下启示。

第一，重视组建与打造自组织团队。在复杂、多变的动态环境下，自组织团队创造力对于企业创新创业具有重要意义。在越来越多的新技术与新产品的开发、新市场拓展，乃至组织变革过程中，企业都需要鼓励团队成员更加主动地投入创造性工作，并激发更多的创造行为。许多研究也表明，自我管理的团队在完成复杂性工作时，可以提高创造力，这些团队自我领导，很少依靠上级指示，可以充分利用团队成员的知识进行合作（吕洁、张钢，2013）。本研究的结果也表明，自组织团队在创造力、创新方面具有独特优势。因此，无论是对于创业团队还是企业内部要提升创造力，都可以考虑大力推动各种类型的自组织团队的组建与运作，包括阿米巴、敏捷团队等。在推动过程中，最为重要的是自组织团队相应的工作环境的打造：一方面，自组织团队的上级领导要放权，让团队拥有更多的自主权，尽量不干预不控制团队的运作，但可以指导与辅导与团队任务无关的自组织团队的构建与运作，在自组织团队求助时，提供相应的支持；另一方面，管理者还应该创建一种氛围，使自组织团队敢于冒险与创新，并对做出创造性成果的团队予以相应的奖励。在实践中，更常见的场景是给予现有团队更多的自主管理权，在组织管理中，提倡与助推自组织管理，从而改善组织的创新能力。

第二，在团队内部推广共享领导或分布式领导。自组织团队网络去中心化对提升自组织团队创造力至关重要。网络去中心化程度高意味着团队是非中心化的，团队成员间关系结构是扁平的。基于该研究结果，自组织团队的管理者应该注意在自组织团队中推广共享领导模式或分布式领导模式，也就是领导任务应该由团队的多个成员承担，乃至自组织团队内部人人都是领导者，企业应当创造一种人人都参与和负责的自组织团队氛围，让每个自组织团队成员都扮演领导角色，增强自组织团队成员的主人翁意识，以实现更高程度的共享领导。

第三，创设互动环境，提高自组织团队成员的互动强度。自组织团队成员之间的互动强度越高，互动越频繁，越有利于知识在自组织团队成员间传播与流动。高频率的互动能够为自组织团队成员提供更多的资源交换机会，这不仅有助于自组织团队成员熟悉彼此的工作能力与专业技能，还能够帮助成员进行精细化与复杂知识的分享，从而有利于提高自组织团队创造力。因此，在组织管理过程中，应当为员工之间的互动交流提供更多的机会。例如，通过打造开放式工位，创造便于沟通互动的办公空间，提供随处可见的便利贴、白板等可以随时进行记录沟通交流的工具，组织团建等自组织团队集体活动以提升团队成员的互动强度。野中和竹内（2019）

提出，要想提升团队创造力，企业最主要的工作就是提供有利于知识创造的外部环境或场所。这种环境在日语里有个专有名词叫作"Ba"，这个"Ba"指的就是成员互动的场所。比如，本田公司的新车研发小组成员，很多时候在远离办公地点的酒馆里，一边喝酒一边讨论理想的轿车是什么样的，这个酒馆就是"Ba"；再比如，松下公司项目团队成员，曾经在大阪国际饭店的首席面包师手下一起当学徒工，大家一边学做面包，一边聊自己对于项目的想法，他们所在的面包房就是"Ba"（Nonaka & Takeuchi，2019）。

第四，培育自组织团队成员之间的信任。一方面，自组织团队的管理者可以考虑在自组织团队中推广共享领导，赋予团队成员更多展示能力的机会，如采用团队会议轮值主持、工作轮换等多种方法证明与展示自组织团队成员的工作可靠性，以培养认知信任；另一方面，管理者可以考虑增加非正式沟通与情感交流，如筹办团建活动，建立亲密的类似家人、战友的关系等，在工作中提高任务依赖性，加强自组织团队成员之间的紧密互动，营造互帮互助的自组织团队氛围，鼓励自组织团队内部互惠规范的涌现，提升自组织团队成员间的情感关系，培养自组织团队情感信任。

第五，注重自组织团队外部知识网络的开发与利用。来自外部的知识网络可以为自组织团队提供不同的观点和方法，促进自组织团队成员进行与创造高度相关的发散性、灵活性思考，从而提高自组织团队创造性解决问题的能力。寻求创造性解决方案的自组织团队需要不断超越现有的知识范围及自组织团队边界，从而获取外部新颖且多样化的知识资源。因此，自组织团队的管理者在日常工作中，除了注重自组织团队内部知识的整合，还要特别关注对自组织团队外部知识网络的利用。一方面，管理者可以为自组织团队成员与外部成员的沟通提供机会与平台，例如，组织参观学习活动、开展业务合作等，鼓励员工积极参与相关社群等，以帮助自组织团队成员能够与自组织团队外组织内或组织外的其他自组织团队或个体进行沟通与交流；另一方面，管理者可以采取设置奖励等方式，鼓励自组织团队成员自发自主开拓外部知识资源，积极从外部汲取知识，并将这些异质性知识通过自组织团队内部互动交流传播给自组织团队内部成员。

第六，鼓励团队成员积极主动学习。研究发现，自组织团队学习是自组织团队输入因素激发自组织团队创造力的关键路径，特别是团队成员自主进行的非正式学习是将内外部网络中蕴藏的知识资源转化为团队创造力的重要途径。鉴于此，一方面，管理者可以采取授权及物质奖励等方式激发员工的内部与外部学习动机，鼓励自组织团队成员在正式培训之外自发向其他团队成员学习，在工作实践中进行自主学习，养成反复思考的好习惯；另一方面，要致力于打造学习型团队，采取建立交流平台、学习分享会议等途径和措施，促进自组织团队成员间的知识流动与转化。通过团队学习，使内外部网络中蕴藏的知识资源最终转化为自组织团队创造力。

第七，培育引导自组织团队走向成熟阶段。在自组织团队引导过程中，需要特别关注团队的不同发展阶段。管理者需要对"自组织团队是一种动态系统"有清晰的认识，对处于不同发展阶段的团队应当采取适当的支持方式。自组织团队本身作为自主运行的动态系统，能够不断进行自我调整、修复，以适应外部环境的变化。管理者在为自组织团队提供资源支持时，应先明确自组织团队的发展阶段，在不同发展阶段采用不同的支持方式。如在自组织团队成长阶段，团队成员间经过团队形成阶段的磨合开始有一定的默契，此时团队内部社会网络较为松散（中心势较高），还并未达到理想状态。在此情况下，管理者除了给予适当的资源支持，还应当采取营造互动氛围、提升合作意识等方法，适当引导团队成员间网络关系向有利方向转化。而在团队成熟阶段，团队内部社会网络扁平且紧密，此时管理者应当专注于为团队成员及时提供必要的资源支持，协助团队引进外部知识资源，一方面，要整合多样化的知识帮助自组织团队完成创新性工作任务；另一方面，也需要不断让新的信息和知识冲击自组织团队及其成员，使其保持持久的创造力。

第八，在提升团队创造力方面，管理者应当特别关注自组织团队内部网络及其动态演化的影响。本研究结果显示，在探讨团队创造力时，管理者不仅要关注各个时点团队内部网络结构，还要关注内部网络的演化，这包括团队成员间关系的演化及团队内部社会网络结构的演化。对于团队成员的引导不仅需要关注个体层面（如成员间网络关系的构建、删除及维持），还需要关注网络结构层面上的演化。通过定期检查团队成员间的网络关系，采取适当措施（如开展促进交流及合作的网络研讨会、不定期开展团建等团队非正式交流活动）帮助团队成员适时调整自身的网络意识及网络角色与位置，从而构建紧密且扁平的网络结构，盘活团队自有资源，促进复杂和隐性知识的转移，缓解任务协调，进而提升团队创造力。

10.4 研究不足与展望

本研究从社会网络视角出发，探究了自组织团队创造力的形成机制，产生了一定的理论贡献和管理启示，但是由于种种限制和原因，也存在着以下研究不足与展望。

第一，可能存在一定程度的共同方法偏差问题。本研究采用多来源、多时点的取样设计，能够有效地提高样本数据质量。除自组织团队创造力由自组织团队领导进行评价外，其他变量则由自组织团队成员进行评价。此外，本研究采用纵向研究设计，先后在不同时点收集相关数据。虽然上述取样设计能够弱化共同方法偏差问题，但未来研究可以考虑采用更加多元化的数据来源，使用更加全面的数据收集方式。

第二，本研究仅关注了自组织团队学习这一重要的自组织团队过程。本研究基于自组织团队创造力模型与社会认知理论，围绕认知过程与社会过程，探究了自组织团队学习在自组织团队内外部网络与自组织团队创造力间的中介机制。考虑到自组织团队输入因素可能通过多种自组织团队过程影响自组织团队输出，未来研究可以从不同的理论视角对其他自组织团队过程进行探索，从而更全面地厘清自组织团队内外部多重网络与自组织团队创造力间的中介机制。

第三，本研究以自组织团队为研究对象探究了内部社会网络与外部知识网络交互影响下的团队创造力，着重考察了自组织团队内部成员之间的互动耦合过程与自组织团队成员与外部环境间的互动传递过程对团队创造力的影响。然而在现实组织中，自组织团队并非孤立存在，其作为节点，也处在与其他团队共同构成的网络中。不难想象，团队间的网络关系等因素也会影响自组织团队创造力的形成，而本研究并未考虑团队间的网络如何影响自组织团队创造力，未来的研究可以考虑从多团队网络或系统视角下探究自组织团队创造力的形成机制。

第四，本研究在动态网络视角下的子研究缺乏对团队外部社会网络的探讨。本研究探讨了静态视角下自组织团队内外部社会网络的交互作用，但在动态视角研究中仅关注了自组织团队内部社会网络的动态演化。同内部社会网络一致，自组织团队外部知识网络也在不断演化，但由于外部知识网络往往缺乏明确的边界，且变动更为频繁，考虑到资源及条件有限，本研究仅就内部社会网络这一重点内容的动态演化进行了探讨。未来的研究可以考虑如何划定一个较为核心的外部知识网络边界，进一步探究外部知识网络的动态演化及其对自组织团队的影响作用。

第五，本研究缺乏对自组织团队社会网络及其团队成员行为模式等可能存在的共同演化的考量。自组织团队网络结构在本质上是由作为节点的团队成员的行为模式组成的，这些行为模式反过来也会进一步塑造团队成员的行为，这是一个共同演化的过程。本研究尽可能地呈现了自组织团队社会网络特征及多重网络对团队成员行为模式的影响，但并未深入考虑团队成员及其行为模式对团队社会网络的影响。自组织团队成员行为模式的演化与自组织团队社会网络的演化应当是一个连贯的共同演化过程，某个时间点发生的事件在一定程度上受到之前发生的事件的影响。由于受研究问题及资源所限，本研究对共同演化过程并未进行更多的思考，这也可能是未来研究可以关注的重要议题。

各位亲爱的同事：

　　您好！邀请您帮忙填一份纯粹的学术研究调查问卷。本次调查是华南理工大学工商管理学院组织管理与创新团队开展的一项研究，研究结果主要用于组织管理的研究与实践指导。请您先在问卷首页填答事先发给您的三位数编号，再根据自己在团队中的实际工作情况填答下述问题。

　　您所填答的问卷，将由研究小组人员直接回收封装，采用学界标准保密措施严格保密，公司管理层或您的上级，无权查阅个人问卷内容。个人数据不会被单独披露，所有数据仅以汇总统计的形式呈现，所有参与者的个人信息将被隐匿处理。请您放心填写。如果您对本次调研结果感兴趣，请在本问卷最后留下您的联系方式，届时将分析结果反馈给您，供您参考。

　　请务必认真阅读问卷各部分说明，谢谢！如您对本调查问卷有任何疑问或建议，欢迎联系研究小组成员。

华南理工大学组织管理与创新研究团队

您的编号是：

第一部分：个人基本信息

1. 您的性别是：

□女　　　　　□男

2. 您的出生年份是（　　　　）年

3. 您的最高学历是：

□高中及以下　　　□大专　　　□本科　　　□硕士　　　□博士

4. 您于何年何月开始在该团队工作（请精确到月份）（　　　　　）

5. 你所在团队的人数是（　　　　）人

第二部分：请根据您在团队中工作的真实感受及您在所属团队的日常工作情况，对以下表述圈出相应的选项，选项无正误优劣，请您按实际情况填写。

您所在团队，大家对以下表述在多大程度上共同认为：

1. 团队成员应该寻求机会让团队进行学习提升。

□非常不符　　　□不符合　　　□中立　　　□符合　　　□非常符合

2. 团队成员应该在可能帮助他人的时候分享信息。

□非常不符　　　□不符合　　　□中立　　　□符合　　　□非常符合

3. 团队成员应该不遗余力地帮助他人解决问题。

□非常不符　　　□不符合　　　□中立　　　□符合　　　□非常符合

4. 团队成员应该愿意在新的想法上冒险，以发现什么是有效的想法。

□非常不符　　　□不符合　　　□中立　　　□符合　　　□非常符合

5. 团队成员应该把在工作期间学习和发展技能视为一个重要目标。

☐非常不符 　　☐不符合 　　☐中立 　　☐符合 　　☐非常符合

关于以下对您团队情况的描述，请您根据真实感受勾选最符合的选项。

6. 团队会举办聚餐、联谊等非正式活动。

☐从不 　　☐很少 　　☐有时 　　☐经常 　　☐非常频繁

7. 团队会开一些讨论会。

☐从不 　　☐很少 　　☐有时 　　☐经常 　　☐非常频繁

8. 团队成员会通过电话、电子邮件、聊天软件等进行讨论。

☐从不 　　☐很少 　　☐有时 　　☐经常 　　☐非常频繁

9. 团队成员会在公司食堂、休息室、走廊等非正式场合交谈。

☐从不 　　☐很少 　　☐有时 　　☐经常 　　☐非常频繁

关于以下对您工作情况的描述，请您根据真实情况勾选最符合的选项。

10. 我会向企业外成员寻求帮助或建议（获取有用的知识）。

☐从不 　　☐很少 　　☐有时 　　☐经常 　　☐非常频繁

11. 我会向与自己不太熟的团队外成员寻求帮助或建议（获取有用的知识）。

☐从不 　　☐很少 　　☐有时 　　☐经常 　　☐非常频繁

12. 我会向工作类型与自己不大相似的团队外成员寻求帮助或建议（获取有用的知识）。

☐从不 　　☐很少 　　☐有时 　　☐经常 　　☐非常频繁

13. 我会向企业内团队外成员寻求帮助或建议（获取有用的知识）。

☐从不 　　☐很少 　　☐有时 　　☐经常 　　☐非常频繁

14. 我会向与自己很熟的团队外成员寻求帮助或建议（获取有用的知识）。

☐从不 　　☐很少 　　☐有时 　　☐经常 　　☐非常频繁

15. 我会向工作类型与自己比较相似的团队外成员寻求帮助或建议。

□从不　　　　　□很少　　　　　□有时　　　　　□经常　　　　　□非常频繁

第三部分：请根据您在该团队的实际工作情况，在同事的姓名后圈出下述问题的相应数字，每行逐项判断，可以多选。

1. 针对每一位团队成员，请选择最符合实际情况的选项。

针对以下问题，请根据实际情况圈出相应的数字	问题 1.1 我在多大程度上依赖他/她？ （1= 一点都不，5= 非常多）					问题 1.2 他/她在多大程度上依赖我？ （1= 一点都不，5= 非常多）				
姓名一	1	2	3	4	5	1	2	3	4	5
姓名二	1	2	3	4	5	1	2	3	4	5
姓名三	1	2	3	4	5	1	2	3	4	5
……	1	2	3	4	5	1	2	3	4	5
	问题 1.3 我与他/她有多少合作？ （1= 一点都不，5= 非常多）					问题 1.4 我与他/她有多少沟通？ （1= 一点都不，5= 非常多）				
姓名一	1	2	3	4	5	1	2	3	4	5
姓名二	1	2	3	4	5	1	2	3	4	5
……	1	2	3	4	5	1	2	3	4	5

2. 针对每一位团队成员，您在多大程度上同意以下描述。

针对以下问题，请根据实际情况圈出相应的数字	问题 2.1 我与他/她关系良好 （1= 完全不同意，5= 完全同意）					问题 2.2 他/她愿意倾听我向他/她诉说我的困难 （1= 完全不同意，5= 完全同意）				
姓名一	1	2	3	4	5	1	2	3	4	5
姓名二	1	2	3	4	5	1	2	3	4	5

（续表）

针对以下问题，请根据实际情况圈出相应的数字	问题2.1 我与他/她关系良好 （1=完全不同意，5=完全同意）					问题2.2 他/她愿意倾听我向他/她诉说我的困难 （1=完全不同意，5=完全同意）				
姓名三	1	2	3	4	5	1	2	3	4	5
……	1	2	3	4	5	1	2	3	4	5
	问题2.3 如果他/她离开了团队，我会感觉很失落 （1=完全不同意，5=完全同意）					问题2.4 他/她经常能够给我提供建设性的（有帮助的）意见 （1=完全不同意，5=完全同意）				
姓名一	1	2	3	4	5	1	2	3	4	5
姓名二	1	2	3	4	5	1	2	3	4	5
……	1	2	3	4	5	1	2	3	4	5
	问题2.5 我会花很多时间维系自己和他/她之间的感情 （1=完全不同意，5=完全同意）									
姓名一	1	2	3	4	5					
姓名二	1	2	3	4	5					
……	1	2	3	4	5					

3. 针对每一位团队成员，您在多大程度上同意以下描述。

针对以下问题，请根据实际情况圈出相应的数字	问题3.1 他/她工作十分专业与敬业 （1=完全不同意，5=完全同意）					问题3.2 看到了他/她工作之后，我会毫不怀疑他/她对工作所做的努力 （1=完全不同意，5=完全同意）				
姓名一	1	2	3	4	5	1	2	3	4	5
姓名二	1	2	3	4	5	1	2	3	4	5
姓名三	1	2	3	4	5	1	2	3	4	5

（续表）

针对以下问题，请根据实际情况圈出相应的数字	问题 3.1					问题 3.2				
	他 / 她工作十分专业与敬业（1= 完全不同意，5= 完全同意）					看到了他 / 她工作之后，我会毫不怀疑他 / 她对工作所做的努力（1= 完全不同意，5= 完全同意）				
……	1	2	3	4	5	1	2	3	4	5
	问题 3.3					问题 3.4				
	他 / 她会在我的工作遇到困难时给我提供帮助（1= 完全不同意，5= 完全同意）					我和他 / 她是很好的合作伙伴，我们相互信任（1= 完全不同意，5= 完全同意）				
姓名一	1	2	3	4	5	1	2	3	4	5
姓名二	1	2	3	4	5	1	2	3	4	5
……	1	2	3	4	5	1	2	3	4	5
	问题 3.5					问题 3.6				
	和他 / 她接触时，我认为他 / 她是可信的（1= 完全不同意，5= 完全同意）					他 / 她跟我越熟悉，越会主动关心我的工作情况（1= 完全不同意，5= 完全同意）				
姓名一	1	2	3	4	5	1	2	3	4	5
姓名二	1	2	3	4	5	1	2	3	4	5
……	1	2	3	4	5	1	2	3	4	5

感谢您的参与，请检查确认您已完整且准确填答所有内容，非常感谢！

若对本次调研结果感兴趣，劳烦您留下您的联系方式。

届时研究小组会将分析结果反馈给您，供您参考。

各位亲爱的同事：

　　您好！邀请您帮忙填一份纯粹的学术研究调查问卷。本次调查是华南理工大学工商管理学院组织管理与创新团队开展的一项研究，研究结果主要用于组织管理的研究与实践指导。请您先在问卷首页填答事先发给您的三位数编号，再根据自己在团队中的实际工作情况填答下述问题。

　　您所填答的问卷，将由研究小组人员直接回收封装，采用学界标准保密措施严格保密，公司管理层或您的上级，无权查阅个人问卷内容。个人数据不会被单独披露，所有数据仅以汇总统计的形式呈现，所有参与者的个人信息将被隐匿处理。请您放心填写。如果您对本次调研结果感兴趣，请在本问卷最后留下您的联系方式，届时将分析结果反馈给您，供您参考。

　　请务必认真阅读问卷各部分说明，谢谢！如您对本调查问卷有任何疑问或建议，欢迎联系研究小组成员。

华南理工大学组织管理与创新研究团队

您的编号是：

第一部分：根据您在团队中工作的真实感受及您在所属团队的日常工作情况，对以下表述圈出相应的选项，选项无正误优劣，请您按实际情况填写。

关于以下对您工作情况的描述，请您根据真实感受勾选最符合的选项。

1. 我会按照新颖或不同的方式完成一项任务。

☐非常不符　　　☐不符合　　　☐中立　　　☐符合　　　☐非常符合

2. 我会主动寻求或体验新的任务或情境。

☐非常不符　　　☐不符合　　　☐中立　　　☐符合　　　☐非常符合

3. 我会反复试错找出一个新的或更好的解决方案。

☐非常不符　　　☐不符合　　　☐中立　　　☐符合　　　☐非常符合

4. 我会主动向他人寻求反馈。

☐非常不符　　　☐不符合　　　☐中立　　　☐符合　　　☐非常符合

5. 我会向工作专家寻求建议或指导。

☐非常不符　　　☐不符合　　　☐中立　　　☐符合　　　☐非常符合

6. 我会汇报或讨论工作经验。

☐非常不符　　　☐不符合　　　☐中立　　　☐符合　　　☐非常符合

7. 我会有意识地观察他人的工作。

☐非常不符　　　☐不符合　　　☐中立　　　☐符合　　　☐非常符合

8. 我会询问专家工作中的问题。

☐非常不符　　　☐不符合　　　☐中立　　　☐符合　　　☐非常符合

9. 我会让别人教我怎么做。

☐非常不符　　　☐不符合　　　☐中立　　　☐符合　　　☐非常符合

第二部分：请根据您在该团队的实际工作情况，在同事的姓名后圈出下述问题的相应数字，每行逐项判断，可以多选。

针对每一位团队成员，您在多大程度上同意以下描述。

针对以下问题，请根据实际情况圈出相应的数字	问题 1 此人经常与我分享他/她以前的经验、专长或知识，以帮助我学习（1=完全不同意，5=完全同意）					问题 2 我能够从此人与我分享的经验和信息中汲取有意义的教训（1=完全不同意，5=完全同意）				
姓名一	1	2	3	4	5	1	2	3	4	5
姓名二	1	2	3	4	5	1	2	3	4	5
姓名三	1	2	3	4	5	1	2	3	4	5
……	1	2	3	4	5	1	2	3	4	5
	问题 3 我经常与此人分享自己的先前知识和经验，以帮助他/她学习（1=完全不同意，5=完全同意）					问题 4 此人和我能够通过相互分享自己的经验，形成共同的知识和理解（1=完全不同意，5=完全同意）				
姓名一	1	2	3	4	5	1	2	3	4	5
姓名二	1	2	3	4	5	1	2	3	4	5
……	1	2	3	4	5	1	2	3	4	5

感谢您的参与，请检查确认您已完整且准确填答所有内容，非常感谢！

若对本次调研结果感兴趣，劳烦您留下您的联系方式。

届时研究小组会将分析结果反馈给您，供您参考。

亲爱的管理者：

　　您好！邀请您帮忙填一份纯粹的学术研究调查问卷。本次调查是华南理工大学工商管理学院组织管理与创新团队开展的一项研究，研究结果主要用于组织管理的研究与实践指导。请您根据研究小组提供的编号指引先填写团队编号，若您负责多个团队，一个团队一份，逐一分开填写。

　　您所填答的问卷，将由研究小组人员直接回收封装，采用学界标准保密措施严格保密，公司管理层无权查阅问卷内容，数据不会被单独披露，所有数据仅以汇总统计的形式呈现，所有参与者的个人信息将被隐匿处理。请您放心填写。如果您对本次调研结果感兴趣，请在本问卷最后留下您的联系方式，届时将分析结果反馈给您，供您参考。如您对本调查问卷有任何疑问或建议，欢迎联系研究小组成员。

华南理工大学组织管理与创新研究团队

团队编号：

请根据团队的实际情况，对以下表述圈出相应的选项，选项无正误优劣，请您按真实情况填写。

1. 此团队的工作具有创新性。

☐非常不符　　　☐不符合　　　☐中立　　　　☐符合　　　　☐非常符合

2. 此团队提出过很多创造性解决方案。

☐非常不符　　　☐不符合　　　☐中立　　　　☐符合　　　　☐非常符合

3. 此团队提出的新想法往往非常有用。

☐非常不符　　　☐不符合　　　☐中立　　　　☐符合　　　　☐非常符合

4. 此团队经常开发出新产品和服务。

☐非常不符　　　☐不符合　　　☐中立　　　　☐符合　　　　☐非常符合

感谢您的参与，请检查确认您已完整且准确填答所有内容，非常感谢！

若对本次调研结果感兴趣，劳烦您留下您的联系方式。

届时研究小组会将分析结果反馈给您，供您参考。

[1] AHUJA G. Collaboration networks, structural holes, and innovation: a longitudinal study[J]. Administrative Science Quarterly, 2000, 45（3）: 425-455.

[2] AHUJA G, MORRIS, LAMPERT C. Entrepreneurship in the large corporation: a longitudinal study of how established firms create breakthrough inventions[J]. Strategic Management Journal, 2001, 22（6/7）: 521-543.

[3] AHUJA G, SODA G, ZAHEER A. The genesis and dynamics of organizational networks[J]. Organization Science, 2012, 23（2）: 434-448.

[4] ALI A, WANG H, JOHNSON R E. Empirical analysis of shared leadership promotion and team creativity: an adaptive leadership perspective[J]. Journal of Organizational Behavior, 2020, 41（5）: 405-423.

[5] ALLEE. The Knowledge Evolution[M]. Boston: Butterworth Heinemann, 1997.

[6] ALLEN J, JAMES A D, GAMLEN P. Formal versus informal knowledge networks in R&D: a case study using social network analysis[J]. R&D Management, 2007, 37（3）: 179-196.

[7] AMABILE T M. The social psychology of creativity: a componential conceptualization[J]. Journal of Personality and Ssocial Psychology, 1983, 45（2）: 357-376.

[8] AMABILE T M. A model of creativity and innovation in organizations[J]. Research in Organizational Behavior, 1988, 10（1）: 123-167.

[9] AMABILE T M. Creativity in context[M]. Boulder: Westview Press, 1996.

[10] AMABILE T M，Pratt M G. The dynamic componential model of creativity and innovation in organizations：making progress, making meaning[J]. Research in Organizational Behavior，2016，36：157-183.

[11] ANDERSON N，POTOčNIK K，Zhou J. Innovation and creativity in organizations：a state-of-the-science review, prospective commentary, and guiding framework[J]. Journal of Management，2014，40（5）：1297-1333.

[12] Andres H P，Shipps B P. Team learning in technology-mediated distributed teams[J]. Journal of Information Systems Education，2010，21（2）：213-221.

[13] Andrews J，Smith D C. In search of the marketing imagination：factors affecting the creativity of marketing programs for mature products[J]. Journal of Marketing Research，1996，33（2）：174-187.

[14] Argyres N，Rios L A，Silverman B S. Organizational change and the dynamics of innovation：formal R&D structure and intrafirm inventor networks[J]. Strategic Management Journal，2020，41（11）：2015-2049.

[15] Austin J R. Transactive memory in organizational groups: the effects of content, consensus, specialization, and accuracy on group performance[J]. Journal of Applied Psychology，2003，88（5）：866-878.

[16] Baer J. How divergent thinking tests mislead us: are the Torrance Tests still relevant in the 21st century? The Division 10 debate[J]. Psychology of Aesthetics Creativity & the Arts，2011，5（4）：309-313.

[17] Bagnoli C，Giachetti C. Aligning knowledge strategy and competitive strategy in small firms[J]. Journal of Business Economics and Management，2015，16（3）：571-598.

[18] Baker W E，Grinstein A，Harmancioglu N. Whose innovation performance benefits more from external networks: entrepreneurial or conservative firms?[J]. Journal of Product Innovation Management，2016，33（1）：104-120.

[19] Balkema A，Molleman E. Barriers to the development of self - organizing teams[J]. Journal of Managerial Psychology，1999，14（2）：134-150.

[20] Bandura A，Walters R H. Social learning and personality[M]. New York：Holt，Rinehart and Winsto，1963.

[21] Bandura A. Social learning theory of aggression[J]. Journal of Communication, 1978, 28 (3): 12-27.

[22] Bandura A. Social foundations of thought and action: a social cognitive theory[M]. New Jersey: Prentice-Hall, 1986.

[23] Bandura A. Self-Efficacy: the exercise of control[M]. New York: Freeman, 1997.

[24] Bandura A. Social cognitive theory: an agentic perspective[J]. Annual Review of Psychology, 2001, 52 (1): 1-26.

[25] Barczak G, Lassk F, Mulki J. Antecedents of team creativity: an examination of team emotional intelligence, team trust and collaborative culture[J]. Creativity and Innovation Management, 2010, 19 (4): 332-345.

[26] Barlow C M. Deliberate insight in team creativity[J]. Journal of Creative Behavior, 2000, 34 (2): 101-117.

[27] Barnes J A. Class and committees in a norwegian island parish[J]. Human Relations, 1954, 7 (1): 39-58.

[28] Barney J. Firm resources and sustained competitive advantage[J]. Journal of Management, 1991, 17 (1): 99-120.

[29] Barron F. Complexity-simplicity as a personality dimension[J]. The Journal of Abnormal and Social Psychology, 1953, 48 (2): 163-172.

[30] Battistelli A, Odoardi C, Vandenberghe C, et al. Information sharing and innovative work behavior: the role of work-based learning, challenging tasks, and organizational commitment[J]. Human Resource Development Quarterly, 2019, 30 (3): 361-381.

[31] Beckmann M J. Economic models of knowledge networks[M].Networks in action: communication, economics and human knowledge. Berlin, Heidelberg: Springer, 1995: 159-174.

[32] Bendersky C, Hays N A. The positive effects of status conflicts in teams where members perceive status hierarchies differently[J]. Social Psychological and Personality Science, 2017, 8 (1): 124-132.

[33] Borgatti S P, Everett M G, Johnson J C. Analyzing social networks [M]. London: SAGE Publications, 2013.

[34] Bourdieu P.The forms of capital[M]//Handbook of theory and research for the sociology of education. Westport：Greenwood Press，1986.

[35] Bouty J.Interpersonal and interaction influences on informal re-source exchanges between R&D and researcher across organizational boundaries[J]. Academy of Management Journal，2000，43（1）：50-65.

[36] Brass D J，Galaskiewicz J，Greve H R，et al. Taking stock of networks and organizations：a multilevel perspective[J]. Academy of Management Journal，2004，47（6）：795-817.

[37] Bresman H，Zellmer-Bruhn M. The structural context of team learning：effects of organizational and team structure on internal and external learning[J]. Organization Science，2013，24（4）：1120-1139.

[38] Brown V，Tumeo M，Larey T S，et al. Modeling cognitive interactions during group brainstorming[J]. Small Group Research，1998，29（4）：495-526.

[39] Bunderson J S，Sutcliffe K M. Management team learning orientation and business unit performance[J]. Journal of Applied Psychology，2003，88（3）：552-560.

[40] Bunderson J S，Van Der Vegt G S，Cantimur Y，et al. Different views of hierarchy and why they matter：hierarchy as inequality or as cascading influence[J]. Academy of Management Journal，2016，59（4）：1265-1289.

[41] Burke C S，Hess K P，Salas E. Building the adaptive capacity to lead multi-cultural teams[J]. Advances in Human Performance & Cognitive Engineering Research, 2006，6（6）：175-211.

[42] Burt R S. Brokerage and closure：an introduction to social capital[M]. Oxford：Oxford University Press，2005.

[43] Cannella A A，Jr，McFadyen M A. Changing the exchange：the dynamics of knowledge worker ego networks[J]. Journal of Management，2016，42（4）：1005-1029.

[44] Carmeli A，Paulus P B. CEO ideational facilitation leadership and team creativity：The mediating role of knowledge sharing[J]. the Journal of Creative Behavior，2015，49（1）：53-75.

[45] Carson T B，Tesluk P E，Marrone J A. Shared leadership in teams：an investigation of antecedent conditions and performance[J]. IEEE Engineering Management Review，2007，50（5）：1217-1234.

[46] Cerasoli C P, Alliger G M, Donsbach J S, et al. Antecedents and outcomes of informal learning behaviors: a meta-analysis[J]. Journal of Business and Psychology, 2018, 33 (2): 203-230.

[47] Chen C. Science mapping: a systematic review of the literature[J]. Journal of Data and Information Science, 2017, 2 (2): 1-40.

[48] Chen H, Mehra A, Tasselli S, et al. Network dynamics and organizations: a review and research agenda[J]. Journal of Management, 2022, 48 (6): 1602-1660.

[49] Chen M H. Understanding the benefits and detriments of conflict on team creativity process[J]. Creativity and Innovation Management, 2006, 15 (1): 105-116.

[50] Chen X P, Eberly M B, Chiang T J, et al. Affective trust in Chinese leaders: linking paternalistic leadership to employee performance[J]. Journal of Management, 2014, 40 (3): 796-819.

[51] Chiu C Y C, Balkundi P, Weinberg F J. When managers become leaders: the role of manager network centralities, social power, and followers' perception of leadership[J]. Leadership Quarterly, 2017, 28 (2): 334-348.

[52] Chiu C Y C, Owens B P, Tesluk P E. Initiating and utilizing shared leadership in teams: the role of leader humility, team proactive personality, and team performance capability[J]. Journal of Applied Psychology, 2016, 101 (12): 1705-1720.

[53] Choi J N. External activities and team effectiveness: review and theoretical development[J]. Small Group Research, 2002, 33 (2): 181-208.

[54] Choi J N. Person-environment fit and creative behavior: differential impacts of supplies-values and demands-abilities versions of fit[J]. Human Relations, 2004, 57 (5): 531-552.

[55] Chou H W, Lin Y H, Chang H H, et al. Transformational leadership and team performance: the mediating roles of cognitive trust and collective efficacy[J]. SAGE Open, 2013, 3 (3): 1-10.

[56] Chua R Y J, Ingram P, Morris M W. From the head and the heart: locating cognition-and affect-based trust in managers' professional networks[J]. Academy of Management Journal, 2008, 51 (3): 436-452.

[57] Chuang C H, Jackson S E, Jiang Y. Can knowledge-intensive teamwork be managed? examining the roles of HRM systems, leadership, and tacit knowledge[J]. Journal of Management, 2016, 42 (2): 524-554.

[58] Chung Y, Jackson S E. The internal and external networks of knowledge-intensive teams: the role of task routineness[J]. Journal of Management, 2013, 39 (2): 442-468.

[59] Cohen S G, Bailey D E. What makes teams work: group effectiveness research from the shop floor to the executive suite[J]. Journal of Management, 1997, 23 (3): 239-290.

[60] Cohen W M, Levinthal D A. Absorptive capacity: a new perspective on learning and innovation[J]. Administrative Science Quarterly, 1990, 35 (1): 128-152.

[61] Coleman J S. Social capital in the creation of human capital[J]. American Journal of Sociology, 1988 (94): S95-S120.

[62] Collins C J, Clark K D. Strategic human resource practices, top management team social networks, and firm performance: the role of human resource practices in creating organizational competitive advantage[J]. Academy of Management Journal, 2003, 46 (6): 740-751.

[63] Cook N, Yanow D. Culture and organizational learning[J]. Journal of Management Inquiry, 2011, 20 (4): 362-379.

[64] Cooke N J, Gorman J C, Myers C, et al. Theoretical underpinning of interactive team cognition[M]. New York: Routledge Academic, 2012.

[65] Crowston K, Li Q, Wei K, et al. Self-organization of teams for free/libre open source software development[J]. Information and Software Technology, 2007, 49 (6): 564-575.

[66] Daft R L, Lengel R H. Organizational information requirements, media richness and structural design[J]. Management Science, 1986, 32 (5): 554-571.

[67] De Dreu C K W, Nijstad B A, Van Knippenberg D. Motivated information processing in group judgment and decision making[J]. Personality and Social Psychology Review, 2008, 12 (1): 22-49.

[68] De Jong B A, Dirks K T, Gillespie N. Trust and team performance: a meta-analysis of main effects, moderators, and covariates[J]. Journal of Applied Psychology, 2016, 101 (8): 1134-1150.

[69] Deeds D L, Decarolis D, Coombs J E. The impact of firm specific capabilities on the amount of capital raised in an initial public offering: evidence from the biotechnology industry[J]. Journal of Business Venturing, 1997, 12 (1): 31-46.

[70] Denford J S, Chan Y E. Knowledge strategy typologies: defining dimensions and relationships[J]. Knowledge Management Research & Practice, 2011, 9 (2): 102-119.

[71] Denison D R, Hart S L, Kahn J A. From chimneys to cross-functional teams: developing and validating a diagnostic model[J]. Academy of Management Journal, 1996, 39(4): 1005-1023.

[72] Dewcy J D. How we think[M]. Boston: D.C.Heath&Company, 1910.

[73] Dionysiou D D, Tsoukas H. Understanding the (re) creation of routines from within: A symbolic interactionist perspective[J]. Academy of Management Review, 2013, 38 (2): 181-205.

[74] Dong J Q, Yang C H. Information technology and organizational learning in knowledge alliances and networks: evidence from US Pharmaceutical industry[J]. Information & Management, 2015, 52 (1): 111-122.

[75] Drazin R, Glynn M A, Kazanjian R K. Multilevel theorizing about creativity in organizations: a sensemaking perspective[J]. Academy of Management Review, 1999, 24 (2): 286-307.

[76] Drescher M A, Korsgaard M A, Welpe I M, et al. The dynamics of shared leadership: building trust and enhancing performance[J]. Journal of Applied Psychology, 2014, 99 (5): 771-783.

[77] Eigen M, Schuster P. The hypercycle: a principle of natural self-organization[M]. Springer Science & Business Media, 2012.

[78] Ellis A P J, Hollenbeck J R, Ilgen D R, et al. Team learning: collectively connecting the dots[J]. Journal of Applied Psychology, 2003, 88 (5): 821-835.

[79] Ensley M D, Hmieleski K M, Pearce C L. The importance of vertical and shared leadership within new venture top management teams: implications for the performance of startups[J]. The Leadership Quarterly, 2006, 17 (3): 217-231.

[80] Eoyang G H. Human systems dynamics: toward a computational model[J]. American Institute of Physics, 2012, 1479（1）: 634-637.

[81] Eraut M. Non - formal learning and tacit knowledge in professional work[J]. British Journal of Educational Psychology, 2000, 70（1）: 113-136.

[82] Erdem F, Ozen J. Cognitive and affective dimensions of trust in developing team performance[J]. Team Performance Management: An International Journal, 2003, 9（5/6）: 131-135.

[83] Fallatah M I. Networks, knowledge, and knowledge workers' mobility: evidence from the National Basketball Association[J]. Journal of Knowledge Management, 2020, 25（5）: 1387-1405.

[84] Faraj S, Sproull L. Coordinating expertise in software development teams[J]. Management Science, 2000, 46（12）: 1554-1568.

[85] Faraj S, Yan A. Boundary work in knowledge teams[J]. Journal of Applied Psychology, 2009, 94（3）: 604-617.

[86] Farh J L, Lee C, Farh C I C. Task conflict and team creativity: a question of how much and when[J]. Journal of Applied Psychology, 2010, 95（6）: 1173-1180.

[87] Fleming L. Recombinant uncertainty in technological search[J]. Management Science, 2001, 47（1）: 117-132.

[88] Fleming L, Waguespack D M. Brokerage, boundary spanning, and leadership in open innovation communities[J]. Organization Science, 2007, 18（2）: 165-335.

[89] Ford C M. A theory of individual creative action in multiple social domains [J]. Academy of Management Review, 1996, 21（4）: 1112-1142.

[90] Freel M, De Jong J P J. Market novelty, competence-seeking and innovation networking[J]. Technovation, 2009, 29（12）: 873-884.

[91] Freeman L C, Roeder D, Mulholland R R. Centrality in social networks: II. Experimental results[J]. Social Networks, 1979, 2（2）: 119-141.

[92] Friedrich T L, Vessey W B, Schuelke M J, et al. A framework for understanding collective leadership: the selective utilization of leader and team expertise within networks[J]. The Leadership Quarterly, 2009, 20（6）: 933-958.

[93] Gerken M，Beausaert S，Segers M. Working on professional development of faculty staff in higher education: investigating the relationship between social informal learning activities and employability[J]. Human Resource Development International，2016，19（2）：135-151.

[94] Gersick C J G. Marking time：predictable transitions in task groups[J]. Academy of Management Journal，1989，32（2）：274-309.

[95] Gersick C J G. Time and transition in work teams：toward a new model of group development[J]. Academy of Management Journal，1988，31（1）：9-41.

[96] Gibbons D E. Friendship and advice networks in the context of changing professional values[J]. Administrative Science Quarterly，2004，49（2）：238-262.

[97] Gino F，Argote L，Miron-Spektor E，Todorova G. The effects of learning from direct and indirect experience on team creativity[J]. Organizational Behavior and Human Decision Processes，2010，111（2）：102-115.

[98] Goh K T，Pentland B T. From actions to paths to patterning：toward a dynamic theory of patterning in routines[J]. Academy of Management Journal，2019，62（6）：1901-1929.

[99] Gong Y，Huang J C，Farh J L. Employee learning orientation, transformational leadership, and employee creativity：the mediating role of employee creative self-efficacy[J]. Academy of Management Journal，2009，52（4）：765-778.

[100] Gong Y，Kim T Y，Lee D R，et al. A multilevel model of team goal orientation, information exchange, and creativity[J]. Academy of Management Journal，2013，56（3）：827-851.

[101] Granovetter M S. The strength of weak ties[J]. American Journal of Sociology，1973，78（6）：1360-1380.

[102] Granovetter M. Economic action and social structure：the problem of embeddedness[J]. American Journal of Sociology，1985，91（3）：481-510.

[103] Grant A M，Ashford S J. The dynamics of proactivity at work[J]. Research in Organizational Behavior，2008（28）：3-34.

[104] Grant R M，Baden-Fuller C. A knowledge accessing theory of strategic alliances[J]. Journal of Management Studies，2004，41（1）：61-84.

[105] Grigoriou K, Rothaermel F T. Structural microfoundations of innovation: the role of relational stars[J]. Journal of Management, 2014, 40（2）: 586-615.

[106] Grosser T J, Madjar N, Perry-Smith J. Social network drivers of creativity and innovation at the individual and team level[J]. Academy of Management Annual Meeting Proceedings, 2014（1）: 16092-16092.

[107] Guan J, Liu N. Exploitative and exploratory innovations in knowledge network and collaboration network: a patent analysis in the technological field of nano-energy[J]. Research Policy, 2016, 45（1）: 97-112.

[108] Guilford J P. Creativity [J]. American Psychologist, 1950, 5（9）: 444-454.

[109] Guilford J P. Creativity: yesterday, today and tomorrow[J]. The Journal of Creative Behavior, 1967, 1（1）: 3-14.

[110] Guilford J P. Traits of Creativity[M]//Anderson H H（Ed.）. Creativity and its cultivation. New York: Harper & Row, 1959.

[111] Guimera R, Uzzi B, Spiro J, et al. Team assembly mechanisms determine collaboration network structure and team performance[J]. Science, 2005, 308（5722）: 697-702.

[112] Gupta N, Ho V, Pollack J M, et al. A multilevel perspective of interpersonal trust: individual, dyadic, and cross-level predictors of performance[J]. Journal of Organizational Behavior, 2016, 37（8）: 1271-1292.

[113] Hackman J R. The Design of Work Teams[M]// Lorsch J W（Ed）. Handbook of organizational behaviour. New York: Prentice Hall, 1987.

[114] Hagedoorn J, Lokshin B, Zobel A K. Partner type diversity in alliance portfolios: multiple dimensions, boundary conditions and firm innovation performance[J]. Journal of Management Studies, 2018, 55（5）: 809-836.

[115] Hahl O, Kacperczy K A O, Davis J P. Knowledge asymmetry and brokerage: linking network perception to position in structural holes[J]. Strategic Organization, 2016, 14（2）: 118-143.

[116] Haken H. Information and self-organization: a microscopic approach to complex systems[M]. New York: Springer-Verlay, 1988.

[117] Hansen M T. The search-transfer problem: the role of weak ties in sharing knowledge across organization subunits[J]. Administrative Science Quarterly, 1999, 44（1）: 82-111.

[118] Hansen M T, Mors M L, Løvås B. Knowledge sharing in organizations: multiple networks, multiple phases[J]. Academy of Management journal, 2005, 48（5）: 776-793.

[119] Hargadon A B, Bechky B A. When collections of creatives become creative collectives: a field study of problem solving at work[J]. Organization Science, 2006, 17（4）: 484-500.

[120] Harrison S H, Rouse E D. An inductive study of feedback interactions over the course of creative projects[J]. Academy of Management Journal, 2015, 58（2）: 375-404.

[121] Harvey S, Kou C Y. Collective engagement in creative tasks: the role of evaluation in the creative process in groups[J]. Administrative Science Quarterly, 2013, 58（3）: 346-386.

[122] Harvey S. Creative synthesis: exploring the process of extraordinary group creativity[J]. Academy of Management Review, 2014, 39（3）: 324-343.

[123] Hayes A. Introduction to mediation, moderation, and conditional process analysis[J]. Journal of Educational Measurement, 2013, 51（3）: 335-337.

[124] He W, Hao P, Huang X, et al. Different roles of shared and vertical leadership in promoting team creativity: cultivating and synthesizing team members' individual creativity[J]. Personnel Psychology, 2020, 73（1）: 199-225.

[125] Heilman K M, Valenstein E. Clinical neuropsychology[M]. New York: Oxford University Press, 2003.

[126] Henttonen K. Exploring social networks on the team level: a review of the empirical literature[J]. Journal of Engineering and Technology Management, 2010, 27（1-2）: 74-109.

[127] Heylighen F. The science of self-organization and adaptivity[J]. The Encyclopedia of Life Support Systems, 2001, 5（3）: 253-280.

[128] Heylighen F, Joslyn C. Cybernetics and second order cybernetics[M]//Encyclopedia of physical science and technology.3rd ed. R A Meyer（Ed）. Vol 4. New York: Academic Press, 2001.

[129] Hoch J E. Shared leadership and innovation：the role of vertical leadership and employee integrity[J]. Journal of Business and Psychology，2013，28（2）：159-174.

[130] Hoever I J，Van Knippenberg D，Van Ginkel W P，et al. Fostering team creativity: perspective taking as key to unlocking diversity's potential[J]. Journal of Applied Psychology，2012，97（5）：982-996.

[131] Hong W，Gajendran R S. Explaining dyadic expertise use in knowledge work teams：An opportunity-ability-motivation perspective[J]. Journal of Organizational Behavior，2018，32（6）：796-811.

[132] Hülsheger U R，Anderson N，Salgado J F. Team-level predictors of innovation at work：a comprehensive meta-analysis spanning three decades of research[J]. Journal of Applied Psychology，2009，94（5）：1128-1145.

[133] Ibarra H. Network centrality, power, and innovation involvement：determinants of technical and administrative roles[J]. Academy of Management Journal，1993，36（3）：471-501.

[134] Iedema R，Meyerkort S，White L. Emergent modes of work and communities of practice[J]. Health Services Management Research，2005，18（1）：13-24.

[135] Ingram P，Roberts P W. Friendships among competitors in the Sydney hotel industry[J]. American Journal of Sociology，2000，106（2）：387-423.

[136] Inkpen A C，Tsang E W K. Social capital, networks, and knowledge transfer[J]. Academy of Management Review，2005，30（1）：146-165.

[137] Janssen O，Yperen N W V. Employees' goal orientations, the quality of leader-member exchange, and the outcomes of job performance and job satisfaction[J]. Academy of Management Journal，2004，47（3）：368-384.

[138] Jantunen S，Piippo J，Surakka J，et al. Self-organizing teams in elderly care in Finland：experiences and opportunities[J]. Creative Nursing，2020，26（1）：37-42.

[139] Jarvenpaa S L，Tanriverdi H. Leading virtual knowledge networks[J].Organizational Dynamics，2003，31（4）：403-412.

[140] Jeong I，Shin S J. High-performance work practices and organizational creativity during organizational change：a collective learning perspective[J]. Journal of Management，2019，45（3）：909-925.

[141] Jia L, Shaw J D, Tsui A S, et al. A social-structural perspective on employee-organization relationships and team creativity[J]. Academy of Management Journal, 2014, 57 (3): 869-891.

[142] Jiang H, Zhang Q P, Zhou Y. Dynamic creative interaction networks and team creativity evolution: a longitudinal study[J]. The Journal of Creative Behavior, 2018, 52 (2): 168-196.

[143] Kalish Y, Luria G, Toker S, et al. Till stress do us part: on the interplay between perceived stress and communication network dynamics[J]. Journal of Applied Psychology, 2015, 100 (6): 1737-1751.

[144] Kalish Y. Stochastic actor-oriented models for the co-evolution of networks and behavior: an introduction and tutorial[J]. Organizational Research Methods, 2020, 23 (3): 511-534.

[145] Kamm J B, Shuman J C, Seeger J A, Nurick A J. Entrepreneurial teams in new venture creation: a research agenda[J]. Entrepreneurship Theory and Practice, 1990, 14 (4): 7-17.

[146] Katila R, Ahuja G. Something old, something new: a longitudinal study of search behavior and new product introduction[J]. Academy of Management Journal, 2002, 45 (6): 1183-1194.

[147] Keller R T. Cross functional project groups in research and new product developmen: diversity, communications, job stress and outcomes[J]. Academy of Management Journal, 2001, 44 (3): 547-555.

[148] Khan M S, Breitenecker R J, Gustafsson V, et al. Innovative entrepreneurial teams: the give and take of trust and conflict[J]. Creativity and Innovation Management, 2015, 24 (4): 558-573.

[149] Khang D B, Moe T L. Success criteria and factors for international development projects: a life-cycle-based framework[J]. Project Management Journal, 2008, 39 (1): 72-84.

[150] Kilduff M, Tsai W. Social Networks and Organizations[M].London: SAGE Publications, 2003.

[151] Kirk S J，Spreckelmeyer K F，Padget S. Creative design decisions：a systematic solving in archirecture[M].[S.1.]：Van Nostrand Reinhold，1988.

[152] Knoke D，Yang S. Social Network Analysis[M]. 2nd Edition. Los Angeles：SAGE Publications，2008.

[153] Kogut B. The network as knowledge：generative rules and the emergence of structure[J]. Strategic Management Journal，2000，21（3）：405-425.

[154] Kostopoulos K C，Spanos Y E，Prastacos G P. Structure and function of team learning emergence：a multilevel empirical validation[J]. Journal of Management，2013，39（6）：1430-1461.

[155] Krackhardt D，Hanson J R. Informal networks：the company behind the chart [J]. Havard Business Review，1993，71（4）：104-111.

[156] Krackhardt D. The strength of strong ties：the importance of philos in organizations [M]. Watertown，Mass：Harvard Business School Press，1992.

[157] Kräkel M. Self-organizing teams[J]. Economics Letters，2017（159）：195-197.

[158] Kurzweil R. The age of spiritual machines：when computers exceed human intelligence[M]. New York：Penguin，2000.

[159] Kylén S F，Shani A B. Triggering creativity in teams：an exploratory investigation[J]. Creativity and Innovation Management，2002，11（1）：17-30.

[160] Landis B. Personality and social networks in organizations：a review and future directions[J]. Journal of Organizational Behavior，2016，37（S1）：S107-S121.

[161] Laumann E O，Pappi F U. Networks of collective action：a perspective on community influence systems[M]. New York：Academic Press，1976.

[162] Lawler E E III，Mohrman S A，Ledford G E，Jr. Creating high performance organizations：practices and results of employee involvement and TQM in Fortune 1000 Companies[M]. San Francisco：Jossey-Bass，1995.

[163] Leenders R T A，Van Engelen J M L，Kratzer J. Virtuality, communication, and new product team creativity：a social net-work perspective[J]. Journal of Engineering and Technology Management，2003，20：69-92.

[164] Lehmann-Willenbrock N. Team learning：new insights through a temporal lens[J]. Small Group Research，2017，48（2）：123-130.

[165] Lenka U，Gupta M. An empirical investigation of innovation process in Indian pharmaceutical companies[J]. European Journal of Innovation Management，2020，23（3）：500-523.

[166] Lewis J D，Weigert A. Trust as a social reality[J]. Social Forces，1985，63（4）：967-985.

[167] Lewis K. Knowledge and performance in knowledge-worker teams：a longitudinal study of transactive memory systems[J]. Management Science，2004，50（11）：1519-1533.

[168] Li C R，Lin C J，Liu J. The role of team regulatory focus and team learning in team radical and incremental creativity[J]. Group & Organization Management，2019，44（6）：1036-1066.

[169] Li S X，Rowley T J. Inertia and evaluation mechanisms in interorganizational partner selection：syndicate formation among US investment banks[J]. Academy of Management Journal，2002，45（6）：1104-1119.

[170] Lin Z，Yang H，Arya B，et al. Structural versus individual perspectives on the dynamics of group performance：theoretical exploration and empirical investigation[J]. Journal of Management，2005，31（3）：354-380.

[171] Lin N，Karen S C，Ronald S B. Social capital: theory and research[M]. New Brunswick：Transaction Publishers，2001.

[172] Liu H Y. Inter-professional nursing education and the roles of swift trust, interaction behaviors, and creativity：a cross-sectional questionnaire survey[J]. Nurse Education Today，2020，95：1-7.

[173] Liu S，Hu J，Li Y，et al. Examining the cross-level relationship between shared leadership and learning in teams：evidence from China[J]. Leadership Quarterly，2014，25（2）：282-295.

[174] Lorenz E N，Haman K. The essence of chaos[J]. Pure and Applied Geophysics，1996，147（3）：598-599.

[175] Luan K，Rico R，Xie X Y，et al. Collective team identification and external learning[J]. Small Group Research，2016，47（4）：384-405.

[176] Lyndon S，Pandey A，Navare A. Shared leadership and team creativity：investigating the role of cognitive trust and team learning through mixed method approach[J]. Personnel Review，2020，49（9）：1805-1822.

[177] Lynn G S，Skov R B，Abel K D. Practices that support team learning and their impact on speed to market and new product success[J]. Journal of Product Innovation Management，1999，16（5）：439-454.

[178] Magee J C，Galinsky A D. Social hierarchy：the self - reinforcing nature of power and status[J]. Academy of Management Annals，2008，2（1）：351-398.

[179] Manz C C. Self-leading work teams：moving beyond self-management myths[J]. Human Relations，1992，45（11）：1119-1140.

[180] Marks M A，Mathieu J E，Zaccaro S J. A temporally based framework and taxonomy of team processes[J]. Academy of Management Review，2001，26（3）：356-376.

[181] Marsden P V. Network data and measurement[J]. Annual Review of Sociology，1990，16（1）：435-463.

[182] Marsick V J，Watkins K E. Demonstrating the value of an organization's learning culture：the dimensions of the learning organization questionnaire[J]. Advances in Developing Human Resources，2003，5（2）：132-151.

[183] Mathieu J，Maynard M T，Rapp T，et al. Team effectiveness 1997-2007：a review of recent advancements and a glimpse into the future[J]. Journal of Management，2008，34（3）：410-476.

[184] Mayer R C，Gavin M B. Trust in management and performance：who minds the shop while the employees watch the boss?[J]. Academy of Management Journal，2005，48（5）：874-888.

[185] McAllister D J. Affect-and cognition-based trust as foundations for interpersonal cooperation in organizations[J]. Academy of Management Journal，1995，38（1）：24-59.

[186] McChrystal G S，Collins T，Silverman D，et al. Team of teams：new rules of engagement for a complex world[M]. Now York：Penguin，2015.

[187] McGrath J E，Arrow H，Berdahl J L. The study of groups：past, present, and future[J]. Personality & Social Psychology Review，2008，4（1）：95-105.

[188] McGrath J E. Social psychology: a brief introduction[M]. NewYork: Holt, Rinehart & Winston, 1964.

[189] Mehra A, Dixon A L, Brass D J, et al. The social network ties of group leaders: implications for group performance and leader reputation[J]. Organization Science, 2006, 17（1）: 64-79.

[190] Messmann G, Mulder R H. Conditions for apprentices' learning activities at work[J]. Journal of Vocational Education & Training, 2015, 67（4）: 578-596.

[191] Miron-spektor E, Gino F, Argote L. Paradoxical frames and creative sparks: enhancing individual creativity through conflict and integration[J]. Organizational Behavior and Human Decision Processes, 2011, 116（2）: 229-240.

[192] Mitchell J C.Social networks[J]. Annual Review of Anthropology, 1974, 3（1）: 279-299.

[193] Mitchell R K, Busenitz L, Lant T, et al. Toward a theory of entrepreneurial cognition: rethinking the people side of entrepreneurship research[J]. Entrepreneurship Theory and Practice, 2002, 27（2）: 93-104.

[194] Mizruchi M S. Similarity of political behavior among large American corporations[J]. American Journal of Sociology, 1989, 95（2）: 401-424.

[195] Mohammed S, Dumville B C. Team mental models in a team knowledge framework: expanding theory and measurement across disciplinary boundaries[J]. Journal of Organizational Behavior, 2001, 22（2）: 89-106.

[196] Moreira S, Markus A, Laursen K. Knowledge diversity and coordination: the effect of intrafirm inventor task networks on absorption speed[J]. Strategic Management Journal, 2018, 39（9）: 2517-2546.

[197] Morgeson F P, Hofmann D A. The structure and function of collective constructs: implications for multilevel research and theory development[J]. Academy of Management Review, 1999, 24（2）: 249-265.

[198] Muethel M, Gehrlein S, Hoegl M. Socio-demographic factors and shared leadership behaviors in dispersed teams: implications for human resource management[J]. Human Resource Management, 2012, 51（4）: 525-548.

[199] Mumford M D, Gustafson S B. Creativity syndrome: integration, application, and innovation[J]. Psychological Bulletin, 1988, 103（1）: 27-43.

[200] Mumford M D. Handbook of organizational creativity[M]. London: Academic Press, 2011.

[201] Myers C G. Coactive vicarious learning: toward a relational theory of vicarious learning in organizations[J]. Academy of Management Review, 2018, 43（4）: 610-634.

[202] Myers C G. Performance benefits of reciprocal vicarious learning in teams[J]. Academy of Management Journal, 2021, 64（3）: 926-947.

[203] Nahapiet J, Ghoshal S. Social capital, intellectual capital, and the organizational advantage[J]. Academy of Management Review, 1998, 23（2）: 242-266.

[204] Nicolaides V C, La Port K A, Chen T R, et al. The shared leadership of teams: a meta-analysis of proximal, distal, and moderating relationships[J]. The Leadership Quarterly, 2014, 25（5）: 923-942.

[205] Nijstad B A, De Dreu C K W, Rietzschel E F, et al. The dual pathway to creativity model: creative ideation as a function of flexibility and persistence[J]. European Review of Social Psychology, 2010, 21（1）: 34-77.

[206] Noe R A, Tews M J, Marand A D. Individual differences and informal learning in the workplace[J]. Journal of Vocational Behavior, 2013, 83（3）: 327-335.

[207] Noe R A, Tews M J, Michel J W. Managers' informal learning: a trait activation theory perspective[J]. International Journal of Training and Development, 2017, 21（1）: 1-17.

[208] Obstfeld D. Social networks, the tertius iungens orientation, and involvement in innovation[J]. Administrative Science Quarterly, 2005, 50（1）: 100-130.

[209] Oh H, Chung M H, Labianca G. Group social capital and group effectiveness: the role of informal socializing ties[J]. Academy of Management Journal, 2004, 47（6）: 860-875.

[210] Oh H, Labianca G, Chung M H. A multilevel model of group social capital[J]. Academy of Management Review, 2006, 31（3）: 569-582.

[211] Oldham G R, Cummings A. Employee creativity: personal and contextual factors at work[J]. Academy of Management Journal, 1996, 39（3）: 607-634.

[212] Olson E E, Eoyang G H. Facilitating organization change[M]. San Francisco: Jossey Publishing, 2001.

[213] Olson E E, Quade K. Creating self-organizing groups[J]. Dynamical Leadership Academy, 2006: 1-10.

[214] Oshri I, Kotlarsky J, Willcocks L P. Global software development: exploring socialization and face-to-face meetings in distributed strategic projects[J]. The Journal of Strategic Information Systems, 2007, 16（1）: 25-49.

[215] Parayitam S, Olson B J, Bao Y. Task conflict, relationship conflict and agreement-seeking behavior in Chinese top management teams[J]. International Journal of Conflict Management, 2010, 21（1）: 94-116.

[216] Park S, Grosser T J, Roebuck A A, et al. Understanding work teams from a network perspective: a review and future research directions[J]. Journal of Management, 2020, 46（6）: 1002-1028.

[217] Paulus P. Groups, teams, and creativity: the creative potential of idea - generating groups[J]. Applied Psychology, 2000, 49（2）: 237-262.

[218] Paulus P B, Dzindolet M. Social influence, creativity and innovation[J]. Social Influence, 2008, 3（4）: 228-247.

[219] Pearsall M J, Ellis A P J, Evans J M. Unlocking the effects of gender faultlines on team creativity: is activation the key?[J]. Journal of Applied Psychology, 2008, 93（1）: 225-234.

[220] Perry-Smith J E. Social yet creative: the role of social relationships in facilitating individual creativity[J]. Academy of Management Journal, 2006, 49（1）: 85-101.

[221] Perry-Smith J E, Mannucci P V. From creativity to innovation: the social network drivers of the four phases of the idea journey[J]. Academy of Management Review, 2017, 42（1）: 53-79.

[222] Perry-Smith J E, Shalley C E. The social side of creativity: a static and dynamic social network perspective[J]. Academy of Management Review, 2003, 28（1）: 89-106.

[223] Perry-Smith J E, Shallley C E. A social composition view of team creativity: the role of member nationality-heterogeneous ties outside of the team[J]. Organization Science, 2014, 25（5）: 1434-1452.

[224] Phelps C C，Heidl R A，Wadhwa A. Knowledge, networks, and knowledge networks：a review and research agenda[J]. Journal of Management，2012，38（4）：1115-1166.

[225] Pirola-Merlo A，Mann L. The relationship between individual creativity and team creativity：aggregating across people and time[J]. Journal of Organizational Behavior，2004，25（2）：235-257.

[226] Portes A. Social capital：its origins and applications in modern sociology[J]. Annual Review of Sociology，1998，24（1）：1-24.

[227] Qu X，Liu X. Informational faultlines, integrative capability, and team creativity[J]. Group & Organization Management，2017，42（6）：767-791.

[228] Quigley N R，Tesluk P E，Locke E A，et al. A multilevel investigation of the motivational mechanisms underlying knowledge sharing and performance[J]. Organization Science，2007，18（1）：71-88.

[229] Reagans R，McEvily B. Network structure and knowledge transfer：the effects of cohesion and range[J]. Administrative Science Quarterly，2003，48（2）：240-267.

[230] Reagans R，Zuckerman E W. Networks, diversity, and productivity：the social capital of corporate R&D teams[J]. Organization Science，2001，12（4）：502-517.

[231] Reinholt M I A，Pedersen T，Foss N J. Why a central network position isn't enough：the role of motivation and ability for knowledge sharing in employee networks[J]. Academy of Management Journal，2011，54（6）：1277-1297.

[232] Rhee Y W，Choi J N. Knowledge management behavior and individual creativity：goal orientations as antecedents and in - group social status as moderating contingency[J]. Journal of Organizational Behavior，2017，38（6）：813-832.

[233] Rizova P S，Gupta S，Maltz E N，et al. Overcoming equivocality on projects in the fuzzy front end: bringing social networks back in[J]. Technovation，2018，78：40-55.

[234] Robert L P，Dennis A P，Ahuja M K. Social capital and knowledge integration in digitally enabled teams[J]. Information System Research，2008，19（3）：314-334.

[235] Roberts J. From know-how to show-how? Questioning the role of information and communication technologies in knowledge transfer[J]. Technology Analysis & Strategic Management，2000，12（4）：429-443.

[236] Rousseau D M，Sitkin S B，Burt R S，et al. Not so different after all：a cross-discipline view of trust[J]. Academy of Management Review，1998，23（3）：393-404.

[237] Rulke D L，Galaskiewicz J. Distribution of knowledge, group network structure, and group performance[J]. Management Science，2000，46（5）：612-625.

[238] Runco M A.Personal Creativity and Culture[M]// S Lau，A N N Hui & G Y C Ng（Eds）. Creativity when East meets West. New Jersey：World Scientific，2004.

[239] Sasovova Z，Mehra A，Borgatti S P，et al.Network churn：the effects of self-monitoring personality on brokerage dynamics[J]. Administrative Science Quarterly，2010，55（4）：639-670.

[240] Schaubroeck J，Lam S S K，Peng A C. Cognition-based and affect-based trust as mediators of leader behavior influences on team performance[J]. Journal of Applied Psychology，2011，96（4）：863-871.

[241] Schürmann E，Beausaert S. What are drivers for informal learning? [J]. European Journal of Training and Development，2016，40（3）：130-154.

[242] Schweitzer F.Self-organization of complex structure[M]. Now York：Gordon and Breach Science Publishers，1998.

[243] Scott J. Social network analysis：a handbook[M]. 2nd Ed.Thousand Oaks：SAGE Publications，2005.

[244] Seufert A，Von Krogh G，Bach A. Towards knowledge networking[J]. Journal of Knowledge Management，1999，3（3）：180-190.

[245] Shalley C E，Gilson L L. What leaders need to know：a review of social and contextual factors that can foster or hinder creativity[J]. Leadership Quarterly，2004，15（1）：33-53.

[246] Shalley C E，Perry-Smith J E. Effects of social-psychological factors on creative performance：the role of informational and controlling expected evaluation and modeling experience[J]. Organizational Behavior and Human Decision Processes，2001，84（1）：1-22.

[247] Shalley C E，Zhou J，Oldham G R. The effects of personal and contextual characteristics on creativity：where should we go from here?[J]. Journal of Management，2004，30（6）：933-958.

[248] Shi X，Zhang Q，Zheng Z. The double-edged sword of external search in collaboration networks：embeddedness in knowledge networks as moderators[J]. Journal of Knowledge Management，2019，23（10）：2135-2160.

[249] Shin S J，Jeong I，Bae J. Do high-involvement HRM practices matter for worker creativity? A cross-level approach[J]. The International Journal of Human Resource Management，2018，9（2）：260-285.

[250] Shin S J，Kim T Y，Lee J Y，et al. Cognitive team diversity and individual team member creativity：a cross-level interaction[J]. Academy of Management Journal，2012，55（1）：197-212.

[251] Shin S J，Zhou J. When is educational specialization heterogeneity related to creativity in research and development teams? transformational leadership as a moderator[J]. Journal of Applied Psychology，2007，92（6）：1709-1721.

[252] Siemsen E，Roth A V，Balasubramanian S，et al. The influence of psychological safety and confidence in knowledge on employee knowledge sharing[J]. Manufacturing & Service Operations Management，2009，11（3）：429-447.

[253] Simons T L，Peterson R S. Task conflict and relationship conflict in top management teams：the pivotal role of intragroup trust[J]. Journal of Applied Psychology，2000，85（1）：102-111.

[254] Soltis S M，Brass D J，Lepak D P. Social resource management：integrating social network theory and human resource management[J]. Academy of Management Annals，2018，12（2）：537-573.

[255] Somech A，Drach-Zahavy A. Translating team creativity to innovation implementation：the role of team composition and climate for innovation[J]. Journal of Management，2013，39（3）：684-708.

[256] Sparrowe R T，Liden R C，Wayne S J，et al. Social networks and the performance of individuals and groups[J]. Academy of Management Journal，2001，44（2）：316-325.

[257] Sparrowe R T，Liden R C. Two routes to influence：Integrating leader-member exchange and social network perspectives[J]. Administrative Science Quarterly，2005，50（4）：505-535.

[258] Stam W, Elfring T. Entrepreneurial orientation and new venture performance: the moderating role of intra-and extraindustry social capital[J]. Academy of Management Journal, 2008, 51（1）: 97-111.

[259] Stein B S.Memory and creativity[M]//Glover J A, Ronning R R, Reynolds C R（Ed）. Handbook of creativity. NewYork: Plenum Press, 1989.

[260] Stephen P B, Ajay M, Daniel J B, et al. Network analysis in the social sciences[J]. Science, 2009, 323（5916）: 892-895.

[261] Sung S Y, Choi J N. Effects of team knowledge management on the creativity and financial performance of organizational teams[J]. Organizational Behavior and Human Decision Processes, 2012, 118（1）: 4-13.

[262] Szulanski G. Exploring internal stickiness: Impediments to the transfer of best practice within the firm[J]. Strategic Management Journal, 1996, 17（S2）: 27-43.

[263] Taggar S. Individual creativity and group ability to utilize individual creative resources: a multilevel model[J]. Academy of Management Journal, 2002, 45（2）: 315-330.

[264] Tang C, Zhang Y, Reiter - Palmon R. Network centrality, knowledge searching and creativity: the role of domain[J]. Creativity and Innovation Management, 2020, 29（1）: 72-84.

[265] Taylor A, Greve H R. Superman or the fantastic four? knowledge combination and experience in innovative teams[J]. Academy of Management Journal, 2006, 49（4）: 723-740.

[266] Templeton G F, Luo X R, Giberson T R, et al. Leader personal influences on membership decisions in moderated online social networking groups[J]. Decision Support Systems, 2012, 54（1）: 655-664.

[267] Tesluk P E, Farr J L, Klein S R. Influences of organizational culture and climate on individual creativity[J]. The Journal of Creative Behavior, 1997, 31（1）: 27-41.

[268] Thom R. Structural stability, catastrophe theory, and applied mathematics[J]. SIAM Review, 1977, 19（2）: 189-201.

[269] Tichy N M, Tushman M L, Fombrun C. Social network analysis for organizations[J]. Academy of Management Review, 1979, 4（4）: 507-519.

[270] Tiwana A. Do bridging ties complement strong ties? an empirical examination of alliance ambidexterity[J]. Strategic Management Journal，2008，29（3）：251-272.

[271] Tiwana A，McLean E R. Expertise integration and creativity in information systems development[J]. Journal of Management Information Systems，2005，22（1）：13-43.

[272] Tortoriello M，Krackaradt D. Activating cross-boundary knowledge：the role of Simmelian ties in the generation of innovations [J].Academy of Management Journal，2010，53（1）：167-181.

[273] Tsai W. Knowledge transfer in intraorganizational networks：effects of network position and absorptive capacity on business unit innovation and performance[J]. Academy of Management Journal，2001，44（5）：996-1004.

[274] Tsai W C，Chi N W，Grandey A A，et al. Positive group affective tone and team creativity：negative group affective tone and team trust as boundary conditions[J]. Journal of Organizational Behavior，2012，33（5）：638-656.

[275] Tsai W，Ghoshal S. Social capital and value creation：the role of intra-firm networks[J]. Academy of Management Journal，1998，41（4）：464-476.

[276] Tsoukas H. A dialogical approach to the creation of new knowledge in organizations[J]. Organization Science，2009，20（6）：941-957.

[277] Tu Y，Zhang Y，Lu X，et al. Differentiating two facets of trust in colleagues：how ethical leadership influences cross-team knowledge sharing[J]. Leadership & Organization Development Journal，2020，41（1）：88-100.

[278] Tuckman B W，Jensen M A C. Stages of small-group development revisited[J]. Group & Organization Studies，1977，2（4）：419-427.

[279] Tuckman B W. Developmental sequence in small groups[J]. Psychological Bulletin，1965，63（6）：384-399.

[280] Uzzi B，Lancaster R. Relational embeddedness and learning：the case of bank loan managers and their clients[J]. Management Science，2003，49（4）：383-399.

[281] Uzzi B. Social structure and competition in interfirm networks [J]. Administrative Science Quarterly，1997，42（1）：37-69.

[282] Van den Bossche P, Gijselaers W H, Segers M, et al. Social and cognitive factors driving teamwork in collaborative learning environments: Team learning beliefs and behaviors[J]. Small Group Research, 2006, 37（5）: 490-521.

[283] Van Knippenberg D, Schippers M C. Work group diversity[J]. Annual Review Psychology, 2007, 58: 515-541.

[284] Van Knippenberg D, De Dreu C K W, Homan A C. Work group diversity and group performance: an integrative model and research agenda[J]. Journal of Applied Psychology, 2004, 89（6）: 1008-1022.

[285] Van Woerkom M, Croon M. The relationships between team learning activities and team performance[J]. Personnel Review, 2009, 38（5）: 560-577.

[286] Vasudeva G, Anand J. Unpacking absorptive capacity: a study of knowledge utilization from alliance portfolios[J]. Academy of Management Journal, 2011, 54（3）: 611-623.

[287] Wang C, Rodan S, Fruin M, et al. Knowledge networks, collaboration networks, and exploratory innovation[J]. Academy of Management Journal, 2014, 57（2）: 484-514.

[288] Wasserman S, Faust K. Social Network Analysis: methods and applications[M]. Cambridge: Cambridge University Press, 1994.

[289] Weitzman M L. Recombinant growth[J].Scholarly Articles, 1998, 113（2）: 331-360.

[290] Wellman B. Structural analysis: from method and metaphor to theory and substance: a network approach[M]. Cambridge: Cambridge University Press, 1988.

[291] Wellman B, Wong R Y, Tindall D, et al. A decade of network change: turnover, persistence and stability in personal communities[J]. Social Networks, 1997, 19（1）: 27-50.

[292] Wernerfelt B A. Resource - based view of the firm[J]. Strategic Management Journal, 1984, 5（2）: 171-180.

[293] West M A. Sparkling fountains or stagnant ponds: an integrative model of creativity and innovation implementation in work groups[J]. Applied Psychology, 2002, 51（3）: 355-387.

[294] West M, Farr J L. Innovation and creativity at work: psychological and organizational strategies[J]. Administrative Science Quarterly, 1992, 37（3）: 679.

[295] Wolfson M A, Tannenbaum S I, Mathieu J E, et al. A cross-level investigation of informal field-based learning and performance improvements[J]. Journal of Applied Psychology, 2018, 103（1）: 14-36.

[296] Wood R, Bandura A. Social cognitive theory of organizational management[J]. Academy of Management Review, 1989, 14（3）: 361-384.

[297] Woodman R W, Sawyer J E, Griffin R W. Toward a theory of organizational creativity[J]. Academy of Management Review, 1993, 18（2）: 293-321.

[298] Woodman R W, Schoenfeldt L F. An interactionist model of creative behavior[J]. Journal of Creative Behavior, 1990, 24（1）: 10-20.

[299] Wu Q, Cormican K. Shared leadership and team creativity: a social network analysis in engineering design teams[J]. Journal of Technology Management & Innovation, 2016, 11（2）: 2-12.

[300] Xu A J, Wang L. How and when servant leaders enable collective thriving: the role of team–member exchange and political climate[J]. British Journal of Management, 2020, 31（2）: 274-288.

[301] Yan Y, Guan J. How multiple networks help in creating knowledge: evidence from alternative energy patents[J]. Scientometrics, 2018, 115（1）: 51-77.

[302] Yayavaram S, Ahuja G. Decomposability in knowledge structures and its impact on the usefulness of inventions and knowledge-base malleability[J]. Administrative Science Quarterly, 2008, 53（2）: 333-362.

[303] Yoo Y, Boland J, Lyytinen K. From organization design to organization designing[J]. Organization Science, 2006, 17（2）: 215-229.

[304] Yu S H.Social capital, absorptive capability, and firm innovation[J]. Technological Forecasting and Social Change, 2013, 80（7）: 1261-1270.

[305] Zaheer A, McEvily B, Perrone V. Does trust matter? exploring the effects of interorganizational and interpersonal trust on performance[J]. Organization Science, 1998, 9（2）: 141-159.

[306] Zhang M L P. Stimulating learning by empowering leadership: can we achieve cross-level creativity simultaneously?[J]. Organization Development Journal, 2016, 37（8）: 1168-1186.

[307] Zhang X，Zhou J. Empowering leadership, uncertainty avoidance, trust, and employee creativity：interaction effects and a mediating mechanism[J]. Organizational Behavior & Human Decision Processes，2014，124（2）：150-164.

[308] Zhou J，Shalley C E. Research on employee creativity：a critical review and directions for future research[J]. Research in Personnel and Human Resources Management，2003，22（2）：165-218.

[309] Zhou K Z，Li C B. How knowledge affects radical innovation：knowledge base, market knowledge acquisition, and internal knowledge sharing[J]. Strategic Management Journal，2012，33（9）：1090-1102.

[310] Zhu W，Newman A，Miao Q，et al. Revisiting the mediating role of trust in transformational leadership effects：do different types of trust make a difference?[J]. The Leadership Quarterly，2013，24（1）：94-105.

[311] Zoethout K，Jager W，Molleman E. Formalizing self-organizing processes of task allocation[J]. Simulation Modelling Practice and Theory，2006，14（4）：342-359.

[312] 西利亚斯. 复杂性与后现代主义：理解复杂系统 [M].曾国屏，译. 上海：上海科技教育出版社，2006.

[313] 德鲁克. 后资本主义社会 [M].傅振焜，译. 北京：东方出版社，2009.

[314] 德鲁克. 21 世纪的管理挑战 [M].朱雁斌，译. 北京：机械工业出版社，2018.

[315] 格日瓦奇. 如何管理 10 人以下小团队：谷歌核心团队实现 10 倍速成长的高绩效秘诀 [M].程雨枫，译. 广州：广东旅游出版社，2021.

[316] 边燕杰. 找回强关系：中国的间接关系、网络桥梁和求职 [J].国外社会学,1998（2）：50-65.

[317] 蔡亚华，贾良定，尤树洋，等. 差异化变革型领导对知识分享与团队创造力的影响：社会网络机制的解释 [J].心理学报，2013，45(5): 585-598.

[318] 曹洲涛，杨佳颖. 知识异质性促进知识创新的协同路径研究 [J].科技进步与对策，2015，32（17）：134-138.

[319] 曹洲涛，欧阳素珊. 多重知识网络嵌入性对团队创新绩效的"双刃剑"效应——失败学习的中介作用 [J].科技进步与对策，2020，37（24）：142-151.

[320] 曾卫明. 高校科技创新团队自组织演化过程研究 [J]. 哈尔滨工程大学学报，2009，30（1）：96-100.

[321] 都希格. 高效的秘密 [M]. 宋瑞琴，刘迎，译. 北京：中信出版社，2017.

[322] 常涛，裴飞霞. 团队地位差异性与团队创造力的倒 U 型关系：任务特征的调节作用 [J]. 科技进步与对策 [J]，2022，39(7)：132-141.

[323] 陈春花，等. 组织行为学 [M]. 北京：机械工业出版社，2020.

[324] 陈春美. 浅谈幼儿园教师自组织团队建设 [J]. 新课程，2020（17）：236.

[325] 陈斐，达庆利，刘娜. 组织创新氛围、工作动机与工作特性对员工创造力的影响机制研究——以 A 研究所为实证 [J]. 南京航空航天大学学报 (社会科学版)，2016，18（3）：36-42.

[326] 陈俊. 社会认知理论的研究进展 [J]. 社会心理科学，2007，22（1）：59-62.

[327] 陈强. 敏捷开发中的团队合作与团队绩效研究 [D]. 成都：电子科技大学，2018.

[328] 陈帅，王端旭. 道不同不相为谋？信息相关断裂带对团队学习的影响 [J]. 心理学报，2016，48（7）：867-879.

[329] 陈文春，张义明. 知识型团队成员异质性对团队创造力的影响机制 [J]. 中国科技论坛，2017（9）：178-185.

[330] 陈辛. 自组织团队绩效管理研究 [D]. 南京：南京大学，2011.

[331] 乔纳森. 学习环境的理论基础 [M]. 郑太年，等译. 上海：华东师范大学出版社，2002.

[332] 丁道韧，陈万明. 知识网络关系特征对创新绩效的作用——考虑远程创新搜寻的中介作用 [J]. 技术经济与管理研究，2016，（5）：31-35.

[333] 丁志华，李萍，胡志新，等. 团队创造力数学模型的研究 [J]. 九江学院学报（自然科学版），2005，20（3）：112-115.

[334] 段联合. 诚信领导、组织创新气氛、员工创造力的影响机制研究 [D]. 武汉：武汉大学，2011.

[335] 方来坛，时勘，刘蓉晖. 团队创新氛围的研究述评 [J]. 科研管理，2012，33（6）：146-153.

[336] 冯国瑞. 论创造性思维 [J]. 中国工程科学，2004，6（6）：15-21.

[337] 高新民. 创造力的计算建模、机器实现及其认知哲学意义 [J]. 上海师范大学学报（哲学社会科学版），2022，51（1）：97-108.

[338] 耿合江. 知识网络对光伏企业技术创新绩效的影响 [J]. 中国科技论坛，2013（6）：81-89.

[339] 耿紫珍，马乾，丁琳. 从谏或噤声？家长式领导对团队创造力的影响 [J]. 科研管理，2021，42（5）：200-206.

[340] 顾佳琦. 基于集体问题解决得团队创造过程的案例研究 [D]. 杭州：浙江大学，2013.

[341] Hackman. 团队为何成败不一 ?[J]. 经理人，2006，149（12）：82-84.

[342] 韩翼，宗树伟，刘庚. 组态视角下工作繁荣的形成机制研究 [J]. 管理学报，2022，19（3）：351-361.

[343] 郝敬习，王黎萤，王佳敏. 知识网络嵌入性影响研发团队创造力的作用机理研究 [J]. 苏州大学学报（哲学社会科学版），2015，36（4）：130-137.

[344] 郝丽风，李晓庆. 自组织团队的内涵、特征与设计 [J]. 系统科学学报，2012，20（2）：62-65.

[345] 郝丽风，李燕，武子俊. 自组织团队创新能力的涌现机理探析 [J]. 企业活力，2011（10）：55-59.

[346] 郝丽风，章仁俊. 自组织团队的控制 [J]. 企业经济，2009，341（1）：37-39.

[347] 何跃，苗英振，弓靖绚. 自组织思维自议 [J]. 系统科学学报，2012（4）：27-30.

[348] 侯烜方，李燕萍，涂乙冬. 新生代工作价值观结构、测量及对绩效影响 [J]. 心理学报，2014，46（6）：823-840.

[349] 胡尚锋. 自组织团队管理研究——以我国非政府组织为例 [D]. 成都：四川大学，2005.

[350] 黄琼雅. 知识异质性对团队创新的作用机制研究 [D]. 杭州：浙江理工大学，2015.

[351] 黄同飞，彭灿. 非正式网络对研发团队创造力的影响研究——以共享心智模型为中介变量 [J]. 科学学与科学技术管理，2015，36（7）：57-69.

[352] 黄永军，姜璐. 泛化的与本意的"自组织" [J]. 自然辩证法研究，2002（3）：7-9.

[353] 吉尔福特. 创造性才能：它们的性质、用途与培养 [M]. 施良方，沈剑平，唐晓杰，译. 2版. 北京：人民教育出版社，2006.

[354] 贾迎亚，胡君辰. 自组织等于无组织吗？——论分享式领导和 OKR 在自组织中的重要性 [J]. 管理现代化，2016，36（1）：51-54.

[355] 蒋恩尧，侯东. 基于 MIS 平台的企业知识网络的组建 [J]. 商业研究，2002（17）：36-37.

[356] 接园，孙晓敏，费蕾诗. 共享领导的研究回顾与展望 [J]. 软科学，2016，30（36）：79-82.

[357] 萨瑟兰. 敏捷革命 [M]. 蒋宗强，译. 北京：中信出版社，2017.

[358] 井润田，王蕊，周家贵. 科研团队生命周期阶段特点研究——多案例比较研究 [J]. 科学学与科学技术管理，2011，32（4）：173-179.

[359] 索耶. 如何成为创意组织 [M]. 汤超颖，高鹏，元颖，译. 成都：四川人民出版社，2019.

[360] 柯江林，孙健敏，石金涛，顾琴轩. 企业 R&D 团队之社会资本与团队效能关系的实证研究——以知识分享与知识整合为中介变量 [J]. 管理世界，2007，11（3）：89-101.

[361] 孔伟杰. 制造业企业转型升级影响因素研究——基于浙江省制造业企业大样本问卷调查的实证研究 [J]. 管理世界，2012（9）：120-131.

[362] 雷星晖，韩军，高琦. 知识网络结构与创新绩效——基于知识密集型服务企业的实证研究 [J]. 同济大学学报（社会科学版），2013，24（5）：110-116.

[363] 李冲，王前. 自组织团队创新的机理及管理研究 [J]. 系统科学学报，2009，17（3）：36-41.

[364] 李丹，俞竹超，樊治平. 知识网络的构建过程分析 [J]. 科学学研究，2002，20（6）：620-623.

[365] 李海舰，朱芳芳，李凌霄. 对新经济的新认识 [J]. 企业经济，2018，37（11）：45-54.

[366] 李金蹊，彭灿. 基于社会网络视角的团队学习过程研究 [J]. 价值工程，2011，226（2）：5-6.

[367] 李树祥，梁巧转，杨柳青. 团队认知多样性和团队沟通对团队创造力的影响研究 [J]. 科学学与科学技术管理. 2012，33（12）：153-159.

[368] 李文博，林云，张永胜. 集群情景下企业知识网络演化的关键影响因素——基于扎根理论的一项探索性研究 [J]. 研究与发展管理，2011，23（6）：17-24.

[369] 李宇，王沛，孙连荣. 中国人社会认知研究的沿革、趋势与理论建构 [J]. 心理科学进展，2014，22（11）：1691-1707.

[370] 林崇德. 创造性人才·创造性教育·创造性学习 [J]. 中国教育学刊，2000（1）：5-8.

[371] 刘伟. 国家治理视域下我国社会自组织状况再考察 [J]. 学习与实践，2015（4）：74-81.

[372] 刘小禹，刘军. 团队情绪氛围对团队创新绩效的影响机制 [J]. 心理学报，2012，44（4）：546-557.

[373] 刘新梅，陈超. 团队动机氛围对团队创造力的影响路径探析——基于动机性信息加工视角 [J]. 科学学与科学技术管理，2017，38（10）：170-180.

[374] 龙静. 创业团队内、外社会网络对创新的交互效应 [J]. 科学学与科学技术管理，2015，36（5）：148-159.

[375] 栾琨. 团队共享认同和团队创造力关系——基于聚合—发散的双路径模型研究 [D]. 杭州：浙江大学，2016.

[376] 吕洁，张钢. 团队认知的涌现：基于集体信息加工的视角 [J]. 心理科学进展，2013，21（12）：2214-2223.

[377] 吕洁，张钢. 知识异质性对知识型团队创造力的影响机制：基于互动认知的视角 [J]. 心理学报，2015，47（4）：533-544.

[378] 吕洁，张钢. 知识网络何以成为团队创造力的双刃剑 [J]. 清华管理评论，2017（10）：60-65.

[379] 吕萍. 企业所有权、内外部知识网络选择和创新绩效——基于中国 ICT 产业的实证研究 [J]. 科学学研究，2012，30（9）：1428-1439.

[380] 马德辉，包昌火. 企业知识网络探析 [J]. 情报理论与探索，2007，30（6）：737-741.

[381] 穆萨，波伊尔，纽贝里. 三步打造高绩效团队：沃顿商学院广受欢迎的团队管理课 [M]. 粟志敏，译. 北京：中信出版社，2017.

[382] 莫申江，谢小云. 团队学习、交互记忆系统与团队绩效：基于 IMOI 范式的纵向追踪研究 [J]. 心理学报，2009，41（7）：639-648.

[383] 倪旭东，薛宪方. 基于外部知识网络利用的团队创新机制研究 [J]. 人类工效学，2014，20（3）：37-41.

[384] 倪旭东，项小霞，姚春序. 团队异质性的平衡性对团队创造力的影响 [J]. 心理学报，2016，48（5）：556-565.

[385] 野中郁次郎，竹内弘高. 创造知识的企业：领先企业持续创新的动力 [M]. 吴庆海，译. 北京：人民邮电出版社，2019.

[386] 欧阳素珊. 多重网络嵌入性对团队创新绩效的双刃剑效应 [D]. 广州：华南理工大学，2020.

[387] 彭灿，李金蹊. 团队外部社会资本对团队学习能力的影响——以企业研发团队为样本的实证研究 [J]. 科学学研究，2011，13（9）：1374-1383.

[388] 彭灿. 研发团队的智力资本、社会资本与有效性：理论与实证研究 [M]. 北京：科学出版社，2013.

[389] 彭翠. 自组织团队绩效影响因素研究 [D]. 南京：南京大学，2012.

[390] 彭家钧. 互联网时代组织变革与管理控制系统创新——海尔集团节点网状组织与人单合一双赢模式的设计运行 [J]. 财务与会计，2013（12）：19-21.

[391] 彭伟，马越，陈奎庆. 辱虐型领导对团队创造力的影响机制研究：一个有调节的中介模型 [J]. 管理评论，2020，32（11）：208-219.

[392] 彭伟，金丹丹. 包容型领导对团队创造力影响机理研究：一个链式中介模型 [J]. 科技进步与对策，2018，35（19）：123-130.

[393] 彭新武. 发展思维的当代变革 [J]. 思想战线，2009，35（3）：57-61.

[394] 彭壮状. 基于场景的自组织团队社会规则演化实证研究 [D]. 南京：南京大学，2012.

[395] 普里戈金. 从存在到演化 [M]. 曾庆宏，严士健，马本堃，沈小峰，译. 北京：北京大学出版社，2007.

[396] 普里戈金，斯唐热. 从混沌到有序 [M]. 曾庆宏，沈小峰，译. 上海：上海译文出版社，2004.

[397] 任永灿，张建卫，赵辉. 21 世纪以来国内外团队创造力的比较研究 [J]. 科研管理，2022，43（11）：65-72.

[398] 伊达尔戈. 增长的本质：秩序的进化，从原子到经济 [M]. 浮木译社，译. 北京：中信出版社，2015.

[399] 桑新民. 从个体学习到团队学习——当代学习理论与实践发展的新趋势 [J]. 复旦教育论坛，2005（4）：11-13.

[400] 邵朝友，韩文杰，杨宇凡. 基于分布式认知的学习活动设计 [J]. 教育理论实践，2020，40（20）：3-7.

[401] 施炜. 不确定时代的自组织管理 [J]. 中国人力资源开发，2015（8）：9-11.

[402] 苏娜，陈士俊. 基于自组织理论的科研团队成长机制研究 [J]. 科技管理研究，2009，29（2）：231-233.

[403] 隋硕. 企业创新团队自组织演化过程及其创新绩效提升路径研究 [D]. 哈尔滨：哈尔滨理工大学，2019.

[404] 孙崇正，张亚红. 大学科研创新团队成长演化模型研究 [J]. 北京：北京工业大学学报（社会科学版），2011，11（1）：78-82.

[405] 汤超颖，艾树，龚增良. 积极情绪的社会功能及其对团队创造力的影响：隐性知识共享的中介作用 [J]. 南开管理评论，2011，14（4）：129-137.

[406] 汤超颖，朱月利，商继美. 变革型领导、团队文化与科研团队创造力的关系 [J]. 科学学研究，2011，29（2）：275-282.

[407] 汤超颖，邹会菊. 基于人际交流的知识网络对研发团队创造力的影响 [J]. 管理评论，2012，24（4）：94-100.

[408] 唐朝永，陈万明，彭灿. 社会资本、失败学习与科研团队创新绩效 [J]. 科学学研究，2014，32（7）：1096-1105.

[409] 汪曲，李燕萍. 团队内关系格局能影响员工沉默行为吗：基于社会认知理论的解释框架 [J]. 管理工程学报，2017，31（4）：34-44.

[410] 汪维扬. 以系统动力学探讨自组织团队的认知机制 [D]. 高雄：中山大学资讯管理学系，2001.

[411] 王端旭，国维潇，刘晓莉. 团队内部社会网络特征影响团队创造力过程的实证研究 [J]. 软科学，2009，23（9）：25-28.

[412] 王端旭，薛会娟. 交互记忆系统与团队创造力关系的实证研究 [J]. 科研管理，2011，32（1）：122-128.

[413] 王端旭，薛会娟，张东锋. 试论"远缘杂交"与创造力的提升——以高效科研团队为例 [J]. 科学学与科学技术管理，2009，30（7）：182-185.

[414] 王磊，付鹏翔. 社会网络有助于提升团队创造力吗？ [J]. 财经问题研究，2018（4）：108-115.

[415] 王黎萤，陈劲. 研发团队创力的影响机制研究——以团队共享心智模型为中介 [J]. 科学学研究，2010，28（3）：420-428.

[416] 王亮，牛雄鹰，石冠峰. 互联网背景下共享型领导对团队创造力的促进作用研究：边界行为视角 [J]. 科技进步与对策，2017，34（1）：141-146.

[417] 王唯梁，谢小云. 团队创新研究进展述评与重构：二元性视角 [J]. 外国经济与管理，2015，37（6）：39-50.

[418] 王新超. 企业自组织化：管理转型新方向 [J]. 互联网经济，2017（5）：26-31.

[419] 王新华，车珍，于灏，等. 知识网络嵌入和知识集聚方式对组织创新力的影响差异性——知识共享意愿的视角 [J]. 技术经济，2018，37（9）：49-58.

[420] 王艳子，罗瑾琏，常涛. 社会网络真的对团队创造力有利吗——基于团队知识共享的视角 [J]. 华东经济管理，2014，28（2）：172-176.

[421] 王雁飞，杨怡. 团队学习的理论与相关研究进展述评 [J]. 心理科学进展，2012，20（7）：1052-1061.

[422] 危怀安，胡艳辉. 自主创新能力演化中的科研团队作用机理——基于 SKL 科研团队生命周期的视角 [J]. 科学学研究，2012，30（1）：94-101.

[423] 尉佳芸. 领导创造力对员工创造力的上行下效作用机制研究 [D]. 上海：上海交通大学，2014.

[424] 乌杰. 关于自组（织）涌现哲学 [J]. 系统科学学报，2012，20（3）：1-6.

[425] 吴明隆. 问卷统计分析实务：SPSS 操作与应用 [M]. 重庆：重庆大学出版社，2009.

[426] 吴启涛，栗贞增. 交互视角下工作场所创造力的研究述评与展望——一个整合性分析框架 [J]. 外国经济与管理，2017，39（3）：51-60.

[427] 吴彤. 自组织方法论论纲 [J]. 系统辩证学学报，2001（2）：4-10.

[428] 吴彤. 自组织方法论研究 [M]. 北京：清华大学出版社，2011.

[429] 吴杨，李晓强，夏迪. 沟通管理在科研团队知识创新过程中的反馈机制研究 [J]. 科技进步与对策，2012，29（1）：7-10.

[430]《系统科学大辞典》编委会. 系统科学大辞典 [M]. 昆明：云南科技出版社，1994.

[431] 徐伟青，檀小兵，奉小斌，等. 国外团队社会网络研究回顾与展望：基于知识转移视角 [J]. 外国经济与管理，2011，33（11）：29-38.

[432] 薛会娟. 共享心智模型和交互记忆系统：对立或协同？——基于知识管理视角 [J]. 心理科学进展，2010，18（10）：1559-1566.

[433] 薛继东，李海. 团队创新影响因素研究述评 [J]. 外国经济与管理，2009，31（2）：25-32，57.

[434] 闫旭晖. 自组织理论视角下体育赛会志愿者团队管理模式的研究 [J]. 系统科学学报，2018，26（2）：80-84.

[435] 杨佳颖. 自组织团队知识异质性对创新能力的影响研究 [D]. 广州：华南理工大学，2016.

[436] 杨家诚. 自组织管理："互联网＋"时代的组织管理新模式 [M]. 北京：人民邮电出版社，2016.

[437] 杨皎平，金彦龙，戴万亮. 网络嵌入、学习空间与集群创新绩效：基于知识管理的视角 [J]. 科学学与科学技术管理，2012，33（6）：51-69.

[438] 杨玉兵，胡汉辉. 网络结构与知识转移 [J]. 科学学与科学技术管理，2008（2）：123-127.

[439] 杨志蓉，谢章澍，宝贡敏. 团队快速信任、互动行为对团队创造力的作用机理研究 [J]. 福州大学学报（哲学社会科学版），2010，24（6）：31-34.

[440] 姚立，刘洪. 自组织团队的建设 [J]. 系统辩证学学报，2003（4）：66-72.

[441] 伊藤穰一，豪. 爆裂 [M]. 张培，吴建英，周卓斌，译. 北京：中信出版集团，2017.

[442] 余传鹏，林春培，张振刚，等. 专业化知识搜寻、管理创新与企业绩效：认知评价的调节作用 [J]. 管理世界，2020，36（1）：146-166.

[443] 余义勇，杨忠. 团队领导跨界行为如何影响团队创造力？——基于知识整合和团队氛围的整合视角 [J]. 科学学与科学技术管理，2020，41（12）：129-144.

[444] 余吟吟，陈英葵. 方法与变量：企业团队创造力研究现状述评与展望 [J]. 科技管理研究，2014，34（3）：234-239，246.

[445] 禹海慧. 社会网络、知识资本与企业创新能力的关系研究 [J]. 湖南社会科学，2015（2）：147-150.

[446] 袁晓婷. 企业 R&D 团队内部社会网络与团队知识创造关系研究 [D]. 广州：华南理工大学，2010.

[447] 韵江，王玲，张金莲. 团队创造力如何促进组织绩效？——基于组织创新的中介效应检验 [J]. 经济管理，2015，37（7）：64-73.

[448] 张宝生. 基于知识网络的虚拟科技创新团队的知识流动研究 [D]. 哈尔滨：哈尔滨工业大学，2012.

[449] 张海洋. 企业内社会网络对创新实施及合作绩效的影响 [D]. 上海：上海交通大学，2019.

[450] 张红娟，申宇，赵晓阳，等. 企业外部研发合作、内部知识网络与创新绩效 [J]. 科学学研究，2022，40（4）：704-712.

[451] 张景焕，刘欣，任菲菲，等. 团队多样性与组织支持对团队创造力的影响 [J]. 心理学报，2016，48（12）：1551-1560.

[452] 张宁俊，张露，王国瑞. 关系强度对团队创造力的作用机理研究管理科学 [J]. 管理科学，2019，32（1）：101-113.

[453] 张小峰. "自组织"——移动互联时代企业管理方式变革新举措 [J]. 中国人力资源开发，2015（8）：15-18.

[454] 张晓黎. 合作网络变动对知识网络的影响研究 [J]. 软科学，2016，30（11）：81-85.

[455] 赵春明. 团队管理：基于团队的组织构造 [M]. 上海：上海人民出版社，2002.

[456] 赵红丹，刘微微. 教练型领导、双元学习与团队创造力：团队学习目标导向的调节作用 [J]. 外国经济与管理，2018，40（10）：66-80.

[457] 赵娟，张炜. 团队社会网络对团队创造力的影响：团队学习的中介效应 [J]. 科学学与科学技术管理，2015，36（9）：148-157.

[458] 赵卓嘉. 团队内部人际冲突、面子对团队创造力的影响研究 [D]. 杭州：浙江大学，2009.

[459] 郑强国，马秀. 知识网络研究进展及评述 [J]. 人力资源管理，2016（10）：23-25.

[460] 中共中央文献研究室. 习近平关于科技创新论述摘编 [G]. 北京：中央文献出版社，2016.

[461] 周密，赵西萍，司训练. 团队成员网络中心性、网络信任对知识转移成效的影响研究 [J]. 科学学研究，2009，27（9）：1384-1393.

[462] 周明建，潘海波，任际范. 团队冲突和团队创造力的关系研究：团队效能的中介效应 [J]. 管理评论，2014，26（12）：120-130，159.

[463] 周跃进，郝巳玥，张连敏，等. 自组织团队特征分析 [J]. 管理学报，2010，7（8）：1159-1164，1170.

[464] 周长辉，曹英慧. 组织的学习空间：紧密度、知识面与创新单元的创新绩效 [J]. 管理世界，2011（4）：84-97.

[465] 朱晓娜，袁望冬. 自组织理论视野下的自主创新系统 [J]. 系统科学学报，2009，17（12）：84-86.

[466] 朱瑜，王雁飞，蓝海林. 组织学习、组织创新与企业核心能力关系研究 [J]. 科学学研究，2007，25（3）：536-540.